北京师范大学国家“985工程”资助项目

2014
中国地方政府效率研究报告
——地方政府治理现代化

Research Report of Local Governments' Efficiency in China 2014
—Promoting the Local Government Management Modernization

北京师范大学政府管理学院
北京师范大学政府管理研究院

著

经济管理出版社
ECONOMY & MANAGEMENT PUBLISHING HOUSE

图书在版编目（CIP）数据

中国地方政府效率研究报告 2014/北京师范大学政府管理学院/北京师范大学政府管理研究院著. —北京：经济管理出版社，2014.12
ISBN 978-7-5096-3484-4

Ⅰ. ①中… Ⅱ. ①北… Ⅲ. ①地方政府—行政管理—研究报告—中国—2014 Ⅳ. ①D625

中国版本图书馆 CIP 数据核字（2014）第 265997 号

组稿编辑：张永美
责任编辑：张永美
责任印制：司东翔

出版发行：经济管理出版社
（北京市海淀区北蜂窝 8 号中雅大厦 11 层 100038）
网　址：www. E-mp. com. cn
电　话：(010) 51915602
印　刷：三河市延风印装厂
经　销：新华书店
开　本：880mm × 1230mm/16
印　张：16.75
字　数：300 千字
版　次：2014 年 12 月第 1 版　2014 年 12 月第 1 次印刷
书　号：ISBN 978-7-5096-3484-4
定　价：198.00 元

顾　问：蒋正华　周铁农　王茂林　阳安江

主　编：唐任伍

副主编：唐天伟　魏成龙

编　委：（按姓氏拼音排序）

曹清华　陈弘明　陈建国　果　佳　刘业进　马洪立　聂爱云　舒昌雄　孙　宇
檀秀侠　唐任伍　唐天伟　王华春　王洛忠　王　蕾　汪大海　魏成龙　熊贻德
杨冠琼　易昌良　章文光　郑争文　周　觉

参与编写人员：（按姓氏拼音排序）

蔡　玲　黄伟森　蒋在文　江娉婷　李　娣　刘立潇　刘怡溪　刘文波　欧阳瑾
万益顺　王启润　王东帅　肖彦波　熊双双　张雅楠

摘 要

《中国地方政府效率研究报告 2014》紧密结合中共十八届三中全会精神，联系地方政府治理现代化方略测度分析地方政府效率，具有比较重要的现实意义与学术价值。本书首先概述了地方政府治理现代化的内涵、特征等，然后分别论证了与地方政府治理现代化相关的治理创新、治理能力与治理体系现代化建设、治理现代化的国际经验与国内探索；接着，测度分析了中国 54 个重点城市政府效率以及 31 个省级政府效率。另外，在系统分析地方政府治理现代化与政府效率测度结果的基础上，提出了促进地方政府治理现代化与提升地方政府效率的对策。本书的内容要点主要包括以下方面：

从 20 世纪 80 年代开始，在全球化和“新公共管理”运动等因素影响下，地方政府治理开始在全世界范围内兴起，中国也开始了地方政府治理实践。经过多年的发展，新形势下我国地方政府治理呈现出以下特征：地方政府主导，社会组织和公民有序参与；地方政府自主性逐渐提高，治理范围日益拓展。中共十八届三中全会提出要“推进国家治理体系和治理能力现代化”，加快了地方政府治理现代化进程，形成了我国地方政府治理现代化的基本特征，如治理主体多元化、治理结构网络化、治理方式民主化、治理手段法治化、治理结果高效化。

当前，互联网和公民社会的发展既为地方政府治理现代化提供了良好机遇，又为其带来了严峻挑战，比如，地方政府缺乏现代化治理理念、中央政府和地方政府的关系有待优化、地方政府治理机制落后、多元治理主体力量薄弱等。

地方政府治理现代化建设是实现国家治理现代化的重要组成部分。推进地方政府治理现代化既是改革地方政府治理体系，以使其适应现代社会发展的要求，又是地方政府制度体系实现内部权力相互制约、运作公开透明与普通民众的广泛参与，最终形成一个分权制衡、有机协调、民主参与的地方政府制度运行系统。地方政府治理现代化涉及治理主体、治理机制与治理结果的现代化。

推进地方政府治理现代化不但需要治理理念、治理模式、治理主体、治理方法等方面的创新，而且需要达成治理现代化与深化改革共识，加强现代政府制度建设，还需要构建政府与市场、社会之间的良性互动机制。为此，地方政府要适应全面深化改革的趋势，积极推进治理体制的改革与创新；明确地方政府治理体制改革的方向、目标及路线图，重点抓好地方政府行政权力的重新配置，推进地方政府组织体制由垂直型向扁平型转变，健全民主科学的地方政府治理决策机制；建立深化地方政府治理体制改革的保障机制；完善基层政府治理体系建设，培育地方政府协同治理组织，健全市场性、社会性、家庭性的治理协同组织，建立民主参与式地方政府治理机制。

与此同时，推进我国地方政府治理现代化建设，需要参考国外地方政府治理现代化的经验与启示。这主要体现在五个方面：第一，借鉴美国地方政府治理现代化经验及启示，包括：政府治理结构的高度分权与制约体制；高度的公众治理参与及治理合作化；完善的法律和治理监督机制；加快转变传统治理理念与治理模式；健全治理监督机制。第二，学习欧盟有关合理定位政府、明确市场与社会的边界、加强地方自治与治理法治化、完善公共服务绩效治理等治理经验。第三，参考日本地方政府治理现代化经验，例如，不断推进地方分权，扩大地方自治；注重转变地方政府经济职能与市场培育；尊重市场，正确定位政府职能；依靠法治手段提升地方政府公共服务能力。第四，学习新加坡有关政府治理现代化的经验及启示，包括：推行大都市政府治理模式，注重推进信息化治理和电子政务；构建适合中国实际的大都市政府治理模式，大力推进政府信息化治理。第五，吸收巴西、俄罗斯、印度等金砖国家政府治理现代化的有效经验及启示，主要有：因地制宜地治理地区发展不平衡；注重市场机制的培育和社会秩序的治理；重视农村公共品供给机制创新，完善农村公共品供给决策机制，提高公共品供给效率；建立健全信息公开制度，加强法律治理。

除此之外，推进地方政府治理现代化还需要考察、吸收我国不同时期、不同地区地方政府治理现代化的经验。改革开放以前，我国东部、西部、中部、东北部四大地区在地方政府治理现代化方面的探索主要体现为贯彻中央政府在地方治理现代化方面的政策。改革开放以后，我国各地开展了治理现代化的不同尝试。中共十八大以来，各地加速了地方政府治理现代化的探索步伐。比如，东部地区不断进行由统治走向治理的新模式探索，重视多元主体参与社会治理；中西部在透明政府、有限政府及服务型政府方面进行治理现代化探索；东北则紧密结合自身优势与振兴老工业基地战略开展治理现代化的尝试。

推进地方政府治理现代化需要研究、提升地方政府效率。本书按照课题组以前测度省级政府效率的思路、指标与方法，基于《2013 中国统计年鉴》、《2013 中国区域经济统计年鉴》等相关原始数据，测度分析了 2014 年中国省级政府效率。与此同时，由于地级以上重点城市政府效率是影响我国地方政府效率水平的重要因素，因此，本书第一次大幅度拓展了地方政府效率研究样本，测度分析了全国54个重点地级以上城市（22个省会、5个自治区首府、7个计划单列市或经济特区、20个代表全国二线或三线城市的重点地级城市）政府效率。另外，笔者还结合我国重点地级以上城市政府效率及省级政府效率测度结果，论证了地方政府效率的基本特征，有针对性地提出了提升地方政府效率的措施与路径。

目　录

Contents

第一章
地方政府治理现代化概述

【摘要】从20世纪80年代开始，在全球化和“新公共管理”运动等因素的影响下，地方政府治理开始在全世界范围内兴起，中国开始了新形势下地方政府治理实践，形成了中国特色地方政府治理特征：地方政府主导，社会组织和公民有序参与；地方政府治理的自主性不断提高，治理范围日益拓展。中共十八届三中全会提出“推进国家治理体系和治理能力现代化”，在互联网和公民社会的发展为地方政府治理现代化提供良好机遇的同时，也面临一系列挑战；推进地方政府治理现代化需要注重治理主体多元化、治理结构网络化、治理方式民主化、治理手段法治化和治理结果高效化；需要实现地方政府治理理念的现代化，优化中央政府和地方政府的关系，完善地方政府治理机制和发挥多元治理主体作用的力量。

第一节　新形势下的地方政府治理

专栏1-1　新形势下的地方政府治理：广州建设透明政府，全国率先晒“四公”预算

据人民网2014年3月19日报道，广州市委各部委办局、市人大、市政协、人民团体等财政拨款单位首次全部公布了本单位的“三公”预算，至此，广州市本级109个一级预算单位（不含市国安局）全部公布了“三公”预算。这意味着广州市本级“三公”预算经费实现全口径公开。

更令人关注的是，各个部门和机构还首次单列了会议费预算，将这一成为“第四公”费用的金额、用途等信息公之于众，公众可以直接看到各个政府部门到底计划开哪些会议，从而评价这些会议是否有必要召开。据记者了解，所有一级预算单位全部公布“三公”信息，将会议费预算和用途单列公布，这在全国都是第一次。

2013年，广州市仅公开了市政府下属的部门和机构的“三公”预算，市委、人大、政协等其他单位虽然也是财政拨款单位，但“三公”预算情况一直没有对外公布。

在广州市委所属各部委办机构中，广州市委组织部等单位已经在网站上晒出了“三公”经费。据广州市财政局有关负责人介绍，与2013年不同的是，凡是向市财政部门编报了部门预算的单位，不论是市政府部门、直属机构，还是市委各部委办局、市人大、市政协、法院、检察院、民主党派、工商联、人民团体，2014年全部要求公开“三公”经费预算。这也意味着，广州“三公”信息公开的范围将覆盖到全市所有109个一级预算单位（不含市国安局）。

2014年3月，李克强总理在做政府工作报告时表示，要抓好财税体制改革这个重头戏，实施全面规范、公开透明的预算制度。所有财政拨款的“三公”经费都要公开，打造阳光财政，让群众看明白、能监督。有专家表示，广州率先在全国范围内公开所有一级预算单位的“三公”预算，实际上已经提前实现了“所有财政拨款的‘三公’经费都要公开”的目标。

广州市财政局有关负责人介绍，本次财政预算公开除了范围更广之外，公开的内容也更细了。按照要求，除了市本级109个一级预算单位之外，546个基层预算单位也要全面编制部门预算并上报市人大审议。

“有些政府部门下面还有一些事业单位，如果只是搞一个很笼统的数字，显得意义不大，预算细化后更方便监管。”广州市政协委员韩志鹏说。

广州在全国率先公开“四公”预算体现的正是通过透明政府建设推进地方治理能力现代化的重要举措。

资料来源：人民网，2014年3月19日，作者：何远航、冯芸清。

一、治理的起源及内涵

“治理”（Governance）一词最早来源于拉丁文和古希腊语，有操纵、控制等意思，是早期统治（Government）一词的延伸和发展，其涉及的领域目前不但包括政府治理，而且延伸到了政治、经济和社会领域。世界银行分别在1989年的《南撒哈拉非洲：从危机走向可持续发展》和1992年的《治理与发展》年度报告将治理引入政府治理的层面，认为治理就是以国家的权力对社会进行管理的一种方式，权力主体已不仅是以政府为主导，还包括各种社会非政府组织。[①] 1995年，全球治理委员会发表了《我们的全球伙伴关系》，对治理做出了权威界定：治理是各种公共的

① 沈荣华. 地方政府治理［M］. 北京：社会科学文献出版社，2006.

或私人的个人和机构管理其共同事物的诸多方式的总和，是使相互冲突的或不同的利益得以调和并采取联合行动的持续过程。它有四个特征：①治理不是一整套规则，也不是一种活动，而是一个过程；②治理过程的基础不是控制，而是协调；③治理既涉及公共部门，也包括私人部门；④治理不是一种正式的制度，而是持续的互动。之后从 1996 年到 1998 年，联合国开发署以及联合国教科文组织分别发表了几个以治理为主题的报告文件，对治理进行了广泛的研究。自 20 世纪 90 年代以来，西方学者提出了众多治理的概念。美国学者詹姆斯·罗西瑙认为治理是一种管理机制，无须国家强制执行。[①] 英国学者罗伯特·罗茨认为治理是最小国家的治理，引入市场和公共部门的新型治理模式。[②] 英国学者格里·斯托克从治理主体的范围、责任界限、相互关系、主体的自主性等多个方面来诠释治理的概念。[③] 总之，治理的内涵可概括为三个方面：第一，治理主体多元化，政府不再是唯一的治理主体，企业组织、社会组织和居民自治组织等也承担治理义务；第二，治理权力共享化，政府、社会、市场的责任边界无法明确区分，各个治理主体共享治理的权力，形成相互依赖的合作伙伴关系；第三，治理结构网络化，由于治理主体的多元化以及治理权力的共享化，导致治理权力运行的多向度，由此形成了治理的网络体构。

二、地方政府与地方政府治理

地方政府是相对于中央政府的一个概念，《布莱克维尔政治学百科全书》中称，地方政府是“权力或管辖范围被限定在国家的一部分地区内的一种政治机构，经过长期的历史发展，在一国政治机构中处于隶属地位，具有地方参与权、税收权和诸多责任”。[④] 地方政府在行使自身职责和权力的时候，拥有不同于中央政府的若干特征：一是权力的非主权性，主权是一个国家最重要的属性，是国家独立处理对内、对外事务的固有权力，是现代国家存在的基石，在一国政治体系中，中央政府行使着国家集中统一的权力，地方政府的权限由中央政府依法授予，表明地方政府所拥有的权限不具有主权性质。二是管理的有限性，地方政府的权限受到两种因素制约：第一，管辖的地域范围和人口是有限的，第二，权力行使是受限制的，地方政府和中央政府相比权力的范围有限，无法向中央政府一样拥有全国性的权限，也无法提供全国性的公共服务和公共物品。三是职能的双重性，地方政府是中央政府的

① 詹姆斯·罗西瑙. 没有政府的治理［M］. 南昌：江西人民出版社，2001.
② 罗伯特·罗茨. 新的治理［A］. 治理与善治［C］. 俞可平主编. 北京：社会科学出版社，2000.
③ 格里·斯托克. 作为理论的治理：五个论点［J］. 国际社会科学杂志，1999.
④ 戴维·米勒，韦农·波格丹诺. 布莱克维尔政治学百科全书［M］. 邓正来译. 北京：中国政法大学出版社，1992.

下层机关，必须服从中央政府的命令，执行其决议，但同时，地方政府又对本辖区范围内的事务进行管理和领导，要确保本地方经济、文化、社会事业在其领导下实现发展，这说明地方政府在政府权力配置体系中处于执行与领导的双重地位。①

地方政府治理在内涵上等同于我国学者在研究中经常使用的"地方治理"这一概念，"就是在一定的贴近公民生活的多层次的地理空间内，依托于政府组织、民营组织、社会组织和民间组织等各种组织化的网络体系，应对地方的公共问题，共同完成和实现公共服务和社会事务的改革与发展过程。理想的地方治理模式包含以下思想：是具有弹性的地方制度与组织结构安排；是地方政府改革和自主选择可持续发展道路的行动过程；其运作依靠在地方形成的应对公共问题的公共政策和公民参与网络；关注环境变化和挑战，视野始终放在地方的战略发展前景上。"②

地方政府治理是一个不断发展的理论，从早期传统的政府统治到地方政府治理，其结构、关系、性质都生了巨大的变化（如表 1-1 所示）。③

表 1-1 地方政府治理与政府统治的比较

比较内容	政府统治	地方政府治理
涉及不同制度的数目	少	多
官僚结构	层级的，强调一致	分权的
水平网络关系	封闭	向外延伸；跨域治理
国际网络关系	最小化原则	开放原则
在民主程序中呈现	代表性原则	兼具代表性与实践性
政策特质	例行性	强调创新与学习
中央政府的影响方式	直接控制	避免控制，分权化

三、地方政府治理在全球的兴起

从 20 世纪 80 年代开始，地方政府治理在全球范围内开始兴起，这主要是受到两方面因素的影响：

（1）全球化。全球化最早出现于经济领域，然后开始向文化领域和政治领域扩张。作为全球化带来的机遇与挑战的直接面对者，地方政府在组织结构、管理方式、政府职能和公民参与方面必然要做出相应的调整，以适应全球化。此外，与中央政府相比，地方政府和社会组织的灵活性较强，更有活力，也更熟悉实际情况，中央政府本身也需要通过与地方政府和社会组织的良性互动及向它们分权，来更好地应对全球化对国家带来的压力与挑战。因此，在全球化的作用下，地方政府治理开始逐渐在全球范围内兴起，并从欧洲、

① 吴爱明：地方政府学［M］. 武汉：武汉大学出版社，2009.

② 孙柏瑛：当代地方治理［M］. 北京：中国人民大学出版社，2004.

③ Gerry stock. Public-Private Paternerships and Urban Governance［M］. London：Macmillan，1999.

美洲等发达国家逐渐扩展到广大发展中国家，成为一股强劲的时代潮流。

（2）“新公共管理”运动。发生于1929~1933年的资本主义经济危机结束以后，西方国家普遍采取了国家干预经济的“凯恩斯主义”模式，权力逐渐向中央政府集中。然而，20世纪70年代以后，这种以中央政府的统一指令和集中管理为特征的体制不但导致地方政府的自主性和活力被削弱，而且在运转过程中暴露出越来越多的问题，如效率低下、反应迟缓、政府财政不堪重负等。这些国家的社会公众对政府的不满也越来越强烈，导致政府必须做出改革。在这种情况下，以英国撒切尔政府的改革为开端，西方国家的政府相继进行了一系列以分权化和市场化为主要特征的“新公共管理运动”。“新公共管理运动”在理论上起源于对传统公共行政的反思和批判。传统公共行政主要以官僚科层体制为组织形式，强调等级划分、权力自上而下运行、命令服从等，这导致政府组织不断膨胀、运行僵化和效率低下。针对这种情况，“新公共管理运动”则强调在政府中引入市场机制、向地方政府和社会组织进行分权和授权、政府服务的签约外包等，从而广泛调动公民、社会组织和市场主体的力量共同参与公共服务的提供。

地方政府治理兴起以来，在全球范围内产生了广泛的影响，各国呈现出一些共同的发展趋势。这些趋势主要包括：推行地方自治制度、扩大地方分权程度，建构政府间合作机制、发展多中心治理体制。[①]

四、新形势下的中国地方政府治理

在全球地方政府治理潮流的推动下，中国于20世纪80年代也开始了地方政府治理的实践，经过多年的发展，中国的地方政府治理在很多方面具有了全球地方政府治理变革的一些共同特征，如分权化、市场化、治理主体多元化，公民、企业和社会组织参与治理。但是由于中国独有的历史、政治、文化和社会环境，使得中国的地方政府治理又呈现出中国特色。改革开放以后中国地方政府治理的特征主要集中在以下方面：

（1）地方政府主导，社会组织和公民有序参与。在中国的地方政府治理中，地方政府仍然占据中心地位，起着主导作用。这是因为：一方面，地方政府是国家在地方的代表，拥有一套完整的组织机构，掌握着国家权力，这是任何其他治理主体都不可能具备的资源优势；另一方面，地方政府是地方治理中所涉及的各种关系的焦点，无论是党政关系、政府间关系，还是政企关系、政社关系，这些关系的调整都离不开地方政府在其中的作用。[②]同时，随着改革开放的推进，我国计划经

① 杨宏山. 全球视野中的地方治理发展趋势［J］. 广东行政学院学报，2005（3）.
② 杨雪冬、赖海榕. 地方的复兴：地方治理变革30年［M］. 北京：社会科学文献出版社，2009.

济时代被国家侵蚀的社会领域逐渐发展起来，出现了大量的社会组织。这些社会组织首先可以通过向相关政府部门反映意见的方式表达自己的利益诉求，在一定程度上参与地方政府的公共政策进程，从而参与到地方政府治理中；其次可以作为连接政府与社会的桥梁，方便政府与社会之间的沟通与互动；最后可以协助政府对本行业、本部门或者相关领域进行管理。通过这些方式，社会组织在一定程度上也成为了地方政府治理的主体之一。我国公民目前在地方政府治理过程中的参与意识也越来越强烈，越来越多的公民为了维护自身的利益或公共利益，开始主动参与到地方政府治理中来。通过听证会、座谈会或者居民自治等形式，公民逐渐参与到了地方政府治理过程中，成为地方政府治理的主体之一。

（2）地方政府自主性日益提高。目前地方政府在地方政府治理中的自主性日益增强，这和改革开放以来我国对高度中央集权的政府管理体制进行改革密切相关。改革开放之前，我国实行的是高度中央集权的体制，地方自主性很低，这充分体现在当时的政治、经济和文化工作中。这种体制一方面导致中央政府管了很多不该管、管不好、管不了的事，使得中央政府负担过重、效率低下、管理效果不佳；另一方面严重削弱了地方政府的自主性，使得地方政府没有能力和积极性来对地方事务进行有效管理。中共十一届三中全会以后，中央不但逐渐向地方政府下放干部管理权限，增加了地方政府选人用人的自主权，而且不断向地方政府下放经济、文化和社会事务等的管理权限，增强了地方政府管理地方事务的积极性。此外，中央政府对财税制度进行了“分税制”改革，力求使得地方政府事权与财权相适应，确保了地方政府有财力来对地方事务进行有效管理。通过这一系列的改革，地方政府目前在地方政府治理中的自主性日益增强，积极性不断增加，从而有力地推动了地方政府治理效果的提升。

专栏 1-2　地方政府治理方式民主化：民意评价成为湖州市民警考核“大股东”

67 岁的湖州市民陆林珠冒着大雨，将一份公安工作满意度测评表送到湖州吴兴区公安分局。老太太是在报纸上看到测评表的，她认真地给吴兴区的社会治安状况和公安队伍建设打了分。打分之余，她还写了一份建议书，对公安机关的工作效率提出意见。

一个多月后，陆林珠欣喜地发现，提高工作效率成为吴兴区公安分局 2014 年要办的十大重点工作之首。这十大重点工作就是吴兴警方在发放 10 万份测评表和委托第三方民调后由群众选出来的。

最大限度地保障人民群众的知情权、参与权、表达权、监督权，让阳光普照公安执法的全过程，实现警务民主化，成为湖州“警务广场”的重要内容。“第一信号”最终转化成“第一行动”。

在湖州公安机关，民意评价真正成了评价体系的“大股东”。在县（市、区）公安局的考核基础之上，今后每年的5月和10月，湖州市公安局将委托第三方民调机构，采用电话调查、在线调查、实地调查等方法，对全市公安机关（重点是派出所、交警队、窗口服务部门）开展安全感、满意度调查。民意评警的结果占年度综合考评的比重不低于51%。

群众评价也是湖州市公安机关干部选拔任用的重要依据。在建立“所在部门民警同意推荐票数低于2/3的，取消参加笔试、面试资格”的初选评价体系之上，又加大了民意评价分量。选拔干部时，对直接面向群众的所队长的评价，群众安全感、满意度占60%，民警认可度占40%；所队长以外的民警，群众安全感、满意度占40%，民警认可度占60%。

湖州市委常委、公安局长金伯中指出，“正确的考评导向，就是要把公安工作的‘评判权’交给群众，从考核业务数据为主向考核群众安全感、满意度为主转变，从内部考核为主向群众评判为主转变，真正变‘围着指标、排名转’为‘围着群众安全感、满意度转’，实现警务考评模式的转型。”

资料来源：平安浙江网，2011年4月21日。

（3）地方政府治理的范围日益拓展。地方政府治理的领域已经从经济领域扩展到了社会领域，并且逐渐向其他领域拓展。改革开放始于经济领域，因而经济领域也成为地方政府治理的始发点。过去很长一段时间以来，经济发展成为地方政府的首要任务，地方政府也由此推出了许多措施来完善经济领域的治理：首先，地方政府通过向市场放权，增加了市场主体的积极性、主动性；其次，地方政府对自身权力的边界进行了限制，减少了对微观经济运行的干预，力求充分发挥市场在资源配置中的基础性作用，增强市场活力；最后，地方政府通过与商会、行业协会等组织进行合作，增强了对市场的规范和引导作用。通过对经济领域的治理，地方政府解放了本区域内的生产力，提高了人民群众的生活水平，促进了地方的发展。然而，地方政府治理仅仅局限于经济领域也带来了许多不良后果，如城乡发展不平衡、环境污染等，就业、医疗、教育、住房、社会治安等领域也纷纷出现突出问题。由此，地方政府治理的范围逐渐向社会领域、生态领域等扩展，以改变单一注重经济领域治理所造成的弊端。在社会治理上，地方政府开始推动社会管理创新，完善基本公共服务体系建设，积极推进医疗、教育、社会保障、住房等领域的改革，培育社会组织并与之加强合作，推动居民自主管理社会事务，取得了很好的社会治理效果。在生态等其他领域，地方政府也开始增加治理主体，创新治理方式，优化治理结构，从而使得地方政府治理的范围得以不断扩展。

现阶段，随着社会经济的持续发展，社会结构开始发生变化，新的利益群体开始形成，各方面利益关系复杂化，各个利益群体之间的矛盾和冲突逐渐凸显并激化，再加上改革开放进入深水区，相关的体制机制改革起来难度很大，这都导致地方政府治理面临着前所未有的挑战。目前，地方政府治理中除政府以外治理主体力量都比较薄弱，市场主体、公民和社会组织等在地方政府治理中的作用无法有效发挥，直接影响了地方政府治理的效果。同时，地方政府治理机制建设落后，没有形成一套行之有效的体制机制来促进地方政府治理的良好运行，这一方面导致地方政府的权力和行为得不到有效制约，另一方面造成了其他治理主体参与地方政府治理的渠道狭窄，这都在一定程度上阻碍了地方政府治理的发展和完善。此外，当前中央政府与地方政府的权力、责任和收入的分配方面还有不适应地方政府治理发展的地方，对地方政府治理创新的支持和鼓励仍然不足，导致地方政府治理发展的步伐缓慢。

中共十八届三中全会提出，“全面深化改革的总目标是完善和发展中国特色社会主义制度，推进国家治理体系和治理能力现代化”，[①]使得作为国家治理重要组成部分的地方政府治理迎来了发展的良好机遇。然而机遇与挑战并存，地方政府治理需要努力克服目前存在的问题，借鉴国外经验不断发展完善，进而为国家治理现代化做出贡献。

第二节　地方政府治理现代化的内涵与特征

一、地方政府治理现代化的内涵

国家治理体系和治理能力的现代化需要在地方政府治理中得到呈现，离开了地方政府治理，国家治理体系和治理能力的现代化将成为一句空话，因而地方政府治

① 中国中央关于全面深化改革若干重大问题的决定［M］. 北京：人民出版社，2013.

理现代化是国家治理体系和治理能力现代化的必然要求。地方政府治理现代化的内涵也需要放在国家治理体系和治理能力现代化的背景中来把握。习近平总书记在谈到全面深化改革总目标时指出："国家治理体系和治理能力是一个国家制度和制度执行能力的集中体现。国家治理体系是在党领导下管理国家的制度体系，包括经济、政治、文化、社会、生态文明和党的建设等各领域体制机制、法律法规安排，也就是一整套紧密相连、相互协调的国家制度；国家治理能力则是运用国家制度管理社会各方面事务的能力，包括改革发展稳定、内政外交国防、治党治国治军等各个方面。国家治理体系和治理能力是一个有机整体，相辅相成，有了好的国家治理体系才能提高治理能力，提高国家治理能力才能充分发挥国家治理体系的效能。推进国家治理体系和治理能力现代化，就是要适应时代变化，既改革不适应实践发展要求的体制机制、法律法规，又不断构建新的体制机制、法律法规，使各方面制度更加科学、更加完善，实现党、国家、社会各项事务治理制度化、规范化、程序化。要更加注重治理能力建设，增强按制度办事、依法办事意识，善于运用制度和法律治理国家，把各方面制度优势转化为管理国家的效能，提高党科学执政、民主执政、依法执政水平。"①

在深刻认识国家治理体系和治理能力现代化的基础上，可以对地方政府治理现代化的内涵作如下界定：地方政府治理现代化是指地方政府在与市场组织、社会组织和公民等其他治理主体共同治理地方公共事务的过程中，对治理理念、治理模式、治理主体和治理方法进行创新，改革与实践发展不适应的体制机制，不断构建新的体制机制，不断提高治理能力，实现地方政府治理体系和治理能力的现代化，提高地方政府治理的效果。

二、地方政府治理现代化的特征

地方政府治理现代化的特征主要有以下几个方面：

（1）治理主体多元化。随着社会转型的步伐越来越快，社会各方面的利益群体开始形成，多元化日益成为现代社会的主要特征。在此过程中，一方面，市场组织、社会组织和公民的力量日益成长，并开始主动要求参与到地方政府治理的过程中；另一方面，地方政府治理事务日益复杂化，仅依靠地方政府自身的力量已经不能胜任。因此，地方政府治理的现代化必然要求地方政府对自己在地方政府治理中的角色进行重新定位，引入市场组织、社会组织和公民等多元化的治理主体，调整治理过程中资源与权力的配置，协调各个治理主体对地方事务进行共同治理。离开

① 习近平. 切实把思想统一到党的十八届三中全会精神上来［N］. 人民日报，2014-01-01.

了治理主体的多元化，地方政府不但很难从“管理”走向“治理”，而且不容易调动各方面的积极性，进而面临治理失败的风险，治理的现代化更无法实现。治理主体的多元化也不仅仅意味着有多元主体参与地方政府治理即可，还意味着各个治理主体在治理过程中形成一个整体。如果在治理地方事务的过程中各个治理主体无法形成一个整体，将出现各自为政甚至相互冲突的局面，无法实现良好的治理效果，更无法实现地方政府治理的现代化。

（2）治理结构网络化。治理结构网络化是治理主体多元化的必然结果。很长一段时间内地方政府是采用等级制的结构对地方事务进行管理的，权力运行的向度基本上是自上而下的，强调命令和控制。然而，随着社会的发展，这种治理结构导致了地方政府运行的僵化，使地方政府缺乏足够的灵活性来应对日益复杂多变的地方事务。与此同时，这种治理结构也扼杀了社会组织与公民的活力以及它们参与地方政府治理的积极性。因此，对这种二维的等级制结构进行改革成为时代发展的必然要求。随着地方政府治理主体的多元化，各个治理主体开始共享治理权力和资源，在权力运行的向度上不但有自上而下的，而且有自下而上的，但更多的是平行的。由此，各个治理主体成为三维网络的一个个节点，每个治理主体都是一个权力中心，各个节点之间相互连接，信息在这些节点之间迅速传播和分享，整个治理结构呈现出一种空间网络化。这种网络化的治理结构在整合与利用资源、提高地方政府治理灵活性和回应性、改善治理效果等方面，要比传统的二维等级制结构更有效，更能满足时代发展的需要，从而成为地方政府治理现代化的一个典型特征。

（3）治理方式民主化。在当今世界的现代化进程中，“第三波民主化浪潮”正在席卷各国，民主化正成为世界各国治理的发展潮流。地方政府治理中的各种权力最初来源于人民对自己权利的让渡。因此，地方政府治理的各项制度安排和政策措施必须体现人民群众的意志和利益，必须保障人民的知情权、参与权、选择权和监督权。实现治理方式的民主化能够从多个方面完善地方政府治理：第一，治理方式的民主化能够使各个利益群体尤其是人民群众的利益诉求在治理过程中得到反映和实现，从而增加公众对地方政府治理主体的认可，使各个治理主体获得合法性；第二，治理方式的民主化有利于构建各方制度化参与的渠道，通过各方的民主化参与，可以增加各方对地方政府治理的理解和支持，从而会减少治理过程中的阻力，有利于地方政府治理的推进；第三，治理方式的民主化有利于对治理主体的监督，有利于各方治理主体相互制约，从而可以在很大程度上降低治理权力被滥用的风险，避免治理权力成为以权谋私的工具，进而保障公共利益的实现。

（4）治理手段法治化。治理手段法治

化就是指地方政府治理的过程应该将宪法和法律作为最高权威，不断完善相关法律法规，依法进行治理。法治化不仅是地方政府治理现代化的价值追求，而且是一种制度建构，其核心在于约束公共权力并保障公民权利。法治化首先意味着通过法律对治理权力进行制约，因为在地方政府治理的过程中，包括政府在内的多个治理主体都拥有治理权力，如果不对这些权力进行制约，这些权力必然会对公民权利造成侵害。由于法律所具有的强制性、权威性、规范性等特征，使其在制约治理权力方面比其他制度具有明显的优越性。法律对地方政府治理主体权力的制约是通过以下途径实现的：第一，明确规定治理主体的权力。包括政府在内的一切地方政府治理主体的权力均由宪法和法律明确规定。治理主体权力的行使必须在法定范围内，依照法定程序和原则进行。治理权力一旦超出或违反法律规定，都会受到法律的制裁。第二，授予其他主体监督治理主体的权力。法律授予了人民检察院、人民法院、新闻媒体、社会公众等主体对地方政府治理进行监督的权力，规定了这些监督权力如何行使并提供了保障措施，从而督促地方政府治理主体在宪法和法律规定的范围内行使权力。通过对治理权力的制约，还可以引导多元治理主体树立法治理念，在治理过程中切实做到公平正义。法治化还意味着对法律进行调整和完善，改革其中不适应时代发展和地方政府治理不完善的部分，根据实践对现有法律进行补充和完善，使法律切实成为“良法”。

（5）治理结果高效化。地方政府治理结果高效也是地方政府治理现代化的一个重要特征。地方政府治理结果的高效化体现在三个方面：第一，地方政府治理主体能迅速对所面临的治理问题做出反应；第二，地方政府治理活动的效率高；第三，地方政府治理的效益好。随着经济社会发展形势日益复杂和风险社会的来临，地方政府治理主体必须能及时地对各种治理问题做出科学的决策和正确的判断。如果不能迅速对地方政府治理问题做出反应，不但会错过治理的最佳时机，而且当时面临的治理问题随时间推移可能会衍生出另外的问题，这些都会增加地方政府治理的难度，影响地方政府治理的效果。地方政府治理活动的效率是指地方政府治理活动的产出同治理过程中投入的人力、物力、财力等要素的比率。高效率的地方政府治理意味着以尽可能少的人力、财力和物力投入来取得良好的地方政府治理效果。在当前信息技术飞速发展的情况下，各治理主体要善于利用各种先进的技术方法来促进地方政府治理效率的提高。地方政府治理的效益可以分为经济效益、政治效益、社会效益、文化效益和生态效益。经济效益指的是地方政府治理活动对地方经济产生的影响，如地方经济增长速度的提高等；政治效益指的是地方政府治理活动所产生的政治性影响，如政府声誉的提高、治理主体的合法性增加等；社会效益则指的是地方政府治理活动对社会运行所产生的影响，如公民福利水平的提高、社会和谐等；文化效益指的是地方政府治理活动对地方文化发展所产生的影响，如地方居民文化水平和素质的提高、地方文化事业繁荣发展等；生态效益指的是地方政府治理对地方生态环境产生的影响，如生态环境改善、人与自然和谐相处等。只有在地方政府治理的过程中对经济、政治、社会、文化和生态效益统筹兼顾，才能实现地方政府治理效益的提高。因此，只有实现了地方政府治理的高效化，才能促进地方政府治理又好又快的发展，才能使地方政府治理走向现代化。

第三节　地方政府治理现代化的机遇与挑战

一、地方政府治理现代化的机遇

目前地方政府治理现代化面临的机遇主要包括以下两个方面：

（1）互联网的发展。互联网是 20 世纪的一项重大发明，进入 21 世纪以后得到了更快速的发展，它不但使人们生产和生活方式发生了巨大变化，而且对各个国家的政治、经济、文化和社会产生了重大影响。互联网缩短了时空距离，大幅度加快了信息传递速度，促进了各种资源共享，推动了地方政府治理的发展。互联网的发展对地方政府治理现代化的促进作用主要体现在以下方面：第一，互联网为地方政府治理提供了新的方式。互联网不但为地方政府治理主体之间、地方政府治理主体与客体之间提供了新的交流方式，而且使一部分公共服务能够通过网络技术来提供。地方政府治理主体借助互联网这个平台，不但可以通过微博和网页等发布大量的公共信息，做好信息公开工作，而且可以通过邮件、论坛等收集地方群众意见，还可以在互联网上完成审批、申报等工作。此外，随着“大数据”时代来临，地方政府治理主体通过利用互联网和信息技术，可以开发出一系列可用于地方政府治理的系统和软件，进而能够快速分析与响应地方政府治理的现状与问题，推动地方政府治理走向现代化。第二，互联网为地方政府治理的信息化提供了保障。进入 21 世纪以来，信息技术飞速发展，人类社会加速迈入信息社会，信息化成为各国经济社会发展的必然趋势，信息化程度成为衡量一个国家和地区现代化水平的重要指标。互联网由于具有及时性、交互性和容易检索等优势，成为信息集成和传播的重要载体，也成为地方政府治理信息化建设的重要支撑。地方政府治理主体通过使用互联网，打破了治理主体之间信息沟通与共享的时间空间壁垒，有利于整合地方政府治理主体、优化地方政府治理手段、实现地方政府治理流程化和自动化，进而推动地方政府治理现代化。第三，互联网为多元主体参与治理提供了便利。随着公民参与意识的觉醒和社会组织的发展，地方政府以外的各个主体参与地方政府治理的需求日益增强，传统参与方式和渠道支撑不了多元主体的有效参与。互联网的出现，不但方便了公共和社会组织表达自己的利益诉求和参与地方治理活动，而且使各治理主体能够迅速沟通和互动，减少内耗，高效率地开展地方治理。无论国内还是国外，互联网都使过去缺少表达和参与渠道的公民和组织获得了民主参与平台，推动了地方政府治理主体多元化，同时也有利于公众对各个治理主体进行监督制约，对治理效果进行及时反馈，进而促进地方政府治理迈向现代化。

（2）公民社会的发展。改革开放以前，由于政策、体制和意识形态方面的严格控制，我国公民社会发展被严重束缚，几乎不存在真正意义上的公民社会。改革开放以后，随着市场经济的发展，尤其是进入21世纪以来，我国的公民社会开始快速发展，公民社会组织不但在数量上迅速增长，而且种类也越来越丰富。公民社会的发展是我国社会进步的重要表现，并且带来了经济、政治和社会生活的巨大变化。公民社会可以在一定程度上弥补政府失灵和市场失灵，从而有助于完善地方政府治理体系，提升地方政府治理效果。具体来说，公民社会的发展可以从以下方面推动地方治理走向现代化：第一，公民社会的发展有利于地方政府向社会分权。公民社会由于具有非政府性、独立性、自治性等特点，在对部分地方事务治理时，往往比地方政府的效果好、效率高。而且随着社会利益关系的复杂化，地方政府仅仅依靠自己的力量进行治理往往会显得力不从心。这就使得地方政府向社会进行分权成为必要和可能。地方政府通过向社会分权，不但保障了公民的基本参与权利，而且可以增强公民的主体意识，更能够促进公民社会组织进一步发展壮大，从而能够拓宽地方政府治理范围，提高地方政府治理能力，实现地方政府与公民社会的有效互动。第二，公民社会的发展有利于对地方政府治理主体和治理行为进行监督。治理主体权力来源于公民对自己权利的让渡，但如果不对治理权力进行监督和制约，公民权利很容易受到侵害。由于力量弱小和缺乏有效渠道等，单个公民很难完成对地方政府治理主体和行为的监督，公民社会的发展则很好地解决了这一难题。通过形成各种各样的社会组织，公民个体成为组织的一员，公民组织大多具有相同的利益诉求，通过集体行动可以获得集团优势，而且具有比单个公民更多的监督渠道，因而能够有效地对地方政府治理主体和治理行为进行监督，防止公民权利受到侵害，并且能够更好地对公民权利进行救济。第三，公民社会的发展能够促进地方政府治理理念转变。很长一段时期内，政府对地方事务注重单向命令和控制，缺乏与社会的互动与合作。随着地方事务趋于复杂多变，这种理念指导下的地方政府已经越来越不能取得良好的治理效果，地方政府面临着越来越严峻的信任危机和合法性危机。公民社会的发展使得社会各群体的利益诉求得到越来越直接的表达，也使得公民和社会组织有一定的能力和资源来对部分地方事务进行处理。这些新情况和新形势的出现，都迫使政府改变原有的理念，树立符合时代发展的现代化治理理念，进而实现地方政府治理的现代化。

二、地方政府治理现代化的挑战

专栏 1-3 地方政府治理现代化的挑战：兰州水污染折射地方政府卖水乱象

2014 年 4 月 11 日兰州自来水苯超标事件备受关注，涉事企业兰州威立雅水务也成为人们指责的对象。

兰州威立雅水务是法国威立雅水务和兰州供水公司的合资企业。兰州供水公司始建于 1955 年，是中国“一五”期间 156 个重点工程当中唯一的水厂，工艺方面一直在业内维持较高水准。威立雅水务则是全球最大的水务服务商，管理、技术与资金实力更不容小觑。强强联合之下，仍出现污染事件，背后折射出的产业乱象更须深思。

2007 年，兰州供水系统引入威立雅水务最直接的原因就是缺钱。此前，兰州供水公司用于营建的贷款已超过 10 亿元，企业希望当地财政对此进行投资，但始终无法落实。与威立雅水务合资后，不仅贷款问题得以解决，近 7 亿元的股本转让款也被地方政府收入囊中。代价则是允许城市水价有一定程度的上涨。

这次收购让地方政府看到了“卖水”的商机。在随后的天津自来水招商项目中，招商方条款更是硬性规定“必须溢价 30%以上”，一些城市正在进行中的引资谈判甚至因此而停滞。

全国工商联环境服务业商会对此发出公告称，在政府定价的背景下，水业资产溢价，其本质是地方城市用以后的预期水价和水量收益，进行了短期资产融资。一般来说，供水、排水等基础设施应由政府无偿投入，其所需资金来源于水资源费和相关企业缴纳的税金和城市公用事业附加。但地方政府对外招商时，不仅出让水务企业股份，还要求重组后的企业自负盈亏。城市水业资产俨然成为地方政府的圈钱工具。

由于中国水务企业改制由地方政府掌权，各地方政府出于自身利益考虑很难完全履行监管职能，水产业乱象难以杜绝。

资料来源：腾讯网，2014年4月15日，作者：黄楠。

地方政府治理现代化目前主要面临着以下挑战：

（1）地方政府尚未树立起现代化的治理理念。治理理念是地方政府治理行为的起点，对地方政府的治理行为能够产生根本性和决定性的影响。经过改革开放以来30多年的发展，地方的政治、经济和文化等领域都发生了很大的变化，人民群众对地方政府治理的方式、效果等有了新的、更高的期望。因此，地方政府必须变革治理理念，才能奠定地方政府治理现代化的思想基础，才能争取公众对地方政府治理行为的支持，提升地方政府治理效果。目前地方政府以管控为特征的理念有以下几个方面的局限性：第一，导致政府权力过度扩张。在地方政府传统理念中，政府是地方政府治理的唯一权力中心，政府应该是全能政府，负责处理地方各方面的公共事务，这就导致了政府权力对社会的全方位渗透，从而使地方政府承担了某些可以由社会自行解决的问题，加重了政府的责任和负担。与此同时，由于地方政府是地方治理的绝对权威，社会组织与公众在与地方政府博弈中处于弱势地位，社会组织和公众的参与很少能改变地方政府的治理行为，不但降低了公众和社会组织参与地方治理的热情，而且导致地方政府治理的合法性受到冲击。第二，导致政府过分注重管制。在传统理念中，地方政府倾向于将自己凌驾于社会之上，强调对地方事务和秩序的管制，公民和社会组织必须服从于地方政府管制，社会必须受制于地方政府。在这种理念指导下，地方政府往往墨守成规而不是回应地方公民和社会组织需求，倾向于对上级政府而不是对社会负责，容易导致地方政府行为的非理性和短视性，不利于地方治理的长期良性发展。地方政府亟须转变这种注重管制的传统理念，树立符合现代治理需求的新理念，进而推动地方政府治理的现代化。第三，导致政府重“人治”轻“法治”。在地方政府传统理念中，法律至高无上的地位没有得到真正树立，地方政府在治理地方事务中将掌权者而不是法律作为治理权威。这导致掌权者在治理中拥有极大权力，治理效果好坏与掌权者直接相关。在地方治理中重“人治”轻“法治”，不但产生了“一把手”说了算、拍脑袋决策等现象，而且容易产生权大于法的倾向，不利于对治理权力进行监督和制约，也阻碍了我国法治建设进程。只有真正将法律作为地方政府治理中的最高权威，不允许任何人有超越法律的特权，依照法律进行治理，才能够增加政府治理理性程度，减少地方政府治理的随意性，取得良好的地方政府治理效果。

（2）中央政府和地方政府的关系没有达到最优状态。随着我国改革开放的深入，中央政府不但赋予了地方政府越来越多的经济、文化、社会管理权限，使地方政府在处理地方事务时具有了相当大的自主权，而且通过财政分权，使地方政府获得了地方经济发展的收益权，提高了地方政府的积极性。但是，中央政府和地方政府的关系没有达到最优状态，主要表现在以下方面：第一，我国中央政府与地方政府的关系尚未制度化。我国宪法和法律仅仅就中央与地方政府的组织形式做出了规定，没有明确中央政府与地方政府的权力、责任和利益如何分配。这造成了地方政府在权力和利益的获取方面与中央政府讨价还价，引起了地方政府在治理中预期的不稳定，从而导致地方政府耗费大量地方资源进行机会主义行为，不利于地方治理稳定有序发展。第二，中央政府和地方政府的事权和财权不对称。分税制改革以后，很多税基大、税率高和易征收的税种都划归中央政府，地方政府保留的大部分是一些税基小、税率低和不易征收的税种。与此相反，随着中央政府事权的下放和地方经济社会事务的复杂化和多样化，地方政府负责的事务和支出越来越多。这就导致了地方政府事权和财权严重不对称，造成了地方政府财政困境。这一方面导致地方政府通过发债方式进行融资，债务负担越来越重，增加了地方政府治理风险；另一方面导致地方政府为了保证财政收入而默许污染严重的企业继续存在和发展等局面，严重侵害了地方公共利益。第三，对地方政府的考核制度存在缺陷。对地方政府的考核制度主要包括两个方面的内容：一是考核主体；二是考核内容。在现阶段，对地方政府进行考核的主体一般是上级政府，地方公民和社会组织往往无法参与对地方政府的考核，这就造成了地方政府对上负责倾向。而对地方政府的考核内容是以经济指标为主，辅以安全生产、社会稳定等指标。在考核中注重经济指标导致了地方政府片面追求经济增长行为，具体表现为：①地方政府为了拉动地方经济增长，在基础设施建设上往往不顾中央政府相关规定，在同类基础设施上重复投资；②在能增加地方税收的项目上，地方政府不顾自身竞争优势如何，也不管该项目行业前景，纷纷在本地进行建设或引进，导致了大量重复建设现象，极大地浪费了地方资源；③地方政府为了保护本地区企业的发展，对与本地区企业产品形成竞争的外地产品采取严格的市场准入限制，导致了地方市场分割现象，不利于资源优化配置；④很多地方政府违反国家规定，出台工业和商业用地优惠政策，用极为廉价的土地价格进行招商引资，这不但使得地方政府的大量财政收入变成了对投资者的补贴，挤占了可用于提供公共服务的资金，而且带来了大量虚假投资者。这些投资者通过虚设项目欺骗地方政府获得廉价土地，然后以市场价格对这些土地进行抵押贷款来骗取资金，这为银行和地方经济运行带来了巨大风险。中央政府和地方政府关系中的这些问题，构成了地方政府治理走向现代化的一大障碍，亟须通过完善顶层设计来加以克服。

专栏 1-4　中央与地方关系待优化：过节不发福利——防腐倡廉的经被唱歪了

《人民日报》指出，中央“打虎灭蝇”，腐败分子纷纷落网，效果显著。然而，欢欣鼓舞之时，人们却发现，一些执行者在借反腐之名拿掉老百姓应有的职工福利，折射出现代治理中中央与地方之间的关系存在隐忧，因为这绝不是中央反腐倡廉的本意。

反腐败，反的是“三公”消费，反的是个别官员的权钱色交易、任人唯亲、买官卖官、欺上瞒下，反的是个别垄断性企业存在的高收入、高消费、高福利的灰色腐败，反的是个别单位假借“职工福利”之名侵吞国家资产，串通起来寻租、分肥的腐败行为。对这些形形色色、或隐或现的腐败行为“零容忍”，老百姓拍手称快。

但中央的“八项规定”，反的绝不是职工的正常福利。一年就那么几个节假日，单位这时慰问基层员工，发一点福利，全体员工捧着节日福利喜气洋洋，这是多么体贴民心的好事，和腐败有多大关联？

然而，现在的情形是，一些单位中秋节的两斤简装月饼没了，甚至妇女节女职工的体检也没了。还有群众反映，因为单位领导干部要节俭过春节，基层职工特别是低收入群体的年终福利也“名正言顺”地不发了。职工积极性可想而知了。这岂不是歪曲了中央的反腐本意？

令行禁止上行下效理论上没错，没有规矩不成方圆。但我国历来有个怪现象，就是“一抓就死，一放就乱”。上面权力统得过严，下面没有活力就死气沉沉；一旦放权给下面一点权力，往往就会“放水养鱼”，生猛海鲜皆窜出来乱了套。贯彻中央“八项规定”目标是针对党风和官风腐败的整顿没错，不过把国家公务人员和垄断高管等人的腐败寻租，转嫁到职工那点应得的福利待遇上“被陪绑”，反映出我们一些官员的无能下作。

资料来源：新华网，2014 年 9 月 8 日。

（3）地方政府治理机制落后。随着我国经济转轨和社会转型，传统地方政府治理机制正面临越来越多的挑战，其运行过程和结果受到公众和社会组织越来越多的质疑和不满，地方政府治理机制落后成为阻碍地方政府治理现代化的严重障碍。地方政府治理机制落后主要体现在以下方面：

第一，地方政府治理机制封闭化。地方政府治理机制的封闭化主要是指地方政府目前以政府机构为主体、以行政权力为动力来进行地方公共问题治理的架构，导致了政府单一主体主导下的封闭性治理机制，这一封闭治理机制使得地方市场组织、社会组织及公民等通常被排除在地方治理之外。这一封闭的地方政府治理机制为地方公共问题的治理带来了一系列问题：一是使地方公共问题解决起来更加困难。如一些地方公共问题并不适合用行政权力来解决，而适合社会组织和公民通过自治来解决，当封闭的地方政府治理机制处理此类公共问题时，可能会使公共问题有关各方平等的关系被打破，带来寻租与合谋等问题，使这些公共问题更难以解决。二是降低地方政府治理的合法性。封闭的地方政府治理机制通常表现为一种自上而下的权力运行向度，地方政府出于快速解决地方公共问题等方面的需要，往往会限制相关主体利益诉求的表达或者不顾这些主体的利益诉求，这不但影响了地方治理的民主化进程，而且可能带来社会公众等对地方政府治理的反感和不满，进而降低地方政府治理的合法性。

第二，地方政府治理机制僵化。地方政府治理机制僵化是指地方政府在面对各种类型的地方公共问题或不同的问题情境时，难以灵活调整现有的地方政府治理机制，从而造成地方政府治理出现问题或不能取得好的治理效果。地方政府治理机制僵化主要表现为：一是地方政府治理启动机制僵化。在现阶段地方政府治理中，往往只有地方政府才能启动对地方公共事务的处理进程，社会组织和公众对公共问题的识别和处理诉求往往不能及时、有效地启动地方政府治理，这在一定程度上会延误治理良机。二是地方政府治理机制运行过程僵化。现阶段地方政府治理机制往往是行政权力主导下的自上而下的运行过程，在此过程中强调命令服从关系，强调自上而下的动员过程，这在很大程度上遏制了市场组织、社会组织和公民的主观能动性和参与积极性，也遏制了除行政手段之外其他治理手段的采用。这也使得地方政府治理机制在处理以前从未出现过的和复杂多变的公共问题时难以适应，缺乏足够的弹性和灵活性来应对。

第三，地方政府治理机制缺乏长效动力。地方政府治理机制要持续健康地运作，必须要有长效动力保证。而目前地方政府治理机制主要是由行政权力来驱动的，行政权力可能在短期内能够有效解决地方公共问题，但是由于行政权力的强制性和单向度，可能会使得地方利益主体之间的矛盾和冲突逐渐积累，进而出现强烈的反弹，超过行政权力能够处理的限度，进而影响地方政府治理机制的运行。此外，地方公共事务正在变得越来越多样和复杂，仅仅依靠行政权力来驱动地方政府治理机制面临着有限资源的束缚，而有些公共事务并不适合由行政权力来处理，因此需要在地方政府治理机制中引入市场主体、社会组织和公民的力量，通过各方的协调和合作来为地方政府治理提供多元动力，保证地方政府治理机制的持续健康运转。

（4）多元治理主体力量薄弱。在目前的地方政府治理中，除政府以外的多元治理主体虽然得到了一定程度的发展，但其力量还十分薄弱，不能适应地方政府治理现代化的需要。多元治理主体的力量薄弱主要体现在以下方面：

第一，市场主体的力量薄弱。目前中国的市场经济体制发展还不完善，政府对市场存在过度干预的问题，这不但使得市场机制在资源配置中不能够发挥其应有的作用，而且使得一部分具有竞争力的市场主体不能得到有效的发展，更使得市场主体不能够有效参与地方政府治理。具体来说，在地方政府治理中，通过市场主体和市场机制来提供部分公共产品和公共服务，不但可以降低地方政府治理成本，而且可以提高地方政府治理效率。然而，由于政府过多的管制和相关市场主体力量薄弱，使得市场主体不能有效分担地方政府治理责任，不能减轻地方政府的财政负担，更不能促进社会福利增进。

第二，社会组织力量薄弱。因为社会组织在地方政府治理中可以承担政府不该做或做不好的事务，可以承担企业不愿承担的事务，所以社会组织具有了一定的克服政府失灵和市场失灵能力，成为地方政府治理中的一个重要主体。目前我国社会组织虽然得到了一定程度的发展，但是依然力量薄弱，具体体现为：一是社会组织数量和种类依然较少。由于政府长期以来对社会组织的严格管制，使得现存的社会组织数量和类型与发达国家还存在很大差距。二是社会组织对政府依赖性强。社会组织的资金来源严重依赖于政府财政拨款，社会捐赠所占比例较低。而政府对社会组织经济上的支持往往仅限于满足其日常运转的开支，这就导致了社会组织很难有足够的资金来参与地方政府治理活动，同时也削减了社会组织的独立性，造成社会组织在地方政府治理中很难发挥其应有的作用。三是社会组织专业素质不高。由于资金缺乏，社会组织很难吸引高素质的专业人才，导致社会组织缺乏高素质的专职人员，较多地依赖于兼职人员和志愿者开展工作，而这些兼职人员和志愿者的素质又参差不齐。社会组织的这种人员组成导致其专业素质不高，使其在承担专业性的地方公共事务治理时显得能力不足，阻碍了社会组织的发展壮大和服务质量的提升，也影响了政府和公众对社会组织参与治理的认可程度。四是社会组织缺乏与其他主体的合作机制。社会组织功能的有效发挥依赖于与其他主体建立合作机制，但在目前社会组织并未与政府、企业和公众形成有效的合作机制。社会组织与政府之间更多的是一种依赖和附属关系，不能形成有效合作；社会组织和企业之间也更多地体现为捐赠关系，缺乏合作互动；公众目前对社会组织的信任度不足，并不积极参与同社会组织的合作。

第三，公民的力量薄弱。公民的力量薄弱首先表现在公民参与地方政府治理的意识不足。公民参与意识不足使得公民不能或不愿表达自己的利益诉求，进而不利于更好地维护或实现公共利益。公民力量薄弱还体现在公民缺乏参与地方政府治理的制度化渠道。目前公民对地方政府治理的参与较多地通过听证会等形式实现，使得公民的参与对地方政府治理产生不了实质性影响，这不但会削弱公民参与的积极性，而且不利于地方政府治理活动的顺利开展，影响地方政府治理效果。

第四节 推进地方政府治理现代化的方略

一、地方政府治理理念的现代化

治理理念是治理行为的先导，只有实现了地方政府治理理念的现代化，才能推动地方政府治理发展。地方政府治理理念的现代化包括以下方面：

第一，树立合作治理理念。地方政府治理的现代化要求实现治理主体的多元化，要求打破政府中心主义的倾向，要求实现各方治理主体地位的平等化，通过多元主体之间的合作来进行治理。因此，树立合作治理的理念是地方政府治理现代化的必然要求。要树立合作治理的理念，不但需要地方政府改变对地方公共事务大包大揽的做法，把那些不该由地方政府管和地方政府管不好的事务交给市场、社会组织与公民等其他治理主体，承担自己应该做和做得好的工作；而且需要地方政府改变传统的“命令服从”型管理方式，尊重政府之外的多元治理主体，在地位平等的基础上通过与其他治理主体的协商和协作来解决地方公共问题；更需要政府与其他治理主体之间建立起信任关系，消除彼此怀疑的状态，实现实质性而非象征性的合作。

第二，树立民主理念。目前在地方政府治理中，市场主体、社会组织和公众参与的意愿和能力都有所提高，而地方政府尚未切实树立起民主的理念，使得这些主体的参与流于形式，不能够满足这些主体的需求。树立民主的理念，可以缓解地方政府治理中的参与压力，提高各方主体参与地方政府治理的质量，从而有效回应各方的利益诉求，提高地方政府治理的合法性。此外，树立民主的理念有助于地方政府和市场主体、社会组织、公民等沟通渠道的扩展与优化，有助于实现各利益主体之间利益表达的理性化，从而增强地方政府治理的包容性，缓解地方社会中存在的紧张、矛盾与冲突。

第三，树立法治理念。树立法治理念首先要求地方政府将宪法和法律作为最高权威，严格按照法律规定的内容和程序来行使权力，不能出现权大于法的现象。树立法治理念还要求地方政府在治理过程中不但要注重治理结果的公平和正义，还要重视程序的公平和正义，要废除不合理的程序规则，发展和完善符合时代发展要求的程序规则，切实保障公民的权利。通过树立法治理念，不但可以实现对地方政府权力的有效监督和制约，而且可以促进相关规则制度的完善，减少地方政府治理过程的随意行为，推动地方政府治理走上制度化发展轨道。

二、优化中央政府和地方政府的关系

优化中央政府和地方政府的关系应该从以下方面着手：

第一，实现中央政府和地方政府关系的制度化。目前我国中央政府与地方政府之间的权力划分没有得到法律明确合理的界定，中央政府对地方政府的分权存在非稳定性，这使得地方政府对自己的权力产生了不稳定预期，增加了地方政府使自己权力最大化的倾向，引发了地方政府短期和投机行为，也使得中央政府对地方政府的分权出现“一抓就死，一放就乱”的困境。因此，需要通过法律明确规定中央政府与地方政府事务的权力划分，具体规定哪些权力由中央政府享有和行使，哪些权力由地方政府享有和行使，增加权力划分的确定性。中央与地方政府的权力划分要做到既有利于维护中央政府的权威，又有利于发挥地方政府的主动性和能动性，原则上将事关整体性和全局性的事务交给中央政府处理，将事关地方局部利益的事务归地方政府处理。

第二，使中央政府和地方政府的事权与财权相匹配。目前中央政府和地方政府的事权与财权存在着不匹配的现象，应从以下方面来加以完善：其一，对中央政府和地方政府各自征收的税种进行调整，合理确定税收的分配比例，使得中央政府和地方政府的税收收入规模与其承担的责任相适应。其二，在保证中央政府税收权威的前提下可以考虑赋予地方政府一定程度的税收立法权力，以帮助地方政府建立合理的税收体系，从而降低地方政府获得财政收入的不规范程度，遏制地方政府的机会主义行为。其三，完善中央政府对地方政府的转移支付制度。中央政府对地方政府的转移支付是地方政府的另一个财政收入来源，但是目前中央政府对地方政府的转移支付制度尚不完善，地方政府获得转移支付的多少很大程度上取决于与中央政府的讨价还价，这不利于地方政府治理的长期健康发展。通过完善中央政府对地方政府的转移支付制度，增加转移支付的确定性和可预期性，可以减少地方政府的短视行为，为完善地方政府治理提供长期有效的支持。

第三，优化对地方政府的考核制度。在对地方政府的考核指标中，应该降低经济指标所占比重，增加其他指标所占比重，不但要反映出地方政府取得的成绩，还要反映出地方政府付出的成本与代价。同时，改变目前地方政府考核主体单一的问题，将地方市场主体、社会组织和公民等纳入地方政府的考核主体中来，以改变地方政府只对上级负责的倾向。通过对地方政府考核制度的优化，可以促进地方政府注重地方发展的均衡性和全面性，减少地方政府间恶性竞争的行为，减少地方资源的浪费，进而促进地方政府治理的健康发展。

三、完善地方政府治理机制

地方政府治理机制的完善需要做到以下几点：

第一，实现地方政府治理机制的开放化。目前地方政府治理机制较为封闭，主要依赖行政权力和政府主体进行运作，由此产生了很多弊端。为了实现地方政府治理机制的开放化，不但需要将地方市场主体、社会组织和公民纳入地方政府治理机制之中，而且要充分运用行政权力之外的其他方式和手段来进行治理，从而将一切有利于地方政府治理的因素都吸纳进地方政府治理机制，促进地方政府治理机制与时俱进。

第二，增加地方政府治理机制的灵活性。一是增加地方政府治理启动机制的灵活性。目前在地方政府治理中，识别公共问题、将公共问题纳入议事日程和决定是否采取行动来处理这些公共问题都是由地方政府说了算，这可能导致地方政府忽略掉一些重要的公共问题，进而使得相关矛盾和冲突激化，带来地方政府治理危机。因此，应该赋予地方市场主体、社会组织和公民启动地方政府治理机制的权力，并从制度上加以保障，使得地方政府治理机制在启动上更加灵活，从而更具回应性。二是增加地方政府治理机制运行的灵活性。目前地方政府治理机制的运行是行政权力主导下的“命令服从”型，运行的向度是自上而下的，由此带来了运行的僵化。在多元主体参与地方政府治理的状况下，应该通过各主体之间的协商和合作来推动地方政府治理机制的运行，弱化行政权力的强制性，增加地方政府治理的平行运行向度和自下而上的运行向度，使地方政府治理扁平化和网络化，从而使地方政府治理机制的运行更加灵活、更具适应性。

第三，形成地方政府治理机制运行的长效动力。目前地方政府治理机制是由行政权力驱动的，行政权力的强制性在短期内能够保证地方政府治理机制的运行，但是从长期来看，仅仅依靠行政权力来驱动将会带来一系列矛盾和问题。要形成地方政府治理的长效动力，首先必须降低地方治理对行政权力的依赖性，处理不适合行政权力解决的地方公共问题和行政权力解决不好的地方公共问题时，不能将行政权力作为地方政府治理机制运行的驱动力；其次要注意行政权力和市场机制、社会自治等治理动力的综合运用，使它们形成合力。只有使多种动力协调配合，才能够克服它们各自的缺陷，取长补短，进而保障地方政府治理机制的长期健康运转。

四、增强多元治理主体的力量

现阶段除地方政府外的多元治理主体虽然有所发展，但是力量还很薄弱，针对不同的主体应该采取不同的措施来增强它们的力量，具体包括以下方面：

第一，增强市场主体的力量。地方政府应该进一步简化行政审批事项，减少对市场的干预，使市场机制在资源配置中发挥基础性作用，使市场主体在公平、合理的市场规则下优胜劣汰，从而使得真正具有竞争力的市场主体逐渐发展壮大。同时，地方政府应该在治理中引入市场机制，通过建立与市场主体的公私伙伴关系、民营化等措施使市场主体参与地方治理，同时通过指导来促进市场主体能够更好地行使权力，切实承担起治理的责任，从而取得良好的治理效果。

第二，增强社会组织的力量。首先，要完善社会组织相关的法律法规，为社会组织的发展提供法律保障，促进社会组织的发展走上制度化、规范化的轨道。其次，要增加社会组织的独立性，消除地方政府将社会组织作为自己的附属机构的倾向，明确社会组织所应承担的职责权限，确保社会组织成长空间。再次，要采取措施充实社会组织的资金来源，通过向社会组织捐赠的企业和个人提供更多的税收优惠来促进这些企业和个人增加捐赠，通过地方政府向社会组织购买公共服务来使社会组织获得更多的资金。此外，还要提高社会组织的专业素质，可以通过给予社会组织工作人员落户、社会保障、发展等方面的优惠政策增强社会组织对高素质人才的吸引力，可以通过对社会组织工作人员进行培训提高他们的专业技能，还可以通过政府组织和社会组织之间的人员交流促进社会组织专业素质的提高。最后，要丰富社会组织与地方政府、企业和公民进行合作的渠道，创新合作方式，将社会组织参与地方治理意愿转化成实实在在的行动。

第三，增强公民的力量。首先，需要通过广泛的宣传动员降低公民对参与地方政府治理的冷漠，使公民清楚地认识到自己的治理主体地位，增强公民参与地方治理的积极性；其次，应该对公民进行教育与培训，丰富公民参与地方政府治理的知识和技能，提高公民参与的能力；再次，要强化对公民参与地方治理的法律保障，如果没有法律法规为公民参与地方政府治理的权力和范围做出具体规定和保障，公民参与不但容易形式化，而且公民的合法权利容易受到侵害；最后，要创新公民参与地方政府治理形式。网络信息技术的发展为公民参与形式的创新提供了机遇，地方政府要采取信息化和网络化手段提高公民参与的便利性，将公民参与形式制度化，提高公民参与地方治理的实效。

第二章
地方政府治理现代化中的治理创新

【摘要】推进地方政府治理现代化离不开治理创新，这种创新涉及治理理念创新、治理模式创新、治理主体创新和治理方法创新等。治理理念创新是指不受既有看法和思维的干扰，以新的视角、新的方法和组合形成新的思想，以便指导实践的过程。同时，地方政府治理现代化中的治理模式创新十分必要，其评价标准在于：新治理模式是否具有可推广性、适应性、先进性等。另外，地方政府治理现代化需要通过发挥市场、公民、利害相关者治理等主体作用开展治理主体创新；需要引入新的治理方式和治理手段进行治理方法创新。

地方政府治理现代化实际上也意味着地方政府在树立现代化治理理念的基础上，创新其治理体系，在治理辖区内依法履行其治理职能，有效促进治理辖区内的经济持续增长、社会公正、自由与平等。就20世纪90年代广受关注的“治理”而言，如果没有创新，就无法真正替代硬性的“统治”，就会成为一个累赘，那么，与之紧密相连的国家治理体系与治理能力现代化的全面深化改革总目标也就无法实现。反之，只有不断地开展地方政府治理现代化过程中的治理创新，才能有效地实现现代政治文明要素的积极传播、良性选择和最优重组，才能追赶、达到和保持政治上的先进水准，从而实现国家治理体系与治理能力现代化的总目标。

地方政府治理现代化中的治理创新至少涉及前瞻式引领、行为的整体结构和范式、当事者以及方法等内容，于是，这里的创新就涉及地方政府治理现代化中的治理理念创新、治理模式创新、治理主体创新和治理方法创新等内容。

第一节　地方政府治理现代化中的治理理念创新

地方政府治理现代化的基础是对现代化治理理念的秉持，所以，治理理念的创新是地方政府治理创新的基础。离开了治理理念的创新，则地方政府治理的创新因为缺乏根据而成为无源之水。

一、治理理念创新的意义

无论是从全球治理的整体趋势来看，还是从发展不平衡的区域之间的良性竞争来看，或者从地方政府办事能力的提高等方面来看，治理理念的创新都具有极为深远的意义。具体体现在以下方面：

（一）顺应全球治理趋势

随着全球化时代的来临，面临经济全球化、科技信息化、政治民主化、社会多元化的新形势，人类的政治生活发生了重大变化，全球治理越来越受关注。关于全球治理，著名的研究者安东尼·麦克格鲁指出："全球治理不仅意味着正式的制度和组织——国家机构、政府间合作等——制定（或不制定）和维护管理世界秩序的规则和规范，而且意味着所有其他组织和压力团体——从多国公司、跨国社会运动到众多的非政府组织——都追求对跨国规则和权威体系产生影响的目标和对象。很显然，联合国体系、世界贸易组织以及各国政府的活动是全球治理的核心因素，但是，它们不是唯一的因素。如果社会运动、非政府组织、区域性的政府组织等被排除在全球治理的含义之外，那么，全球治理的形式和动力将得不到恰当的理解。"①

由于单纯国家和单纯市场的失效，人们便把目光转向治理，全球范围内国家机制和国际市场机制的失效使得人们将目光投向全球治理。我们用描述法而非定义法来讲全球治理，那就是：在全球化背景之下，国家机构、国家集团、国际组织、跨国公司和非政府组织等通过具有约束力的规则来解决全球性的问题（国际裁军、跨境走私、毒品、国际生态问题等），以便维持正常的国际秩序。全球治理着眼于国际社会的稳定和安宁，它的必然趋势就包含如下内容：提高全球治理机制的公信力和约束力；脱离发达国家的操控，还要消除个别的强势国家所奉行的单边主义战略和执行双重标准的做法；在以国家主权局部的相对削弱换来治理的跨国性的同时又不陷入强权政治；等等。但无论是公信力和约束力，还是治理的自主性的加强，抑或是对强权政治的远离，在本质上都需要治理理念的创新。通过治理理念的创新，人们就可借助先进性的理论来适应全球治理趋势。

（二）获得区域发展机遇与竞争优势

地区发展的不平衡是一个难解的问题，缩小地区之间差距的方式主要有内部和外部两种，前者主要是外部援助型的"救济型"投入、生产型投入和基础设施型投入，比如我国的西部大开发；后者主要是内部发动的创新性"制度型"投入和"治理型"投入等。如果单从外部获得区

① 戴维·赫尔德，安东尼·麦克格鲁等．全球大变革：全球化时代的政治、经济与文化［M］．杨雪冬等译．北京：社会科学文献出版社，2001．

域发展的机遇和优势，那么就比较偶然、被动，因此，需要依靠发自内部治理型投入的内部方式等。

中国在20世纪90年代实施的市场化、分权化改革促进了地方政府之间的经济竞争，推动了国民经济高速发展，但却带来了各地富有地方保护主义色彩的“割据经济”。建立国内统一市场必须改变这种情况，这正如研究者所指出的那样：“地方发展要转化为具有竞争力的关键点就在于优势是否能够透过区域的整合，减少交易成本。”① 区域的整合以及交易成本的减少，需要打破地方保护主义和本位主义，树立新的地方治理理念，注重地方治理创新，才能吸引更多的资金、人才、技术，获得更大的区域发展机遇与竞争优势。

（三）提升地方政府治理能力

地方政府治理能力就是地方政府协调各方利益、完成其治理职能以及能够顺利达成“善治”的能力，主要包括地方政府的整合力、公信力和应变力。提升这一能力需要创新治理理念。只有开展治理理念创新，才能提升地方政府治理能力。当然，治理理念创新的作用一般不处于显性状态，能够间接、潜在性地提高政府治理能力。

二、治理理念创新的内涵

创新就是面对困难、矛盾和问题时，探索新路径，开拓新思路，勇于破除习惯做法，离开传统成规，摒弃条条框框和创造新成果的活动或结果。理念创新是指不受既有看法和思维的干扰，以新的视角、新的方法和组合来形成新的思想，以便指导实践的过程。地方政府治理现代化和治理理念创新之间存在互动关系，前者需要依赖先期的治理理念创新，后者需要在治理现代化中汲取营养。

专栏2-1 治理理念创新：“乐和”理念创新乡村治理

据报道，金井镇惠农村、开慧镇葛家山村、春华镇金鼎山村率先试点，实施乡村政治、经济、文化、社会、生态建设的综合改革，彰显地方政府治理理念创新。

计划用三年时间，长沙县金井镇惠农村、开慧镇葛家山村、春华镇金鼎山村将试点建设“乐和乡村”，这是继重庆巫溪县“乐和家园”之后的升级版本。“乐和乡村”应该如何建设呢？长沙县举行了星沙讲堂——理论沙龙，北京地球村环境文化中心创办人兼主任、“乐和乡村”项目负责人廖晓义就“乐和乡村”生态文明建设项

① 吴济华，柯志昌. 都会治理模式与县市合并之趋势探讨［A］. 赵永茂等主编. 府际关系——新兴研究议题与治理策略［C］. 北京：社会科学文献出版社，2012.

目进行专题讲座，深入剖析其所传播的理念。

“乐和乡村”作为一个生态文明落地模式，是创新社会管理的一次大胆尝试。该项目主要从培育社会组织、分流公共事务、改革公共投入机制、培育公共经济入手，按照调研宣传发动、完善乡村治理结构、形成长效运行机制、总结提升的4个步骤推进，实现创新乡村公共服务、完善乡村社会治理、推动乡村文化复兴、发展乡村公共经济、保护乡村生态环境的5个目标。

长沙县将按照“3+N”的方式实施，即先期确定3个示范村，后期根据自愿原则，可以申请加入，以3年基本建成为总体目标。

此前，北京地球村工作人员结合长沙县实际，制订了试点工作方案，即“一站两会三院四公五乐和”的思路。

“一站”即社工站，引进专业社工人才和社会资源，分担公共服务；“两会”即互助会和联席会，确保“大事政府办、小事村社办、私事自己办”；“三院”即办好乐和大院以提供村民公共活动空间，启动乐和书院以恢复乡村文脉载体；“四公”即鼓励公共经济、建立公共基金、分担公共服务、培育公共精神；“五乐和”即乐和治理、乐和生计、乐和礼义、乐和人居、乐和养生，倡行个群相和、义利相和、身心相和、心智相和、物我相和的乐和生活方式。

资料来源：长沙市政府门户网站，2013年5月24日。

三、治理理念创新的路径

治理理念创新的路径主要包括：提出新的治理理念；现有治理思想的新拓展；借鉴国外治理理念。

（一）提出新的治理观念

著名学者詹姆斯·罗西瑙、罗茨和格里·斯托克等指出，治理必须符合的理念有法治、民主、责任、效率、有限、合作、协调等。[①] 这些理念源于约束规则的普全性、决策中人数对比的考量、伦理的担当、实用效益、协调范围、人际联动以及当事者的配合等。在此基础上，人们可以结合现代社会特征尝试提出新的治理观念。

首先，通过对当今社会的经济和职业形式进行判断提出新的治理理念。比如，美国社会学家丹尼尔·贝尔指出：职业特征的最显著变化是专业化和技术性工作的超常增长和熟练及半熟练工人的相对衰减。1996年的1.26亿名劳动力中，3650

① 詹姆斯·罗西瑙. 21世纪的治理［J］. 全球治理，1995（1）；罗茨. 新治理：没有政府的管理［J］. 政治研究，1996（154）；格里·斯托克.作为理论的治理：五个论点［J］. 国际社会科学（中文版），1999（2）.

万名是专业人员和经理，其中经理近半数；有3760万名技师、营销人员和行政管理助理。这类人员总计超过7400万，占劳动力的近60%。[①] 其他紧跟着现代化步伐的国家也有这样的趋势。这就表明，专业技术（理论和精神财富）成为现代社会的轴心，而适应这个趋势的新治理理念就是“专业技术的治理”。

丹尼尔·贝尔认为，20世纪就应该达到的、后来得到了验证的“治理”状态是：“对有组织的复合体的管理（庞大组织和体系的复合体，包含大量变数的理论复合体）；识别和运用合理选择的战略来指导与自然的竞争，以及人与人之间的竞争；发展一种新的智能技术，它到本世纪（指20世纪，引注）结束时有可能像机械技术在过去一个半世纪中那样在人类事务中占有同样突出的地位。”[②] 这里暗示的治理就意味专业技术的治理，即用知识性的规则系统和知识模型代替主观判断来解决治理主体、治理对象以及主体和对象界面上的各种问题，包括运用统计技术和综合型计算来确定理性的对策、可取的行动和较佳的方案。

其次，通过对当今社会政治权力结构的变动趋势的判断而提出新的治理理念。当今的权力结构既不是金字塔式的单中心形式，也不是单中心的中央集权的形式。吴稼祥指出，这是“多中心矩阵式的治理”，[③] 以及多中心的“魔方式治理”。将这种平面矩阵转换为立体切换的非平面的魔方，就是一种治理创新理念，它为协调府际关系以及其他治理主体之间的横向和纵向关系留下了空间，避免了单中心治理的局限性。

此外，还可以通过对当今形势的其他判断提出新的治理理念。例如，根据当今社会的信息传播微观化趋势而创新性提出“微观电子治理”。

（二）现有治理思想的新拓展

治理理念创新的第二种方式就是拓展现有治理思想，表现为调整或整合其实用范围或元素。

有关目前治理理念的相关的拓展或整合方式有两种：一是现有7个主要治理理念之间的整合，二是现有治理理念拓展到其他观念和领域。第一种整合意义不大，第二种整合有利于与另外的观念进行衔接。[④]

比如，通过分析和比配，基于现阶段法治基础薄弱而推出“立体型法治”，基于民主的非教条化理解而推出“主权民主”治理，基于责任淡化而提出“到期重

---

① 丹尼尔·贝尔. 技术轴心时代（上）——后工业社会的来临（1999年版前言）[J]. 当代世界社会主义问题，2003（2）.

② 丹尼尔·贝尔. 后工业社会的来临 [M]. 高铦等译. 北京：商务印书馆，1984.

③ 吴稼祥. 公天下：多中心治理与双主体法权 [M]. 南宁：广西师范大学出版社，2013.

④ 必须加以说明的是，由于治理这个理念是从西方进入中国的，又由于治理理念已被詹姆斯·罗西瑙等西方学者系统地论述过，所以“现有治理思想或理念的新整合”这个话题我们目前限制在西方研究的论域之内。

审之责任”治理，基于短期“效率”而推出“长效”治理，基于治理“有限”而推出“刺激—中间变量—反应型的有限治理”，[①] 基于“合作”而推出“契约式合作”，基于协调的整体性而推出“多层次协调”治理等。

（三）借鉴国外治理理念

治理理念创新的第三种方式是借鉴国外治理理念，即国外治理思想的中国化、民族化和内化。国外治理思想对国内治理创新具有借鉴意义，但是不能生搬硬套。

前文有关詹姆斯·罗西瑙、罗茨和格里·斯托克等国外学者提到的治理理念——法治、民主、责任、效率、有限、合作、协调值得借鉴。为此，我们先要弄清这些理念所需的环境条件，然后营造相应氛围，通过改变某些要素将其内化为中国治理理念，创造中外结合的治理文明。

四、治理理念创新运用与评价

治理理念创新需要在实践中运用、检验及评价。为了避免理念创新成为“纸上谈兵”，需要从可操作性高低、先进性程度和实用性效果等方面进行评价。

（一）可操作性高低

治理理念的可操作性高低具有形式和实用性标准。其一，形式标准要求该理念基于事实，承认被观察到的现象，能够被经验检验与证实，具有可操作性。其二，衡量可操作性的另一标准就是能够成功地改变现实，具有适用性。[②] 过于超前的理念无异于拔苗助长。

（二）先进性程度

治理理念的先进性程度在于它的前沿性，即领先于一般的水准，能够指导未来，有助于推进治理者从战略上创新政策选择，前瞻性预测未来治理趋势。同时，治理理念越是深刻把握事物特质，就越是具有先进性。

（三）适用性效果

治理理念的适用性效果强调理念和治理实践效果的联系，注重经验的融贯性和连续性，即理念以某种方式连续贯彻而获得了实效，而实效又呼应了理念创新。注重治理理念创新的实用性效果实际上就是把“治理理念”当做了指导实践的工具。

---

① “刺激—中间变量—反应”这个表达源自行为主义。行为主义阵营中可以找到较为一致的原则，即认为只有能够被测量到的东西或可观察到的东西才配得上是“真正存在的事物”。有鉴如此，治理等就可以在“刺激—反应”这样的关系模式中得到理解。当然，行为主义阵营在被指责具有机械论倾向之后，在刺激和反应之间加了一个作为生理状态和心理状态的“中间变量”。包括治理在内的行动取决于环境变化、行为的效果或外在的奖惩，治理乃是一种行为矫正。

② Robert C. Lieberman, Ideas, Institutions, and Political Order: Explaining Political Change [J]. American Political Science Review, 2002, 96 (4).

第二节　地方政府治理现代化中的治理模式创新

著名政府治理与改革问题专家 B.盖伊·彼得斯在《政府未来的治理模式》一书中指出，未来的“治理模式”涉及公共组织的“结构、管理（实为治理，引注）、政策制定、公共利益”。[①] 也就是说，政府治理模式涉及常态性的组织架构、常务性活动以及朝向目标的功能性运作。由此可见，地方政府的治理模式就是地方政府在治理活动中实施的比较稳定的制度形式、运作常态和体系性结构。

一、治理模式创新的必要性

地方政府传统威权统制型“治理”模式存在较多弊端，比如，等级严明、体制僵化、职能繁杂，职位重于能力，“治理”被看作是自上而下的单向性活动，阻碍治理创新。创新治理模式有利于适应国家权力向公共权力转型的趋势，保证政府行为的可持续性与有效性，开启国家与社会的深层次互动。

（一）适应国家权力向公共权力转型趋势

当权力部门或官员本身不作为或违法时，必定要问责，否则就破坏了基本的社会公正。假如问责主要是“内部问责”，即主要在政府内部完成，那么，这种封闭性“问责”必将制约国家权力健康发展，因为当事者可行权获利而少负责任，使得问责要么流于形式，要么震慑力不强。要解决这一问题，就要将国家权力转型为公共权力，要求公共管理过程中的、由政府相关部门及官员掌握并行使的、用来处理公共事务、维护公共秩序和促进公共利益的权力转化公共权力。

适应国家权力向公共权力转型的趋势，治理模式就不能是自上而下单向的行政控制，而应是改革治理的制度形式和结构。

（二）保证政府行为的可持续性与有效性

地方政府主要领导对政府行为的可持续性和有效性具有较大的影响。地方政府领导层由于有任期和绩效压力，往往注重短期见效事务，既危害政府行为的可持续性，又危害政府行为的长期有效性。因此，保证政府行为的可持续性与有效性是地方政府治理创新面临的迫切任务。要完成这一任务，需要对治理模式进行创新，避免“人亡政息”或“人走政息”，就需

① B.盖伊·彼得斯. 政府未来的治理模式（中文修订版）[M]. 吴爱明等译. 北京：中国人民大学出版社，2013.

要在政策制定上保证长远性和后续性，维护公共利益。

（三）开启国家与社会的深层次互动

为了避免政治剧变，有必要推进国家和社会的深层互动。政府官员和民意代表以及司法队伍的大范围遴选，社会进步呼声的上传，政府与社团、协会的合作交流等互动有利于执政稳定与社会和谐。要使这种互动常态化而不流于形式，就需要治理模式创新，因为只有通过治理模式中的制度形式和结构创新，才能推动国家和社会之间的深层次互动。

二、治理模式创新的内涵

地方政府治理模式创新就是治理的制度形式、运作常态和体系结构的创新。治理的制度形式创新主要指政策制定规则方面的创新，治理运作常态方面的创新主要是合法性权威的取得和运用，体系结构创新主要指地方政府部门职能和关系的调整与更新。

专栏 2-2　治理模式创新：余庆县“三个载体”推进农村基层民主政治建设

新华网贵州频道 8 月 25 日电，在党的群众路线教育实践活动中，余庆县各级基层党组织大胆尝试、勇于创新，先后探索了“四事制度”、“四双四民”、“五权机制”等载体，扎实推进农村基层民主政治建设，切实保障人民群众当家做主的权利，真正做到了还权于民。

“四事制度”，搭建基层民主平台。一是“说事”体察民情。采取村领导干部轮流坐班接待、建立“说事室”、召开座谈会、发放征求意见表等形式，为群众提供反映问题的良好环境，让他们把想说的话、想做的事以及有利于农村经济发展的意见或建议说出来，并建立“说事”档案，为更好地开展工作提供参考。二是议事集中民智。将“说事”档案进行分类，对于一般问题召开村会议决策，把解决问题的办法措施议明白、议清楚，并落实办理责任人、办理时间及办理事项；对涉及村级发展规划、基础设施建设等重大事项，采取召开村民代表会议讨论决定，广泛征求意见等形式及时解决。三是办事凝聚民心。按照“工作在一线落实，作风到一线转变，问题在一线解决”的思路，采取网格管理、挂牌发卡、结亲联户等形式，干部与群众坐一条板凳、饮一壶茶水、嗑一盘瓜子，真心实意交心交友，把群众反映的事办好、办实。四是访事化解民忧。实行定期或不定期的回访，采取看、听、查的方式，看工作办理的进度、落实的效果，听取群众对工作开展的建议，查具体责任干部是否工作到位。通过回访，不断积累办事经验，限期整改存在的问题，真正化解民忧。如敖溪镇指挥村在“四事制度”实施过程后，针对群众反映经济发展慢、农民收入难等问题，全体村干部带着信息、项目、技术进组入户与村民一起商讨发展良策，建立了石材、园艺、烤烟等11个基地，成立了指挥村石材、园艺产销服务中心，开辟了一条特色产业致富之路。

“四双四民”，扩大基层民主范围。一是“双选”维民权。建立村级组织“两推一选”和“海选”制度，坚持公平、公正、公开的原则，把思想好、作风正、有文化、有本领、真心愿意为群众办事的人选进村“三委”班子，提高基层组织选举的民主化程度。二是“双议”集民智。建立党员、村民代表议事制度，坚持重大事项提交全村党员和村民代表大会讨论决定，切实维护党员和村民的民主权利。三是“双评”顺民意。建立党员、村民代表评议村干部工作制度，组织全体村民讨论制定村民自治章程或村规民约，构建党员参与党内事务的平台。四是“双亮”聚民心。坚持村党支部和村委会向党员群众年初亮承诺、年终亮实效，接受党员和村民代表的监督。村党支部和村委会将村里的重大事项和党员、村民普遍关心的问题实施过程及结果，通过党务及村务公开、村支“三委”报告工作等形式，向党员和村民公开，严格按照承诺认真办事，接受党员和村民代表的监督。如小腮镇中关村采取民主决策的方式先后通过了老年人养老金发放、教育教学奖励机制等办法，近五年向村民发放各种补助共计50余万元。

“五权机制”，规范基层民主管理。一是村务决策提案权。由20名以上村党代表、村民代表联名行使提案权，对涉及大多数村民利益的提案，由村民议事会主持召开“听证会”征求意见，并把征求到的意见梳理后与提案一并提交村党支部审议。二是决策酝酿审议权。党支部对需要审议表决的提案以及召开村民会议或村民代表会议的时间、形式、内容等事项进行审查把关。在会议举行的前一周，党支部将拟审议提案、审议形式、时间、地点、参加人员等情况公之于众，接受监督。三是决策确定表决权。村委会负责人召集召开村民会议或村民代表会议，对经村党支部审议的提案以无记名投票方式进行表决，赞成人数超过实到人数的1/2以上形成决议，并如实记录表决结果。四是决策运行执行权。村委会在村党支部的领导下，建立决策执行方案预审制度，根据村民会议或村民代表会议表决的提案事项，村委会拟订表决议案执行方案，提交村党支部审查，由村党支部负责组织力量进行论证，经审查同意后，由村民委员会执行。五是决策管理监督权。监委会在村党支部的领导下，享有对重大事项决策的知情权、参与权、质询权和评判权，代表村民对提案的提出、表决、办理进行全程监督，并将监督情况及时向全体村民张榜公布，确保决策民主、执行到位。如构皮滩镇构皮滩村通过召开村民大会，在村监委会和群众的监督下，每年从村集体中拿出70%的资金用于发展全村基础设施建设、教育等社会公益事业，每年举办一次“希望之星奖励”、“80岁以上老人祝寿”、“残疾人关怀”、“十佳好公婆、好媳妇评选”等活动。

资料来源：新华网贵州频道，2014年8月25日，作者：刘金梅。

三、治理模式创新的路径

治理模式创新的路径主要有：不同治理模式的有机组合、根据新形势提出新的治理模式以及现代治理模式的“流程再造”。

（一）不同治理模式的有机组合

单一的治理模式难以应付复杂情况，因此，有必要学习多种治理模式的长处以形成混合型的治理模式。B.盖伊·彼得斯在《政府未来的治理模式》中论述了市场模式、参与模式、弹性模式和解制模式四种治理模式，[①] 但没有论及它们之间的有机组合。

单一的市场模式固然有结构上实施分权、成本低、灵活性强和社会化等优点，但也有逐利性强、短视性、分配不均等弊端。因此，它虽然能够有效治理日常服务性工作，但难以处理政策性很强的复杂事务。所以，我们需要通过全面质量管理，以协商式、谈判式决策和公共利益参与的最大化来避免市场模式的弊端。这种将市场和参与模式融合而成的混合治理模式，即所谓的“广泛参与的市场模式”，就是现有不同治理模式的有机结合，能够减少科层制协调的层级性节制，有助于推进地方政府治理模式的现代化。另外，我们还可以通过寻找市场模式、参与模式、弹性模式和解制模式等之间的其他组合，比如“弹性解制模式”等来创新治理模式。

（二）根据新形势提出新的治理模式

在当今千变万化的社会关系中，信息交往越来越复杂，以互联网和大数据（Big Data）等为载体的科技，正在催生各种各样的新的社会交往。其中，“赛博空间”引人注目，它的出现和不可阻挡的扩张及其对人们影响的日益加深，必将引起地方政府治理模式的创新。下文将“赛博空间治理”简称为赛博治理。

研究指出：“赛博空间不是由一种同质的空间组成，而是指无数个迅速膨胀的空间。每一种空间都提供了一种不同的数字相互作用和数字通信的形式。”[②] 它是由各种在线者以及被称为“空间制造者”的

① B.盖伊·彼得斯. 政府未来的治理模式（中文修订版）［M］. 吴爱明等译. 北京：中国人民大学出版社，2013.
② Martin Dodge，Rob Kitchin. Mapping Cyberspace ［M］. London，2001.

人构建出来的，存在于编码和信息往来之中。可见，赛博空间就是可操纵航向的网上空间，其中有内网、虚拟体和跨地域、跨部门、跨领域、跨行业的各种交往等。在线者进入赛博空间之后往往进行身份的重建，他们的名字、性别、年龄、国籍、文化程度、职业、形象描述等往往是虚拟的，是无限网络世界中的漂流者。

赛博治理就是以赛博空间为发力点的各类主体联合起来的网络式治理。赛博空间中的网民无法与现实社会中的身份建立一一对应的关系，基于此，赛博治理就意味着政府、管理员、版主和网民之间通过持续对话、协商与合作来解决各种冲突和纷争。赛博空间虽不局限于任何地方，但“赛博准入”可以经由沟通和商讨而实施“闸口”约束。赛博空间中的权力运作是发散式的、游离的和相互碰撞的，我们可以通过协商来调动人们维护赛博空间秩序的兴趣和积极性，尽可能地维护赛博空间的公共利益。

就赛博治理而言，赛博空间运用的是知识，广泛存在的是信息的生产、分配、交换和使用，被治理者或当事者成为彻头彻尾通过参与活动而显现的存在。如此看来，赛博治理也意味着在规范电子政务、电子商务等的同时，达成赛博空间约束共识的倡议，构建有序约束平台，酝酿赛博智库平台，以知识和积极的信息交往牵引赛博空间的良性发展。

此外，我们还可以依据社会学家安东尼·吉登斯提出的不无道理的“全球风险社会”的概念而提出“风险治理”，等等。

（三）现代治理模式的“流程再造”

所谓的流程再造，主要是指抛弃以职能来指派部门的治理方式，而以流程为轴心，重新设计行程，以整体最优而非以部分最优目标来确定治理流程。

治理的流程再造要求：在组织和权力结构问题上，无须在市场模式、参与模式、弹性模式和解制模式中选定一种；在治理活动中，无须在私人部门协调、整体质量监管、临时雇员监管和给予员工更多自由等选项之间锁定某一种方式；在决策问题上，无须在市场刺激式的决策、谈判式决策和试验性的决策以及官僚部门松绑后的决策之间选定一种；在公共利益的维护、接引和最大化的问题上，无须在市场导向、参与导向、弹性导向和解制导向之间武断地锁定一种。因此，此种模式具有比较重要的意义及价值。

四、治理模式创新运用与评价

治理模式创新既有创新探索的功能，又是治理创新的标准，需要开展应用及评价。

（一）新治理模式的可推广性

新的治理模式诞生之后，往往由于习惯的干扰和保守势力的排挤、暂时不符合上级或权威部门的绩优标准、本身不完善等原因难以推广。因此，新治理模式的可推广性就十分必要。

这种模式的可推广性的一个首要条件就是它的试点实践业绩明显，具有可持续性；另一个条件就是欲推广地区的主要初始条件和新模式试点地区的主要初始条件具有一致性。也就是说：第一，主要的初始条件基本相同，人们能够由此及彼地推广；第二，多数情况下，尽管主要的初始条件不相同，但主要初始条件的差异并不影响模式的推广。

（二）新治理模式的适应性

由于新治理模式和新环境之间的“对接”不太成功，新治理模式推广中可能表现出不适应。因此，新治理模式的适应性极其重要，它是对环境条件的适应程度。这种模式需要展现其生存潜力，不断地应付新的利益相关者，不断接纳新的利益相关者参与治理，从容地应对新情况，在变动中保持处理新问题的潜力，维持新治理模式与新环境之间的平衡发展。

（三）新治理模式的先进性

新治理模式不能仅仅停留于名义上的新鲜，而必须具有先进性，这是评判它的又一重要标准。

先进的治理模式能反映、预见当代经济、政治和文化等领域的最新变化。比如，赛博空间治理模式就比较直接地反映了时代的新变化。同时，新治理模式越灵活，越能紧跟当代发展趋势，就越先进，越能够推进未来治理的发展。新治理模式应是首创的先行模式，具有辐射性和吸引力，拥有无可比拟的先进性。

第三节　地方政府治理现代化中的治理主体创新

研究表明：“在 20 世纪 90 年代，人们发现权力不仅具有多极性、复杂性和流动性，同时在某种程度上还具有‘分散性’……国家（政府作为国家的代理者也一样，引注）已经不再是一切事务的中心了。”[①] 除了政府之外，还有很多其他合理的、能担责和理政服务的治理主体。下面将论述治理主体创新的原因、内涵、路径以及实践与评价。

一、治理主体创新的原因

政府单一主体治理面临巨大挑战和困难，而多元治理主体则具有明显优势与适应性，所以，治理主体创新不可避免，当然，地方政府治理主体创新也是地方政府治理创新的内在要求。

（一）政府单一主体治理的挑战与困难

政府单一主体的治理面临极大挑战与

① 让—皮埃尔·戈丹. 何谓治理［M］. 钟震宇译. 北京：社会科学文献出版社，2010.

困难，因为政府难以承担现代社会复杂而艰巨的经济、政治和社会功能，难以拥有有关生产者、消费者等完全信息，不可能科学设计、实施现代治理框架。

同时，政府单一主体的治理常常导致治理责任推诿、治理组织膨胀、治理费用剧增。另外，政府治理职能的全能化导致政府权力泛滥，阻碍市场和社会的健康发展。

因此，“国家不再是最高权威，它变成了多元制导系统中许多成员之一，而且为谈判过程贡献自己独有的资源。随着网络、合伙组织以及其他经济和政治治理模式的扩大，官方机构最好也不过是同辈中的长者。”[①] 各种社会组织只要其行使权力获得法律认可就具有治理的有效性，就可分担单一主体治理所面临的挑战和困难。

（二）多元治理主体的优势

多元治理主体拥有巨大优势，不仅适应了信息化时代社会交往的需要，而且顺应了民众维权意识，有助于地方政府治理创新。

首先，多元主体治理适应信息化时代社会交往的需求。以移动互联网等为代表的现代信息网络平台打破了政府的信息垄断权。公众有了越来越多的获取资讯和加工信息的渠道，这在客观上要求政府行为更加透明，从而实施“阳光治理”。而多元治理能够吸纳和协调这些主体参与治理，提高治理效果。

其次，多元主体的治理顺应了民众维权意识。近年来，围绕宪法的讨论越来越激烈，针对政府的诉讼案件越来越多，媒体和网络也影响了案件的流程等，这都表明民众的维权意识正在提高，多元的权利诉求越来越明显。多元治理能够顺应这些多元诉求，吸纳各种利益相关者参与治理，通过协调、商议和互动的方式解决问题，防止事态恶化。

另外，多元主体的治理有助于地方政府重大的创新与改革实践。比如，地方政府为了增加收入而把招商引资、经营城市等作为重要的创新与改革实践内容，但这带来了许多困难，需要通过多元治理予以克服。1994 年的分税制改革给地方政府以极大的影响，留给地方的税种“都是收入来源不稳定、税源分散、征管难度大、征收成本高的中小税种”。[②] 自此以后，很多地级和县级政府财政收入的重要来源就变为非国有经济，招商引资成为它们的重要选择，这就涉及围绕投资环境的改善而展开治理活动，也涉及治理活动对外资企业和其他境外组织的应对。此外，地方政府在中央不参与分享的收入之外找到了重要财源：基础设施扩张建设的政绩工程、土地开发和土地转让等。[③] 于是，在城镇化大潮中，地方政府大量征地和改造旧城，

---

① 朱迪·弗里曼. 合作治理与新行政法［M］. 毕洪海等译. 北京：商务印书馆，2010.

②③ 张紧跟. 当代中国政府间关系导论［M］. 北京：社会科学文献出版社，2009.

扩张城市的规模，发展建筑业和房地产业，用土地生利，这为农民土地的低价补偿带来了风险，使得被治理的关系更加复杂。因此，在地方政府的重大创新与改革活动中，因投资涉及的环境改善的治理、外资治理、农村治理、城市治理变得极为复杂，必须通过多元主体的治理才能应对。

二、治理主体创新的内涵

治理主体不等于统治主体，前者既可以是公共组织，也可以是非公共组织，还可以是两者的联合，协会、基金会、志愿者组织、企业、媒体以及未注册的草根组织和公民个人等都可以成为治理主体。因此，创造性地吸引更多具有治理能力的主体参与治理并开拓性地调整主体间的权利义务关系，就是治理主体创新的内涵。

就协会、基金会、志愿者组织、企业、媒体以及未注册的草根组织和公民个人而言，并非所有的治理活动都需要它们全部或全程参与，而且，并非它们的所有参与都是真正的治理，因此，要防止掉入创新的陷阱。

三、治理主体创新的路径

治理主体创新的路径就是为了完成某项治理任务而搭建不同的平台、界定不同的层次、划分不同的阶段，以便把不同的主体接纳为治理的主体，主要包括：充分发挥市场主体的治理功能、公民自主治理以及利害相关者治理等。

（一）充分发挥市场主体的治理功能

市场主体在治理方面有诸多功能。首先，在政策制定上凸显公平性和简单性。其次，具有治理高效的优点。比如，在约束员工时，市场主体不是把资历和报酬等级挂钩，而是把工作成绩和报酬级别挂钩，此种差别报酬容易导致工作的高效率。市场主体倾向于采取对外开放的竞争性签约承包方式开展治理工作，能够实现治理的低成本和高效率。再次，市场主体有助于调动相关组织的积极性。市场根据组织（包括政府）提供公共产品的成本高低来评价组织，注重评估治理结果，有助于提高相关组织的积极性。最后，市场主体激发了相关部门的潜能。市场主体依赖于非垄断部门，分散了权力，重视企业式的开拓进取和个人责任，堵塞了公共部门“寻租”。

因此，以市场为导向的组织体系向公众提供了竞争性服务，提高了治理主体的内生动力，有利于提高治理质量与效率。

（二）公民自主治理

倘若仅仅从市场主体的“眼光”来看待公众的话，就会贬低后者（指公众），B.盖伊·彼得斯指出：“市场模式倾向于将政府计划方案的受益者以及更广大的公众取名为消费者或顾客。”① 视公众为消费者

① B.盖伊·彼得斯.政府未来的治理模式（中文修订版）[M].吴爱明等译.北京：中国人民大学出版社，2013.

的做法忽视了民众积极而能动的公民资格，公民通过一定的努力能成为自己利益和所在地方的负责任的主体，能够开展自主治理。

当然，不要认为大多数公民能胜任自主治理，很多人“没有时间”参与治理而让旁人去做，很多人在专业问题上的发言极不靠谱。B.盖伊·彼得斯认为：“并不是每个人每时每刻都会参与公共事务，很多人往往选择旁观，要么完全不参与，要么偶尔对其他社区居民提出点批评意见。”[①]现代社会条件下，试图经常让很多公共决策都由大多数人集体决定并没有可操作性，且意义不大。所以，治理活动要努力吸引那些愿意参与未来规划的公民。

在治理结构问题上，公民治理需要成立“公民治理小组”，诸如包括普通公民、组织人员、当局代表、民意代表等在内的小组。它从事贴近服务的现实工作，分阶段、分层次地列出公共机关所提供的服务，筛选出需要公民监督和参与的那些服务项目。在对治理小组组员的知识状况进行摸底之后，治理小组分派服务的项目和数目，设置职责范围，对小组自身予以约束，同时在条件许可时，可与其他治理小组沟通，分享治理经验。小组以逐步疏导的方式淡化和矫正治理活动中的不良倾向。公民治理小组以能力、不同阶段的目标和层次来拟定规模，开放地接纳中途插入的新元素，以服务的责任承诺解决关于义务的问题，并与其他主体保持多样的沟通。同时，治理过程就需要经常性的反馈，以便进行调整达到平衡。

公民的自主治理表明人们希望决定自己的命运，而非被政府或特殊集团掌控。研究指出：“一些地方居民正在回归他们先前作为公民的角色，民众就是社区的所有者和主人，他们承担着社区治理的责任。”[②]公民的自主治理是一个工具，可帮助人们慢慢改变自己的某些行为，促使形成不一样地看待各种事物的观念。

（三）利害相关者治理

“利害相关者”是适应“跨域治理”需要而提出来的，主要是指治理活动以及治理结果与之有利害关系的人群，这是治理联合体（由利害相关者过渡而来的治理主体是治理联合体，下同）。

不难看出，利害相关者这个治理联合体是因为利害关系才临时产生的，人们基于历时性的考虑而容易想到：只要解决了总问题或总目标，联合体就可能立即消失。更为常见的是，总目标中的子目标获得解决的同时，立即有部分相关者撤出，也可能会有相关者立即加入。基于共时性的考虑，在地方政府同时并举的多个治理活动中，有的当事者可能因为与多个治理流程有利害关系而横跨若干治理联合体。

治理中的利害相关者在内容上无所不

①② 理查德·C.博克斯. 公民治理：引领21世纪的美国社区［M］. 孙柏瑛等译. 北京：中国人民大学出版社，2013.

包，可以是政府机关、党群组织、事业单位、协会、基金会、志愿者组织、企业、媒体以及未注册的草根组织、公民个人，甚至境外游客。这里的任何一项或几项的联合乃至全部项目都可以是治理中的利害相关者，即治理联合体，全依赖其与治理活动以及治理结果之间的关联。它因聚集了最广范围的智慧、人力、财力、信息交流渠道和利益共谋而有治理技术上的优势，把“尽力拓展参与方”和责任明确集于一身，具有范围广泛的跨域治理特征。

为此，该治理首先要确立治理共同体的边界，地方政府约束相关者的“准入”和“准出”，列出治理活动和治理结果所涉及的各方面的内容，接纳利害相关者成为治理主体。其次要共同参与治理，为避免懈怠和“搭便车”，不仅需要有条不紊地分阶段磋商、协调、设定治理步骤和推进性的实践，而且需要“功与酬成正比，过与罚成正比，无功过则零酬”的约束。最后就是完成任务之后对相关利害相关者予以惩罚或奖励。另外，就是全程性反馈，以便为下一个治理做铺垫。

四、治理主体创新实践与评价

治理主体创新付诸实践需要由治理主体实施，这就是说，治理主体的创新意味着治理主体自我约束、自我成长、自我转变或拓展自己以和其他主体相联合的行为。因此，治理主体在实施治理活动时的表现、互动和绩效成为其被评判的依据。

（一）灵活性高低

在治理活动中，主体表现出来的灵活性不太一样，这涉及主体的创造力、方案调整的及时性和边缘性政策的执行效果等因素。

治理主体的创造力与主体的积极性有关，治理主体按其积极性高低可分为“搭便车”者、看门人和积极参与者。第一种人由于没兴趣或没能力等原因而不实质性地参与治理，只是想乘人之便来达到自己的目的，这是治理中的累赘，此种人在治理中表露出来的创造力极低；第二种人常常处于旁观状态，除非治理过程涉及其重大利益时才有所行动，这种人的创造力一般；第三种人则主动地投身于治理活动中，积极寻找解决问题的对策，其创造力总体上高于前两类人。积极参与治理的人不需外力推动而行，展示出超出工作要求的绩效表现。

方案调整的及时性也与治理主体的灵活性有关。在治理活动发生之前或之初的原定行动方案可能过时，这就需要追加或减少有关的条款。在信息不完全情形下，治理活动会遇到不确定性，当这种不确定性影响到治理顺利进行时，治理主体就要及时调整，以便保证治理的灵活性。

治理活动中，在坚持主导性政策条件下，哪种主体擅长执行边缘性政策以协调各层次的利益，就具有灵活性，值得肯定。无论有没有突发事件，在局部利益和全局利益、当下利益和潜在利益发生冲突的时候，治理主体可先照顾后者，事后再对前者做出合理的补偿。这种情况下，联合治理的主体常常比单一的治理主体更有灵活性。

（二）协作性强弱

由于治理目标的共同性、资源依赖和客观约束等原因，治理主体的内部存在着协作问题，就像俞可平所说的那样，治理是政治国家与公民社会的合作、政府与非政府的合作、公共机构和私人机构的合作、强制与资源的合作。[①] 治理说到底就是协作，主体的协作直接影响到治理成效的大小。

成功的治理往往是面临困难时有着激烈的磋商、谈判和博弈，而一旦达成共识则步调一致，拧成一股绳，集中力量解决问题。政府、市场和公民要积极协作，利害相关者这个治理共同体的内部各方也需要积极协作，协调好主要责任者和非主要责任者之间的关系。在治理活动中，积极收集和分析各方面的重要信息，提出各方联动的行动预案和联动方案的调整意见。还有关键的一步，即做好互动中的执行工作和反馈工作。沟通越是顺畅，信息的共享度越高，责任担当越是明确而彻底，治理主体在联动中的机动反应能力越高，协作性就越强，超出预期绩效的幅度也就越大。

（三）影响力大小

治理主体的影响力是重要的无形财富和“资本”。影响力高的治理主体因其声誉有利于未来的治理。

治理主体的实力是影响力的重要硬指标。一个治理主体越是能够干净利落地解决问题，治理的事情越是棘手，治理事件越多，治理效率越高，则实力越强，影响力也越大。此外，治理主体权威也是其影响力的引擎。治理主体的权威不像政府那样来源于先天的合法性，而是源于公共认同和共识。治理主体的凝聚力越大，信用度越高，笼罩性越强，负效应越小，受自愿拥护的程度越高，它的权威性也就越大。无论是政府、市场还是个人，抑或是其他的利害相关者，总是力图积累自己的正面而积极的影响力，以便得到社会认同，获得非强制性的影响力。

① 俞可平. 治理与善治［M］. 北京：社会科学文献出版社，2000.

第四节 地方政府治理现代化中的治理方法创新

通常情况下，治理模式中含有治理方法。但模式意味着全套的、有载体的、让人可以照着做的标准样式，而方法则含义极广，是指为了获得某种对象或达成某个目标而采用的手段和行为方式。这里的治理方法是不被包含在治理模式中的方法，通过试验产生，能够解决具体问题。

一、治理方法创新的迫切性

在利益主体多极化、利益诉求多样化和利益冲突复杂化的现实背景下，传统的治理方法日益显示出其不足的一面。因此，推动治理方法创新有助于我们应对各种挑战，顺应地方政府治理现代化的要求。

（一）地方政府治理现代化的要求

地方政府治理现代化的要求能有效促进治理辖区内的经济持续增长和社会公正、自由与平等。要实现这一目标，就需要在治理方法上不断地探索和创新。

当今时代符合这样的特点："科学方法被它的结果所包围。"（马丁·海德格尔，2008）这意味着，就算方法尚未出炉，就已经被目标管理所追求的结果紧紧包裹着。在面临新形势和新问题之时，地方政府的能力相对不足，于是，经济快速发展、资讯空前发达等时代潮流要求地方政府必须适应它，于是就催生了方法的创新。治理方法的创新是实现治理现代化的必要条件。

（二）传统治理方法的局限性

各国学者对此提出了五种治理观点：①治理是指一系列来自政府，但又不限于政府的社会公共机构和行为者的复杂体系。②治理意味着在为社会和经济问题寻求解决方案的过程中，存在着界限和责任方面的模糊性。③治理明确肯定了在涉及集体行为的各个社会公共机构之间存在着权力依赖。④治理意味着参与者最终将形成一个自主的网络。⑤治理意味着办好事情的能力并不限于政府的权力、政府的发号施令或运用权威。在公共事务的管理中，还存在着其他的管理方法和技术，政府有责任使用这些新的方法和技术来更好地对公共事务进行控制和引导。[①] 这里面的第五项提到了治理的诸种"方法"中的一种（但治理方法绝不止这一种），即"政

① Hugh Atkinson and Stuart Wilks-Heeg. Local Government from Thatcher to Blair, London: Polity Press and Blackwell Publishers, Ltd., 2000.

府的权力、政府的发号施令或运用权威”，就是“行政指令”方法，这正是我国地方政府的传统的治理方法：设定指标、向下分派指标、完成上级的指标和考核验收。

传统的行政指令式的治理方法存在以下局限：其一，地方政府往往把事权或承担的职责转给下级，并把指标加码之后向下压，而加码之后的指标极易脱离实际；其二，地方政府的责任人为了完成指标，往往通过人缘化的社会关系来拼命拉项目和筹资金等，这就可能给潜在的腐败现象埋下伏笔；其三，统一的政策需要执行灵活和细则调整，在此过程中，下级政府可能做出不利于上级政府的行为，损害了政府权威；其四，地方政府官员在责权利联系不紧密的情形下，有把“责”推卸到任期满之后的“便利”，大搞短期的“形象工程”和“政绩工程”，忽视长远发展。可见，行政指令的治理方法容易脱离实际、易滋生腐败、损害政府权威以及追求短期效果等。因此，围绕此方法展开的改革和创新是势不可当的。

二、治理方法创新的内涵

地方政府治理方法创新是改变传统的行政指令的方法，引入新的治理方式和创造新的治理手段。治理方法的创新可以是政府为解决自身所遇问题而推动的方法上的革新，还可以是政府程序性的和技术性的变革。前者可以慢慢地对政府的制度结构产生影响，而后者则可以更便捷地解决某些问题。

专栏 2-3 治理方法创新：梨树法院学习枫桥经验促进案件调解

据东北网鸡西 2014 年 9 月 3 日讯，梨树区法院组织干警学习“枫桥经验”，以“枫桥经验”为样本，创新治理方法，积极与社区、村委会联动互动，把矛盾纠纷解决在基层，促进了社会和谐稳定。

首先，建立联络点，与基层组织互动。采取共建方式，与矿区、社区、农村建立 26 个联络站，不定期下去走访，召开座谈会和专题调研，听取和了解群众对法院立案、审执和作风方面的需求；举办专题讲座和专题辅导，对涉及土地纠纷、婚姻和继承等法律，结合案件进行讲解，对基层调委会和其他组织提出的法律问题“一对一”进行解答，做到联系互动常态化。

其次，建立民商联动调解。完善巡回审判、简易审理、司法救助、判后答疑工作制度，推进内外对接、上下对接的调解体系。进一步加强对调解组织的调解指导，对 6 起疑难民商案件，深入农村、社区，与社区、村委会联动调解结案，通过“审判一案”，“教育一片”；对疑难案件邀请调委会成员参与案件调查、听证和参与陪审、旁听，对 21 名当事人进行判后答疑，使 82 件民商案件调解结案。

另外，广泛开展“四进、五访”活动，把矛盾解决在基层，解决在萌芽状态。针对群众“打官司”难题，充分运用“枫桥经验”，积极开展服务承诺、风险提示、预约开庭、上门办案等便民服务；与社区和农村基层组织开展信访听证、信访接谈，有 16 件信访苗头案件及时化解；为群众办好事、办实事 16 件，赢得了群众的信赖和支持。

资料来源：鸡西新闻网，2014 年 9 月 3 日，作者：王延全。

三、治理方法创新的路径

一般而言，治理方式侧重于人的行为方式，治理手段侧重于工具或技巧，两者可以合成治理方法，治理方法的创新路径涉及治理方式的革新和治理手段的创新。

（一）治理方式的革新

现代治理方式不是强制性的命令，而是依赖于重视目标和看重谈判之后所形成的那种方式。杰索普指出：“治理的要点在于：目标定于谈判和反思过程之中，要通过谈判和反思加以调整。就这个意义而言，治理的失败可以理解成是由于有关各方对原定目标是否仍然有效发生争议而未能重新界定目标所致。”① 这句话说的是，治理的失败归因于目标的最终丧失，而治理的要领则在于目标和谈判之间的良性互动。这也契合了一位研究者的话：“治理是对现代谈判现实主义的最直接呼吁。”② 可见目标谈判是合适的治理方式。

如何看待作为治理方式的目标谈判呢？地方政府的治理离不开公共政策，离不开公共产品提供，也离不开围绕公共问题而形成的网络系统。相关的当事者形成了关注和影响公共政策及公共产品的网络系统，而公共政策和公共产品则是网络系统中利益相关者之间沟通、协商、交涉、商量、交换意见、磋商、协调和平衡的结果。由于利益主体的多样化，利益诉求指向了很多不同的方向。所以，公共政策和公共产品提供的权力是不稳定的和分化的，政策的出台和执行充斥着主体之间的反复博弈、竞争性洽谈等互动行为。各方当事者在商谈、交流、斡旋和控制冲突中指向谈判的目标。其中，如果坚持不把多样性和差异作为障碍，而是将其作为沟通和进步的桥梁，那么，这里的目标谈判就是不可忽视的治理方式的革新。

（二）治理手段的创新

根据对当今社会某些重要特征的判

---

① 杰索普. 治理的兴起及其失败的风险：以经济发展为例的论述［J］. 国际社会科学（中文版），1999（2）.

② 让—皮埃尔·戈丹. 何谓治理［M］. 钟震宇译. 北京：社会科学文献出版社，2010.

断，我们提出在公共政策和公共产品的提供活动中实施定期问责以及同行打分和公示的治理手段。不可只享受权利而不履行义务，这种对等性是法律共识，也是符合时代潮流的基本信念；同样，不能只享受利益而不担负责任或者不能只行使权力而不担责，所以，在阶段性的治理活动中需要“定期问责”。另外，当今社会的分工和专业知识门类越来越繁多，于是，在监督当事者的治理活动时需要通过“同行打分和公示”来实施监督。

定期问责首先要按阶段确定问责周期，其次是锁定重点目标，最后是备好明细表，以事实、数据、指标完成情况、存在的问题和障碍等为线索来问责，同时伴随着对于问责的“相互承认”，即在行使权力或享受利益的圈子中，无人可以免除问责。

同行打分和公示是要启动内行监督和制约。根据治理活动的等级和性质的不同，可委托同行、专家代表、代议者、公共服务职业者、专业咨询委员会成员、智库人士等对治理活动进行评估和打分，必要时进行反馈，实施多层次、多回合的交流。这种拉开一定距离的手段避免了面对面磋商时偏向权威的跟风效应以及相关忌讳和不便。

总之，定期问责是有明细时间表和项目表的、具有共同承诺和同步跟随压力的手段，同行打分和公示则是内行地拉开一定距离的监管和约束。这种治理手段有其积极的作用。

四、治理方法创新实践与评价

治理方法涉及“如何行动的问题”，治理方法的创新意味着在治理的层面引进了新的行动方式或手段。它们不能是“中看不中用”的空架子，于是就有了治理方法创新的实践与相应的评价。治理方法如不付诸实践就不是真正的方法，付诸实践之后对方法予以评价并不是一件很容易的事情。

（一）治理效果是否明显

衡量治理方法的一个标准就是治理效果明显与否，这要看治理方法和它的相关项之间的关系。治理方法正常实施之后，如果如期完成治理目标，或者目标虽然滞后完成，但其原因与方法无关，则治理效果明显。方法付诸实践后，推进工作的效率越高，各方的参与程度越高，则治理效果越明显。方法正确地实施之后，治理主体内部越是协调，治理主体和被治理者之间的隔阂越小，治理主体越是能得到民众和媒体的肯定，责任推诿现象越少，关于治理活动的评价越是远离形式主义的“走过场”，则治理效果越明显。不难推断，目标谈判、定期问责以及同行打分和公示是能达到明显效果的治理方法。

这就是说，治理方法若与辖区内非表层的内生性稳定或治理质量呈正相关的关系，则该治理方法就是效果明显的方法；若是负相关，则反之。

（二）治理方法的优劣

衡量治理方法的另一个标准就是治理方法的优劣。有的方法倾向于权力寻租以及配合“灰黑势力”寻租的需要，有的方法倾向于袒护强势集团或造成信息不对称而不予以更改，有的方法侧重于纯利益交换或机会主义，这些都属于前现代化意义下的治理方法，是劣等的方法，因为它们动摇了治理的合法性。相反，优等的方法要不断巩固治理的合法性，坚持保类（与“灰黑势力”之类保持界限之别）、保序（保护社会的良性有序度）和保距性（中立于营利性集团的各种干扰），超越狭隘圈子的操纵，努力消除信息不对称的现象。可以推断，目标谈判、定期问责与同行打分和公示是较优的方法。

方法中的约束越是具有显性的特点，越是消除制约的不完整性和残缺性，越是能安置于辖区内属性相同的层面上，越是能以一贯的方式持续而有效地约束治理的主体和对象，越是规范化和统一化，越是符合公平的要求，该治理方法就越具有优越性。

（三）治理成本与风险高低

衡量治理方法也少不了治理成本多少与风险高低这个标准。就传统“行政指令”的治理方法而言，下级各项指标由上级政府部门设置，甚至乡镇也设置林立的“站”和“所”，导致机构臃肿与成本增加。同时，在这一治理方法背景下，指标和政策的解释与执行往往交给某一级政府，而监督则交给其上级，“向上负责”实为向直接的上级负责。连带责任机制就极易把某级政府和其直接上级连在一起而在更高的上级面前作弊，此种“潜契约”和非正式行为带来了一定的风险。相比较而言，目标谈判、定期问责以及同行打分和公示则是成本低、风险低的方法。

治理成本涉及硬件支持和软件支持的费用，由于我们把治理主要诠释为提供公共产品或公共服务，所以，治理成本是公共服务或公共产品所产生的成本。首先包括“依托平台”的设置和硬件配置的成本，还有谈判、调停、信息采集和使用、监督、管理、结构变化等方面所产生的成本。降低这些成本的方法就是值得肯定的方法。同时，转型加速时期的风险增加：社会分化、分配失衡、伦理失范、令人担忧的食品安全和环境污染问题、官员腐败严重、就业形势紧张、群体性事件增多等，因此，化解和消除这些风险的方法也是值得肯定的。越是能减少浪费和负担，减少不安定因素，越是能发挥广大民众的作用，也就越是值得肯定的方法。

从长远发展和变化趋势来看，治理创新一定会得到政府和非政府组织的正式支持、相关社区或涉事区域的准正式支持以及社会网络的非正式支持。在推进地方政府治理现代化的进程中，治理理念的创新、治理模式的创新、治理主体的创新和治理方法的创新是永不停止、不断探索的。

第三章
地方政府治理能力现代化建设

【摘要】地方政府治理能力现代化建设有助于推进国家治理体系现代化。本章重点论述了地方政府“治理能力现代化”的内涵、要素、评价标准和建设路径，阐述了地方政府治理能力现代化建设所取得的成就及不足，分析了地方政府治理能力现代化建设的前提、原则、标准及目标，论证了地方政府治理能力现代化建设的内容，提出了我国地方政府治理能力现代化建设的主要保障措施。

中共十八届三中全会通过的《中共中央关于全面深化改革若干重大问题的决定》明确提出，“全面深化改革的总目标是完善和发展中国特色社会主义制度，推进国家治理体系和治理能力现代化。”治理能力现代化是治理现代化的重要组成部分，只有具备现代化的治理能力，才能充分发挥现代化治理体系的效能。

第一节　何为地方政府治理能力现代化

“治理能力”这一概念是由中国共产党首次提出的，与传统的“统治能力”和“管理能力”不同，它具有丰富内涵和深刻意义。

一、治理能力现代化的内涵

关于“能力建设”的内涵，并没有统一界定，不同主体有着不同的认识。美国国际开发署认为能力建设是“利用广泛的干预来改进一个组织运作的系统性进程”；美国公共管理学专家安·菲尔宾将能力建设定义为“某些组织发展和强化在这个快速变化的世界上生存所需要的能力和资源的过程”；世界海关组织将能力建设定义为“能够加强个体的知识、能力、技术和行为以及改善机制的结构和进程的活动，从而使该组织能够有效地以可持续的方式完成其使命和实现目标”；乔吉姆·阿赫恩斯认为，能力建设是指实现治理的核心原则所必需的一套关键的行动计划，这些核心原则包括机制建设、组织重构和资源发展三个方面。晋继勇认为“能力建设就是使某个组织的灵活性和机能适应其所服务的人们不断变化的需求。它主要体现在制度能力建设、组织能力建设和资源能力建设三个方面。”①

关于何谓治理能力现代化，习近平总书记在省部级主要领导干部学习贯彻中共十八届三中全会精神全面深化改革专题研讨班上强调：必须适应国家现代化总进程，提高党科学执政、民主执政、依法执政水平，提高国家机构履职能力，提高人民群众依法管理国家事务、经济社会文化事务、自身事务的能力，实现党、国家、社会各项事务治理制度化、规范化、程序化，不断提高运用中国特色社会主义制度有效治理国家的能力。国家治理体系和治理能力是一个国家的制度和制度执行能力的集中体现，两者相辅相成。

所谓“治理能力现代化”，高小平研究员认为：“‘治理能力现代化’是要把治理体系的体制和机制转化为一种能力，发挥其功能，提高公共治理能力。”俞可平从治理体系和治理能力关系的角度认为，“国家治理体系和治理能力，其实指的是一个国家的制度体系和制度执行能力。”②杨冠琼教授认为：“国家治理体系与能力现代化，本质上是国家治理体系与其面临的公共问题性质与特征之间不断契合的过程。作为化解公共问题的工具，国家治理体系与其面临的公共问题的契合度越高，国家治理能力越大。”③楼苏萍认为，“与传统的政府管理不同，治理认识到办事的能力不在于政府下命令的权力或者政府权威的使用，政府应当使用新工具和技术来掌舵和指导，以增强自己的能力”。④竹立家认为，“治理能力的现代化，一般来说是指政府的公共政策制定能力、公共财政与预算能力和选人用人能力的现代化”。⑤

关于治理能力与治理体系的关系，习近平指出：“国家治理体系和治理能力是一个国家的制度和制度执行能力的集中体现，两者相辅相成。”杨冠琼等认为“有了良好的国家治理体系，才能提高国家的治理能力；反之，只有提高国家治理能力，才能充分发挥国家治理体系的效能”。⑥高小平认为，“治理体系现代化和治理能力现代化的关系是结构与功能的关系、硬件与软件的关系。治理体系的现代化具有质的规定性，是治理结构的转型，是体制性‘硬件’的更换，只有实现了治理体系的现代化，才能培养治理能力的现代化；

① 晋继勇. 群体性事件的治理：能力建设视角［J］. 河南工业大学学报（社会科学版），2011（4）.
② 俞可平. 推进国家治理体系和治理能力现代化［J］. 前线，2014（1）.
③⑥ 杨冠琼，刘雯雯. 公共问题与治理体系——国家治理体系与能力现代化的问题基础［J］. 中国行政管理，2014（2）.
④ 楼苏萍. 地方治理的能力挑战：治理能力的分析框架及其关键要素［J］. 中国行政管理，2010（9）.
⑤ 竹立家. 国家治理体系重构与治理能力现代化［J］. 中共杭州市委党校学报，2014（1）.

同时，治理能力又对治理结构会产生积极或消极的影响，善于治理、敢于变革，可以有效地推动治理体系现代化”。① 江必新认为，“国家治理体系和治理能力是一个有机整体，相辅相成，有了科学的国家治理体系才能孕育高水平的治理能力，不断提高国家治理能力才能充分发挥国家治理体系的效能”。②

目前，世情、国情、党情继续发生深刻变化，我国面临的发展机遇和风险挑战前所未有。李克强总理指出，我们的改革已进入攻坚期和“深水区”，为了能够更好地推动改革的稳步前进，使发展和改革的成果更好地惠及民众，这就对我国地方政府的治理能力提出了新的更高的要求。因而地方政府应审时度势，适应外部环境变化，促进自身治理能力现代化。

按照杰瑞·斯托克的说法，公共管理从传统的公共行政向治理的转变反映了政府在当代环境中运作方式的重大及持久的变化。相应地，政府履行功能与任务的能力框架也要随之发生重大及持久的变化。

二、治理能力现代化构成要素

关于治理能力现代化要素的构成，竹立家认为政府的治理能力由五个方面构成：一是政府的公共精神或“公信力”，二是依法行政或政府履行自己职能的“责任能力”，三是政府的“执行能力”，四是政府的“监督能力”，五是政府的“服务能力”。③ 江必新认为，国家治理能力现代化包括改革发展稳定、内政外交国防、治党治国治军等各个方面的能力。④ 楼苏萍从目标、资源、管理工具三方面考虑传统政府能力与治理能力的区别，她认为，“目标识别与整合能力、资源整合能力、沟通协调能力与合作治理的控制能力成为地方治理中政府应当具备治理能力的关键要素。⑤ 刘广磊和任泽伟认为，“政府治理能力的主要构成要素可以从多个方面来划分。从内容上来划分，可分为政治治理能力、经济治理能力、文化治理能力、社会治理能力；从我国政府当前履行的主要职能来划分，则可以分为经济调节能力、市场监管能力、社会管理能力和公共服务能力；从照政府过程来看，政府治理能力包含决策和计划能力、执行能力和监督能力”。⑥

从以上学者对治理能力现代化构成要素的界定可以看出，治理能力现代化是一个综合性概念，包含诸多要素，视角不同，其要素构成也不同。以下我们分别从治理的主体、内容、过程、实践等视角来审视地方政府治理能力现代化的构成要素。

首先，从地方政府治理的主体来看，

① 高小平. 国家治理体系与治理能力现代化的实现路径［J］. 中国行政管理，2014（1）.
②④ 江必新. 推进国家治理体系和治理能力现代化［J］. 红旗文稿，2013（22）.
③ 竹立家. 国家治理体系重构与治理能力现代化［J］. 中共杭州市委党校学报，2014（1）.
⑤ 楼苏萍. 地方治理的能力挑战：治理能力的分析框架及其关键要素［J］. 中国行政管理，2010（9）.
⑥ 刘广磊，任泽伟. 关于政府治理能力的研究评述［J］. 中共乐山市委党校学报，2011（5）.

地方政府治理能力要素包括两个方面：一方面是组织能力现代化，另一方面是作为治理队伍的人的能力现代化。也就是各级各部门行政机关治理能力的现代化和党政干部的治理能力现代化。行政机关的治理能力是宏观层面的能力，党政干部的治理能力是微观层面的能力。党政干部的治理能力直接决定行政机关的治理能力，行政机关的治理能力一方面表现党政干部的治理能力，另一方面又影响党政干部的治理能力。两者相辅相成、相互影响。

其次，从地方政府治理的内容来看，按照中国共产党对中国特色社会主义事业做出的“五位一体”的总体布局，地方政府治理能力现代化的构成要素主要包括经济发展能力、政治民主化能力、社会和谐能力、文化培育能力、生态文明能力以及党的建设能力。其中经济发展能力是核心，通过经济发展能力的增长促进其他方面能力的提高。

中共十八届三中全会指出，要紧紧围绕使市场在资源配置中起决定性作用深化经济体制改革，坚持和完善基本经济制度，加快完善现代市场体系、宏观调控体系、开放型经济体系，加快转变经济发展方式，加快建设创新型国家，推动经济更有效率、更加公平、更可持续发展；紧紧围绕坚持党的领导、人民当家做主、依法治国有机统一深化政治体制改革，加快推进社会主义民主政治制度化、规范化、程序化，建设社会主义法治国家，发展更加广泛、更加充分、更加健全的人民民主；紧紧围绕建设社会主义核心价值体系、社会主义文化强国深化文化体制改革，加快完善文化管理体制和文化生产经营机制，建立健全现代公共文化服务体系、现代文化市场体系，推动社会主义文化大发展大繁荣；紧紧围绕更好地保障和改善民生、促进社会公平正义深化社会体制改革，改革收入分配制度，促进共同富裕，推进社会领域制度创新，推进基本公共服务均等化，加快形成科学有效的社会治理体制，确保社会既充满活力又和谐有序；紧紧围绕建设美丽中国深化生态文明体制改革，加快建立生态文明制度，健全国土空间开发、资源节约利用、生态环境保护的体制机制，推动形成人与自然和谐发展的现代化建设新格局；紧紧围绕提高科学执政、民主执政、依法执政水平深化党的建设制度改革，加强民主集中制建设，完善党的领导体制和执政方式，保持党的先进性和纯洁性，为改革开放和社会主义现代化建设提供坚强的政治保证。经济、政治、社会、文化、生态和党建这“5+1能力要素”的能力建设格局是我们从治理能力现代化建设的内容角度划分的治理能力构成要素。

再次，从地方政府治理的政策过程来看，美国公共政策专家詹姆斯·E.安德森在《公共政策制定》一书中将政策过程划分为五个阶段：问题形成、政策制定、政策选择、政策执行、政策评估。因而，地方政府治理能力现代化的构成要素主要包括这五个方面：问题分析能力，政策制定、选择、执行及评估能力。因为公共政策是政府治理的主要方式，政策过程的每一个环节都要求政府有充分的能力来完成，这样才能有效实现政策目标，解决社会问题。

最后，从地方政府治理实践来看，我们可以总结出地方政府治理能力的构成主要有以下十大要素：

第一，保持经济稳定快速增长的能力。经济建设是基础，它仍然是本时期的主要任务。然而，新时期经济下行压力较大，服务业比重偏低，工业结构过重，企业创新活力不足等问题成为经济稳步增长的阻碍因素。如何转变经济发展方式，调整产业结构，激发社会创新活力，成为地方政府能力建设的构成要素。

第二，区域协调发展能力。区域协调发展能力包含内部协调和外部协调能力。内部协调主要是指地方政府辖区内各地方经济协调发展、区域合作、资源整合，充分发挥整体资源优势。另外，地区基本公共服务均等化能力、缩小居民收入差距的能力、社会资源公平分配的能力也是内部协调发展能力的构成要素。外部协调能力是指本地区与周边省市县的合作共赢能力，实现地区资源有机结合而不是地方保护主义，避免行政干预资源的自由流通，实现资源配置效率的最大化。

第三，行政职能转变能力。在治理结构下，政府、市场和社会是有机结合的统一体，在这个生态下实现合作共治，不再是政府一方独大，垄断社会管理。因而地方政府应该转变行政职能，减少行政权力对市场和社会的干预，释放市场效率，激发组织活力。这就要求政府进一步取消和下放行政审批权限，优化合作共治能力。

第四，对外开放能力。对外开放能力又包括引进来和走出去的能力。引进来是指引进国外先进的技术、管理和人才的能力，走出去是指将本地区的产品、劳务出口到国外的能力。借鉴国外先进经验和技术设备，增强本地区发展能力。这就要求地方政府建设现代化的对外开放能力。

第五，廉政建设能力。地方政府存在的部分党政官员贪污腐败行为严重影响地方政府公信力建设和治理效用的发挥，损害公共利益，危害国家安全。地方政府治理贪污腐败的能力由此便成为治理能力的重要构成部分。

第六，社会事业发展能力。地方政府在教育、文化、医疗、卫生、养老、体育等社会事业方面的建设能力直接影响到我国社会主义现代化建设和全面建成小康社会的步伐。因而地方政府应全面提高建设社会事业发展能力，提高人们物质文化生活水平。

第七，民生保障能力。农村和城镇居民的收入直接影响到人民生活质量，因而地方政府应着力加强民生保障建设。一方面，加大对低收入群体和丧失劳动能力的残疾群体等人群的补助和救助，提高他们的生活质量；另一方面，也要积极为上述群体寻找自力更生的出路，为他们安排合适的学习就业岗位，发挥自身价值。同时，也要加强交通安全、食品药品安全建设，打击黄赌毒等违法行为，保障人们生活安定。

第八，应急管理能力。新时期突发事件频发，自然、社会的突发事件考验着地方政府治理能力。这种突发事件对人民生命财产健康安全有着巨大破坏力，因此需要加强应对自然突发灾害及社会突发事件的应急能力，保障公共秩序，维护公共利益。

第九，网络安全能力。网络安全一般包括网络设备物理安全、软件安全和数据安全。习近平同志强调没有网络安全就没有国家安全，网络安全是国家安全的重要组成部分，并亲自担任中央网络安全和信息化领导小组组长。地方政府维护好当地的网络安全事关国家网络安全，因而地方政府网络安全保障能力是现代化治理能力的组成部分。

第十，大数据利用能力。所谓大数据，维克托认为，“大数据是人们获得新的知识、创造新的价值的源泉；大数据还是改变市场、组织机构，以及政府与公民关系的方法”，“大数据是一种资源，也是一种工具”。大数据能够通过分析海量数据发现相关关系，进而可以帮助政府做出科学决策。关于大数据的价值，维克托认为：“一方面，对大数据的掌握程度可以转化为经济价值的来源。另一方面，大数据已经撼动了社会的方方面面，从商业科技到医疗、政府、教育、经济、人文以及社会的其他各个领域。”“大数据给社会带来的益处将是多方面的。因为大数据已经成为解决紧迫世界性问题，如抑制全球变暖、消除疾病、提高执政能力和发展经济的一个有力武器”，“大数据也会撼动国家竞争力”。[①] 因而地方政府应该在新时期把握住大数据发展机遇，增强利用大数据的能力，并利用大数据提升治理能力。

三、治理能力现代化评价标准

以上分析表明，基于不同视角，地方政府治理能力构成有不同的要素。然而，不管是从什么视角来审视政府治理能力，地方政府治理能力现代化却有着共同的标准，符合这个标准的才是现代化治理能力，不符合这个标准的便不是现代化治理能力。然而，符合哪些标准的能力才是现代化能力？这取决于新时期社会对政府能力的要求，符合新时期要求的能力才是现代化能力。因而判断地方政府治理能力是否现代化的标准就是看这个能力是否符合新时期社会各方面对政府提出的新要求。

① ［英］维克托·迈尔—舍恩伯格，肯尼思·库克耶. 大数据时代［M］. 盛杨燕，周涛译. 杭州：浙江人民出版社，2013.

我国正进入改革的攻坚期和“深水区”，面临着来自国内外复杂多变的机遇和挑战。经济增长虽然较快，但经济发展方式的问题越来越突出；人民收入大幅度提高，但贫富差距越来越大，社会问题越来越多；互联网、新媒体的出现正挑战地方政府应对突发公共事件的政治能力；外来文化的入侵和人民对传统文化的淡忘正在考验地方政府的文化发掘和传播能力；生态环境的破坏、环境污染的加重等问题日益突出；党政机关官员腐败问题严重影响党政公信力和执政能力；党政官员自身素质和能力落后于社会前进的步伐，政策制定能力、公共服务能力、应急管理能力等不能很好满足社会需求。

经济发展、技术进步、公民素质提高、生态环境变化等因素正在改变当前社会的诸多方面。它们带来了许多前所未有的社会问题和发展机遇，亟待政府提高相应的能力。基于现代社会的许多新问题和新机遇，以及政府能力适应性的要求，本书认为地方政府治理能力现代化的标准主要有以下方面：

第一，现代化的地方政府治理能力要具备合法性。地方政府治理能力具备合法性是最基本的要求，不具备合法性的能力不是现代化的治理能力。如果政府解决问题和把握机遇的手段是非法的，比如为了加速工程进度而以暴力形式强制拆除村民住房，甚至引发流血事件，就不是现代化治理能力。

第二，现代化的地方政府治理能力要具备科学性。地方政府的治理能力不能依靠长官意志或者主观判断，而应该以科学方法、充分论据、系统论证得出科学结论。以科学结论来辅助决策、治理社会。科学的治理能力能够避免因主观经验判断带来的不可持续发展和只顾局部不顾整体的发展问题。

第三，现代化的地方政府治理能力要具备系统性。地方政府职能多元化决定了其治理能力的多元化。然而，政府治理能力的多元化并不是简单的孤立多元，政府各项能力的培养和发展都要考虑到整体性和系统性。任何一项能力作用的发挥都不是独立完成的，都需要多种能力的有机配合。因而地方政府治理能力现代化是多元能力的系统存在，凡是孤立培养和存在的能力，不能与其他能力有机配合的能力都不是现代化的治理能力。

第四，现代化的地方政府治理能力要具备有效性。只有能够产生实际效用的能力才是现代化的治理能力。如果一项能力只是浮于表面化，没有与其所面对的问题有机配套，不能有效解决问题，那么这种能力只是“花架子”，不能创造价值。

第五，现代化的地方政府治理能力要具备可达性。现代化的治理能力应该是经过学习和培训能够被掌握的能力。只有这样的能力才具备学习性、传承性和稳定性。如果一项能力只能为少数人和少数组织所掌握，其他人和组织很难习得，那么即便这种能力具备很高的价值，但由于它只能在个别地方暂时发挥效用，不具有持续性和稳定性，也不能算是现代化的治理能力。因而现代化的治理能力应该具备普遍可达性，也就是大多数人只要经过系统学习和培训就能够掌握。只有这样才可以让不同地域、不同时期的人解决类似问题。

第六，现代化的地方政府治理能力要具备灵动性。现代社会是一个瞬息万变的社会，新产品、新技术、新事物的出现让人眼花缭乱。政府在这种瞬息万变的社会中应该保持理性清醒的头脑，敏锐地察觉新事物可能会给社会带来的影响，并及时采取措施以避免问题的出现。另外，也要提前做好积极准备，迎接新鲜事物带来的发展机遇。与此同时，由于各地方政府所处的环境、面临的问题不同，因而地方政府需要根据其特点灵活变动职能和机构设置，增强治理的针对性和有效性。正如张紧跟所指出的，“各级地方政府职能配置和机构设置，主要取决于各级地方政府在行政体系中所担负的职责，以及本地区经济社会发展的实际状况”。[①] 地方政府的治理能力只有具备灵动性，才可以在当前变化社会中创造价值。

四、治理能力现代化建设的路径

专栏 3-1 地方政府治理能力现代化实践：越公开就越有公信力

据正义网 2014 年 9 月 4 日报道，“淮安市司法局原党组副书记、副局长嵇海婴涉嫌受贿一案由淮安市检察院侦查终结，已被移送审查起诉。”江苏省检察院官方微博在首页置顶的这条微博被各大网站转载。

近来人们发现，江苏检察机关从日常工作到执法办案的神秘面纱正在被一一揭开。江苏省检察院检察长徐安认为：“以公开促规范，以规范赢公信，可以加快推动检察机关执法办案水平和队伍素质能力全面提高。”

首先，曾经“藏在深闺”的法律文书网上公开。

“江苏省检察院经审查决定，依法对镇江市原副市长李卫平以涉嫌受贿罪立案侦查并采取强制措施。案件侦查工作正在进行中。”记者注意到，自 2014 年 5 月起，江苏省检察院动作频出，先后在官网、微博、微信上指名道姓公布近 140 起职务犯罪案件信息，引发强烈关注。镇江市原副市长李卫平受贿案一经公布，引来国内各大网站纷纷转载，相关微博点击率高达 160 余万人次。

① 张紧跟. 治理结构多元化：地方政府机构改革的新思路［J］. 公共管理学报，2006（2）.

“以往检察机关在执法办案中，考虑到办案需要和保密问题，一般都是移送法院起诉后才会对外公布。”该省检察院宣传部门有关负责人介绍，江苏已出台相关细则，在不影响办案的前提下，该省检察机关将打破“只做不说”的惯例，及时对外公布查处职务犯罪案件有关信息，让群众能够看得见、感受得到反腐败惩贪渎的实际效果。公开不仅于此。起诉书、不起诉决定书等过去这些“藏在深闺”的法律文书，也将在2014年底全部置于阳光下“晾晒”。

该院案件监督管理处处长张卫告诉记者，法律文书公开对于检察机关而言也是一个全新的课题。2014年12月，江苏在4个基层检察院率先试点，对做出的不立案、不逮捕、不起诉、不抗诉等5大类8种文书全部在网上进行公开。随后将试点扩大到3个市级检察院和44个基层检察院。

其次，执法透明，“包打听”生意就此打烊。

以往案件到了检察院，从受理、立案审查到审查批捕、起诉，有关当事人对案件进展情况难以了解。于是，一些宣称通晓内情的“关系人士”乘机钻空子，从中非法牟利。

徐州市铜山区的李某最近就遇到一个“可以在公安帮忙打点”的“能人”。此前，李某的丈夫因涉罪被捕。多亏铜山区检察院案件信息公开，李某才没上“能人”的当，及时了解到案子的进展情况。

张卫告诉记者，该省检察院正在开发建立全省统一的案件流程查询平台，对于不宜向社会公众公开的相关办案信息，被告人、举报人、被害人和律师等案件当事人仍可申请查询案件进展情况，目前已有近1.4万条案件程序信息向相关人群公开，“包打听”们的生意也就此打烊。

公开才能赢得公信。前不久，因不满江阴市检察院的指控，因受贿获罪的被告人李某的家属等数十人到江阴市政府广场集会，并打出横幅，宣称“江阴市检察院歪曲事实造冤案”。事件发生一个小时后，江阴市检察院启动释法说理制度，在舆情最集中的“暨阳网”上，实名注册用户名，发帖对事件进行了全面的说明和澄清，舆情当天即得到扭转。

最后，深度“触网”公开，网友称赞“给力”。

门户网站、微博、微信、网络受理、远程视频接访，市院、基层院、派驻检察室互通的网络检务平台系统……2013年以来，江苏省检察机关借助新媒体打造的检务公开新模式已然显现。

一次，网友“一身正气”在泰州“凤城清风”论坛发牢骚称：兴化有个村支书可能存在贪污低保金问题。这一情况很快进入泰州市检察院网评员的视线，并被作为线索批转兴化市检察院办理。检察官迅速查明：举报属实，这名村支书在8年间贪污低保金2.5万元。最终，这名村支书因贪污罪获刑一年零三个月。当互联网等新技术与司法实践相结合，一系列这样的积极“化学反应”不断发生。酒后不听朋友劝阻执意开车出门，宿迁人金伟刚出门就撞倒一位老人拖行致死，在逃逸的过程中又将一位老人迎面撞死。该案一经媒体曝光后，引发社会强烈关注。借助微博平台，宿迁市检察院对该案公诉全程进行微博直播，网友阅读、转播、评论逾18万人次。

江苏检察院在线开通半年多，已先后发布微博9100多条，对社会关注度高的案件信息及时予以公布。当地不少媒体记者已把浏览该省检察院官网官微作为每日“必修课”，从中发现新闻。

资料来源：正义网—检察日报，2014年9月4日，作者：王晓映、顾敏、卢志坚。

地方政府治理能力直接关系到地方经济发展稳定、企业活力和创造力、人们生活水平、政策制定科学性以及生态环境等。较高的治理能力能够有效实现政策目标，如果治理能力不足，则可能产生负面效果。因而地方政府应着力建设现代化的治理能力。地方政府治理能力现代化建设是一个系统工程，首先，地方政府要对自身能力的现状有清楚认知；其次，地方政府应树立明确的治理能力现代化建设目标和科学的建设原则；再次，地方政府治理能力的现代化建设要有具体的能力建设内容；最后，地方政府提供充分的监督和保障措施来确保治理能力现代化建设有序进行。下面对此进行详细分析：

第一，认清自身治理能力现代化建设的现状。地方政府治理能力现代化建设应提前做好准备，其中之一便是认清自身能力现状。由于多方面的原因目前各地的治理能力参差不齐。有些地市综合治理能力较强，而有些地市则较弱；有些地市某一治理能力较强，而另一治理能力较弱。各地方政府在治理能力现代化建设过程中，需要保持较强的治理能力，不断改善治理能力较弱的局面。因而认清自身治理能力的现状，能够在之后的治理能力现代化建设过程中有的放矢，提高自身能力建设效率。

第二，树立明确的建设目标和科学的建设原则。美国著名管理大师彼得·德鲁克在其《管理的实践》一书中提出了目标管理方法。德鲁克认为并不是有了工作才有目标，而是相反，有了目标才能确定每个人的工作。所以，“企业的使命和任务，必须转化为目标”。因而地方政府治理能力现代化建设首先应明确目标，有了具体可行的目标才能对其进一步分解，从而分配给组织各部门成员，一步步完成这个目标。地方政府治理能力现代化建设还要遵循科学的建设原则，只有根据科学的现代化能力建设原则才能取得预期的目标。

第三，详细规划治理能力现代化建设的具体内容。在认清自身治理能力现状之后，地方政府就应该根据自身能力现状确定建设目标。然而，目标的设定只是一个最终的理想状态，是一个最终要完成的结果。目标的实现需要在具体的能力建设内容上下功夫。在目标设定好之后，地方政府应该将其继续细化成具体可操作的内容。制定治理能力现代化建设需要一个三维图谱：能力谱系、时间表和任务主体。能力谱系是指地方政府治理能力构成；时间表是指各种能力需要在何时开始建设、在何时需要建设完成；任务主体是指各种能力为谁所掌握，由谁去建设。图 3-1 便是治理能力现代化建设的三维图谱。

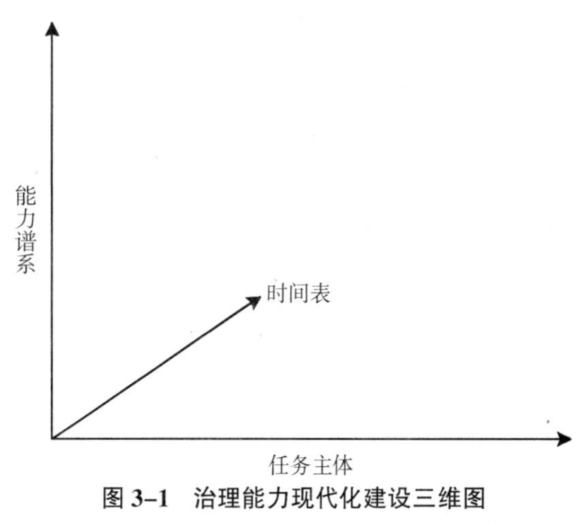

图 3-1 治理能力现代化建设三维图

第四，健全治理能力现代化建设的监督和保障制度。地方政府在治理能力现代化建设的目标和内容确定好之后，还需要辅之以相应的监督、保障措施，确保目标的实现。现代化治理能力的建设不是孤立进行的，没有相应的法律以及体制机制保障，不会实现理想的建设目标。因而地方政府应为治理能力建设提供科学合理的法律保障以及体制机制保障。进行治理能力现代化建设，体制机制是关键。正如俞可平所说：“有了良好的国家治理体系，才能提高国家的治理能力。”

第二节 地方政府治理能力现代化建设的现状

虽然我国“治理能力现代化”是最近才提出来的，但现代化治理能力建设在我国地方政府发展改革实践中早已存在。目前，我国地方政府治理能力现代化建设取得了一定的成就，但也存在不足与问题。习近平同志在省部级主要领导干部学习贯彻中共十八届三中全会精神全面深化改革专题研讨班上指出：“我们的国家治理体系和治理能力总体上是好的，是有独特优势的，是适应我国国情和发展要求的。同时，我们在国家治理体系和治理能力方面还有许多亟待改进的地方，在提高国家治理能力上需要下更大气力。”

一、治理能力现代化建设取得的成就

我国地方政府治理能力现代化建设在发展改革实践中取得了丰硕成果。改革开放以来经济飞速发展彰显了我国地方政府的经济发展能力；互联网和新技术的应用增加了政府信息公开能力、服务能力和决策能力；新技术、新理念的应用增强了地方政府环境治理能力等。这主要体现在以下方面：

（一）我国地方政府的经济发展能力取得了巨大进步

首先，体现在经济增长上。改革开放以来，各地方政府在经济建设方面取得了较快发展，各省 GDP 稳步增长。从 1993~2012 年 31 个省（市）年度平均 GDP 的变化曲线可以看出，各省 GDP 增长较快，且增长速度有上升趋势（见图 3-2）。

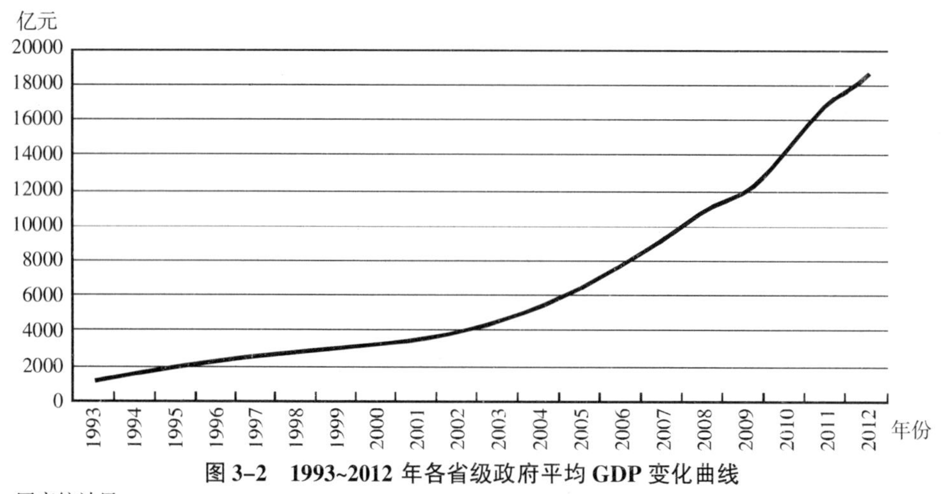

图 3-2 1993~2012 年各省级政府平均 GDP 变化曲线

资料来源：国家统计局。

本书从东中西部地区各选取一个省市来观看其 GDP 变化趋势。1993~2012 年北京市、河南省和甘肃省的年度 GDP 增长趋势较为显著。1993 年北京市的 GDP 为 886.21 亿元，到 2012 年增长为 17879.4 亿元，翻了 20 倍之多。由此可见地方政府在经济发展方面的能力建设取得了较好成就（见图 3-3）。

其次，在产业结构调整上。我国第一产业逐渐减少，第二产业和第三产业比重逐渐增加。产业结构调整是当今各国发展经济的重要课题，调整和建立合理的产业结构，能够促进经济和社会发展，还能改善人民的物质文化生活。我国的产业结构逐渐趋于合理化，资源得到优化配置。1993~2012 年各省年度三种产业增加值的省平均值变化趋势比较明显（见图 3-4）。

图 3-4 表明，第一产业增长趋势变缓，2003 年以后，第二产业和第三产业增长速度加快，远远超过了第一产业。截

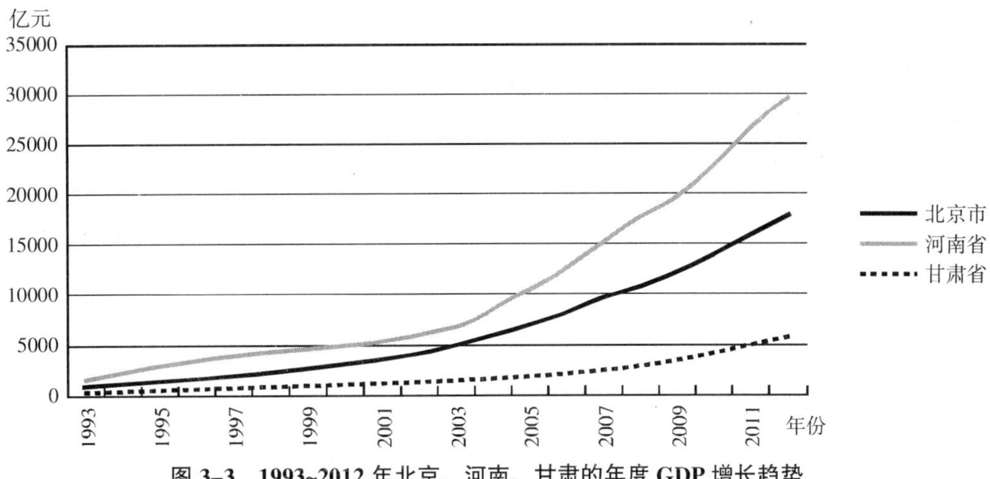

图 3-3　1993~2012 年北京、河南、甘肃的年度 GDP 增长趋势

数据来源：国家统计局。

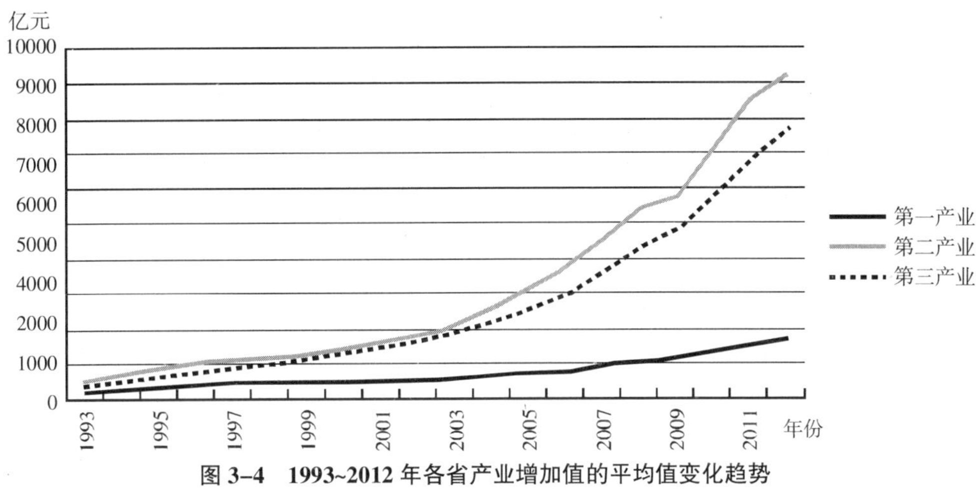

图 3-4　1993~2012 年各省产业增加值的平均值变化趋势

资料来源：国家统计局。

至 2012 年，我国各省年度各产业增长平均值第二产业最多，第三产业次之，第一产业最少。从增长速度上看，第二产业震荡中有所平缓，第三产业有加速增长之势。这说明我国地方政府在产业结构调整上着重发展第二产业和第三产业，产业结构更加协调合理。

另外，在政府转变职能、释放市场活力方面，各地方政府重新梳理政府与市场、社会的关系，主动转变政府职能，变管制为服务，减少行政审批，释放市场活力。

（二）我国地方政府的政治民主化能力取得巨大进步

各地方政府在政治方面的治理能力也取得了新突破。各地方政府拓宽民主表达渠道，创新民主参与形式，保障民主参与效果；地方政府利用互联网技术加大信息公开力度，拓宽信息公开渠道，打造更加开放和透明的政府。与此同时，增强依法治理能力，使得各地民主政治更加制度化、规范化、程序化。

一方面，各地方政府拓宽民主表达渠道、创新民主参与形式、保障民主参与效果。浙江省温岭的民主恳谈会被称为从泥土里生长出来的“民主载体”。

浙江温岭是一座在改革开放中迅速崛起的滨海城市，地处浙江东南沿海，长三角地区的南翼，三面临海，东濒东海，南连玉环，西邻乐清及乐清湾，北接台州市区。1999 年 6 月 25 日，温岭市松门镇党委、政府召开了历史上最早的一次民主恳谈会，但这次并不是为了创新基层民主实现形式，而是为了探索新形势下如何加强和改进农村基层的思想政治工作。

后来，乡镇一级的民主恳谈会每季度召开一次，每期都有一个主题，恳谈会的内容主要针对当地的重点工作及群众普遍关心的问题。村一级的民主恳谈会每半年召开一次，凡本村村民均可参加，方式与镇民主恳谈会类似。几年下来，村民和村干部逐渐接受了民主恳谈会，民主恳谈会逐渐成为村民的生活方式，成为农村党支部和村委会的“执政”方式。民主恳谈会逐渐成了民众参与公共决策的途径和方式，已然演变成了基层民主的实现形式。

另一方面，地方政府利用互联网技术加大信息公开力度、拓宽信息公开渠道，打造更加开放和透明的政府。地方政府网站是公民了解政务的窗口，也是政府转变职能、创新行政管理方式、增强政府公信力、建设服务型政府的方式。政府网站的建设在增强政府治理能力方面起着重要的作用。

另外，政府网站建设质量的高低以及政府网站的有效性也反映了地方政府治理能力的高低。地方政府通过政府网站增强公开政务信息能力。根据《中华人民共和国政府信息公开条例》的要求，各省市县政府网站都已开通信息公开专栏，方便公众查看政府信息，监督政府行为。通过信息公开专栏，网民可以查看政府信息公开的指南，方便群众了解公开信息的途径和方式、政府信息公开目录及公开内容等，有利于透明政府建设。

地方政府还可以通过政务微博增强公开政务信息、与民互动能力。随着互联网技术的发展，各级政府为了更好地创新社会管理、公开政府信息、引导新闻舆论、倾听民众呼声、树立政府形象、方便群众政治参与而设立了政务微博。政务微博建设质量的高低反映着政府治理能力。据国家行政学院电子政务研究中心发布的《2013 年中国政务微博客评估报告》显示，截至 2013 年 12 月 31 日，新浪网、腾讯网、人民网、新华网四家微博客网站共有政务微博客账号 258737 个，共有党政机构微博客账号 183232 个，共有党政干部微博客账号 75505 个。

《2013 年中国政务微博客评估报告》显示，2013 年党政机构微博客平均发布微博 8563 条，日均 23 条，被转播 20.54 万条，日均 563 条，被评论 6.24 万条，日均 171 条，受众数 62.5 万个。通过对党政干部微博客样本库进行统计分析，2013年党政干部微博客平均发布微博3690条，日均10条，被转播3.9万条，日均106条，被评论1.5万条，日均42条，受众数23.1万个。可以看出，中国地方政府在政务微博客方面取得了较好成效，在公开政府信息、与民众交流等方面取得了较好效果。

（三）我国地方政府社会治理能力取得了巨大进步

地方政府能力建设也取得了较快发展。地方政府紧紧围绕更好地保障和改善民生，促进社会公平正义深化社会体制改革，改革收入分配制度，促进共同富裕，推进社会领域制度创新，推进基本公共服务均等化。

图3-5是我国1993~2012年农村居民家庭平均每人纯收入（元）的增长曲线，从中可以看出，宁村人均纯收入稳步上升，并且增加速度有递增的趋势。因为地方政府的治理能力直接决定了当地农民收入的情况，这表明我国地方政府在农民收入增长方面发挥了作用。

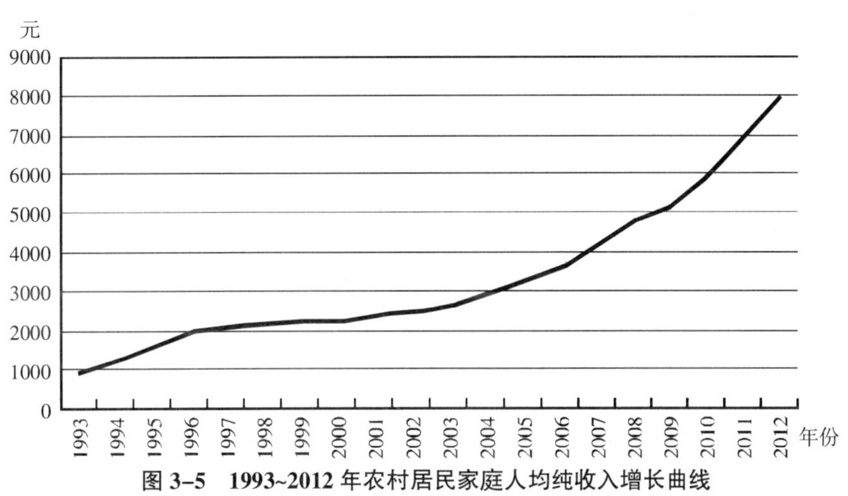

图3-5 1993~2012年农村居民家庭人均纯收入增长曲线

资料来源：国家统计局。

在农村人均住房面积方面，从1978年到2012年又有了一个很大的增长。人均住房面积不断增加，截至2012年，农村人均住房面积达到37.1平方米，是1978年人均住房面积8.1平方米的4.58倍。可见农民住房条件得到了很大的改善（见图3-6）。

图3-7表明，从城镇和农村恩格尔系数变化趋势来看，1980~2012年，城镇和农村的恩格尔系数都呈现下降趋势，且城镇下降的速度快于农村，并且显现出城镇和农村恩格尔系数交汇相等的趋势。这表明了农村和城镇居民消费结构的变化，人们生活更加丰富多元，生活水平得到了提高。

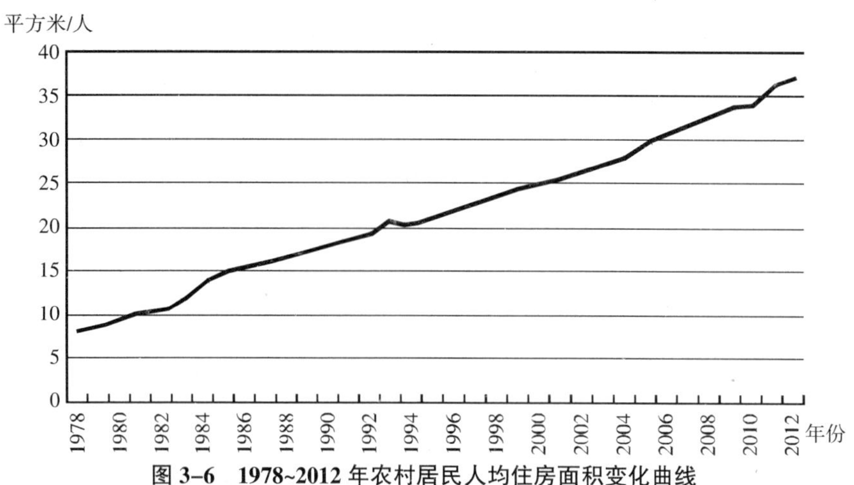

图 3-6 1978~2012 年农村居民人均住房面积变化曲线

资料来源：国家统计局。

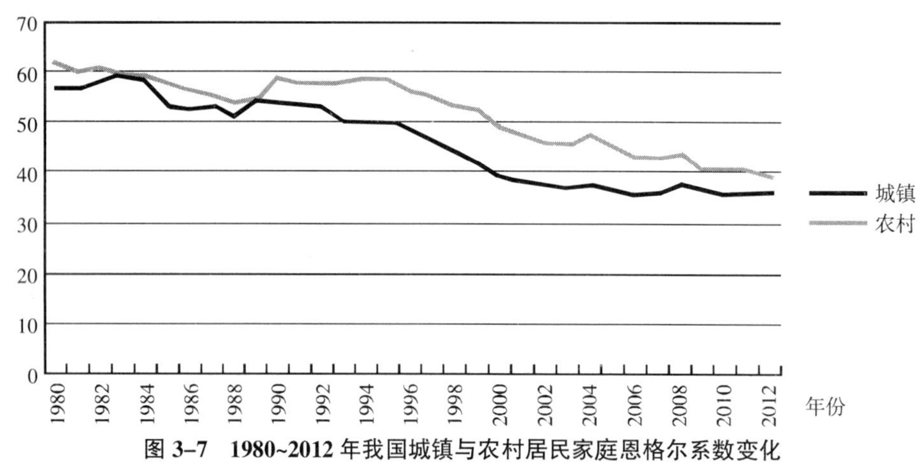

图 3-7 1980~2012 年我国城镇与农村居民家庭恩格尔系数变化

资料来源：国家统计局。

在教育方面，各省连年加大对教育经费的投入，支持教育的发展。图 3-8 是我们选取的北京市、河南省和甘肃省三个省市 1996~2011 年度教育经费投入变化的曲线。从图中可以看出，三个省市教育经费总体来说是呈增长趋势的，并且增加幅度有变大的趋势。

（四）我国地方政府环境治理能力取得了巨大进步

在环境保护方面，各地创新环境保护措施，增强环境保护能力。广东启动碳排放权交易，运用市场机制，以较低成本推动节能减排。广东作为国家试点省，启动碳排放权交易，创造了多个国内第一，为争取国际碳排放交易市场的话语权做好准备，为全国生态文明建设积累了有益的经验。

四川珙县孝儿镇垃圾治理的成功实践可以说是地方政府治理垃圾能力提升的典型。孝儿镇位于珙县西部，距珙县县城 50 公里，地处南广河畔，幅员面积 74.3 平方公里，自古以来就有“鱼米之乡”之

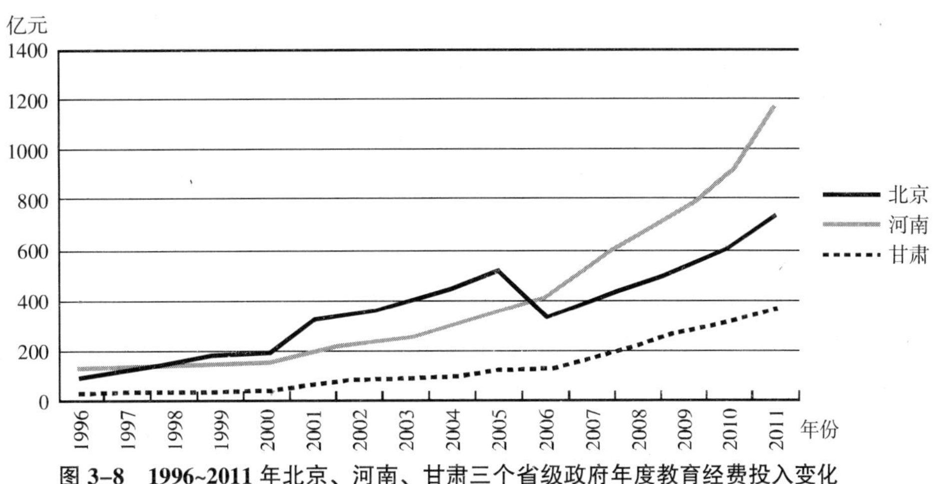

图 3-8 1996~2011 年北京、河南、甘肃三个省级政府年度教育经费投入变化

资料来源：国家统计局。

美称。由于地理位置优越，城镇化发展较快，人口数量迅猛增加，沿河而建的建筑物已布满瓮腮溪及南广河两岸，私营经济为降低成本将废弃的糠壳投入溪中，卫生院的废弃物及病源粪便全部顺管流入南广河，更为严重的是成堆的垃圾已布满几个桥头、街道以及镇政府大门口。用村民的话说，是“昨日的鱼米之乡已成为臭气熏天的垃圾小镇”。

为了解决垃圾围镇的问题，孝儿镇政府联合县政府、社会群众、发展机构组成垃圾治理的联合体，通过在源头上进行垃圾分类回收处理，共同应对垃圾问题。孝儿镇垃圾处理合作共治的模式见图 3-9。

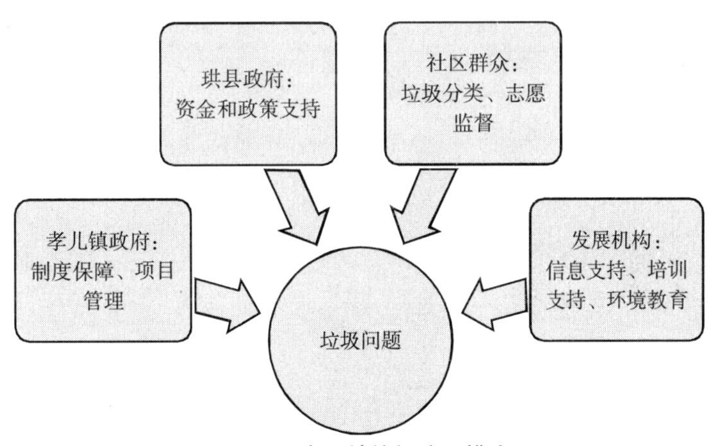

图 3-9 孝儿镇垃圾治理模式

图 3-9 表明，孝儿镇政府通过制定相关垃圾分类回收和处理的政策，监督和保障项目的推进和实施；珙县政府对其进行有限资金和政策的支持，保障项目顺利推动；社区群众则将自家垃圾进行分拣分类，由专门的清洁人员上门收取；同时社区志愿者会对各家垃圾分类分拣工作进行监督；发展机构负责对居民垃圾分拣分类的意识和技术的教育与培训。图 3-10 是孝儿镇垃圾分类回收处理图。

孝儿镇在发动群众和其他组织参与垃圾治理的过程中，通过从源头上对垃圾进行分类回收，后期又有针对性地进行处理，变垃圾为资源，从而低成本地解决了垃圾围镇的问题。

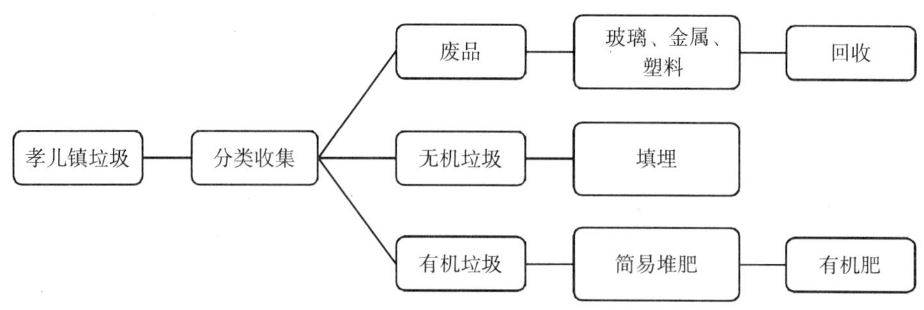

图 3-10 孝儿镇垃圾分类回收处理

二、治理能力现代化建设存在的问题

尽管我国地方政府治理能力现代化的建设取得了较好成绩，但是也存在着不少问题。推进治理能力现代化建设需要正视这些问题：

第一，在经济建设能力方面，虽然我国地方政府 GDP 取得了较快增长，但由于唯 GDP 主义观念作祟，导致我国地方政府在发展经济时，使生态环境遭到严重破坏，环境污染严重。如何实现绿色增长，既不伤害经济活力，又能保护环境免遭破坏，给地方政府经济发展能力提出了新的挑战。同时，各地区经济水平发展差距较大，这也对地方政府经济发展能力建设提出了挑战。

第二，在社会保障方面，部分省市居民收入较低。提高人们收入水平，缩小与经济发达地区贫富差距的能力不强。改革开放以来，我国经济建设取得了飞速发展，但这并没有让所有人都富裕起来，还有很多人处在低收入群体中。贫富分化比较严重，不利于社会主义和谐社会建设。因而如何提高低收入群体的收入，缩小与发达地区的贫富差距，成为这些地方政府面临的能力挑战。

第三，在环境保护方面，我国环境破坏，水和空气被污染程度依然在增加。由于生态环境问题是一个系统问题，需要在横向和纵向上系统考虑各方面的因素。如何制定有效的环境治理机制，充分利用市场的力量，更好地发挥政府的力量，成为地方政府环境治理能力建设面临的挑战。

图 3-11 是我国 2004~2012 年废水排放总量变化趋势图，可以看出，我国废水排放不但没有减少，反而在增加。图 3-12 是 2004~2012 年我国二氧化硫排放量变化图，可以看出虽然总排放量有减少趋势，但排放总量依然很大，减少趋势并不明显。

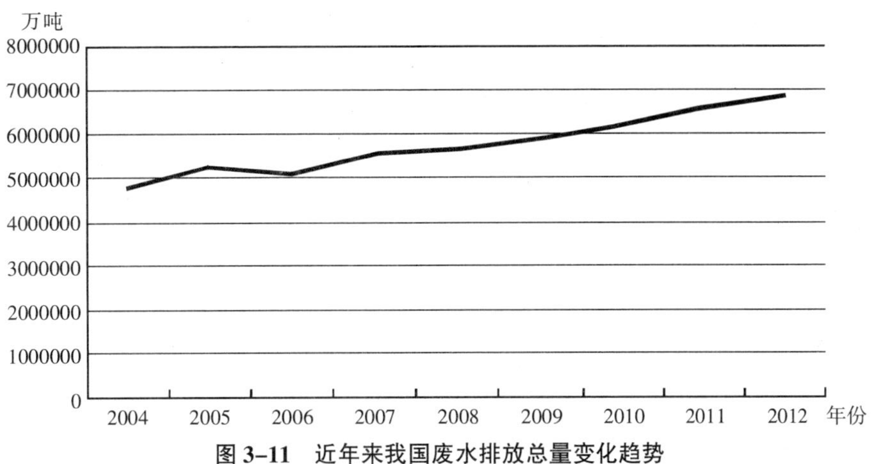

图 3-11　近年来我国废水排放总量变化趋势

资料来源：国家统计局。

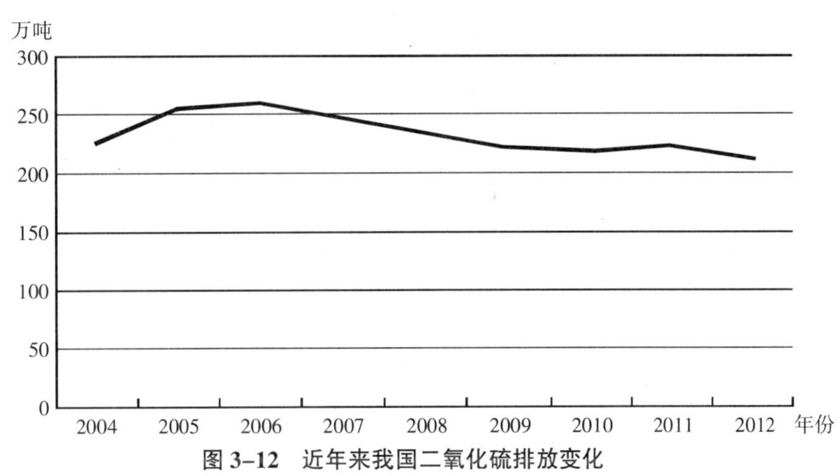

图 3-12　近年来我国二氧化硫排放变化

资料来源：国家统计局。

第四，在有效保障民主和法制方面，由于传统思维作祟以及原有制度禁锢，使得民主和法制并没有得到有效保障。由于信息公开能力有限，公开和透明政府建设有待加强，地方政府的公信力由此受到挑战。现代化的治理体系为民主和法制的实现提供了制度保障，但如何充分发挥现代化治理体系的力量，使其转化为现代化的治理能力，充分保障人民民主和法制权威，也是地方政府治理能力的短板。

第五，在文化传播方面，如何打造软实力成为地方政府现代化能力建设的挑战。20 世纪 90 年代初，哈佛大学教授约瑟夫·奈首创“软实力”（Soft Power）概念。软实力是相对于国内生产总值、城市基础设施等硬实力而言的，是指一个城市的文化、价值观念、社会制度等影响自身发展潜力和感召力的因素。虽然约瑟夫·奈提出的软实力是针对国家而言的，但是地方软实力也是一种重要力量。在有效吸引资本、人才方面起着重要作用。因此，地方政府应着力打造属于自己强大的软实力。

第六，在大数据、云计算、移动互联网浪潮下，政府在有效应对新事物带来的问题、为新鲜事物的成长创造良好的环境以及有效利用新鲜事物增强自己的治理能力方面存在着迟滞。地方政府应增强对新鲜事物的敏感度，积极为新鲜事物的成长创造环境，并有效预见新鲜事物可能带来的问题并做好预防，更重要的是地方政府应注重利用新鲜事物增强自己的治理能力。

三、治理能力现代化建设不足的原因

地方政府治理能力存在不足，其原因也是多方面的。其中主要包括治理理念认识不到位、公共部门人员治理能力欠缺、治理体系不够完善以及监督和保障措施不完善等。

首先，治理理念认识不到位导致治理能力现代化建设不足。人的行为是思想和观念的反映，有什么样的理念就有什么样的行为，而理念的正确与否直接决定了行为的价值。正确的理念往往带来有价值的结果，错误的理念往往导致负面的效应。现代化的治理理念是有效应对新时期、新情况的思维，强调适时而变，以更加科学和有效的方式进行治理。然而，我国地方政府还受到管理理念的禁锢，重管理轻服务、重效率轻公平、重经济轻环境、重战术轻战略、重保守轻开放、重成规轻灵动等，传统的理念导致我国改革发展出现了不少问题。

其次，公共部门人员治理能力欠缺导致治理能力现代化建设不足。公共部门人员能力的不足也是地方政府能力现代化建设的障碍。政府的治理归根结底是人的治理，从政策制定到政策执行再到政策终结和政策评估，都需要人的参与。公共部门人员能力的高低直接决定了地方政府政策制定能力、政策执行能力、政策终结能力以及政策评估能力。目前我国地方政府部分工作人员存在着能力不足的问题，不能够及时有效地认识问题，也不能利用科学方法制定有效应对措施。

再次，治理体系不够完善导致治理能力现代化建设不足。习近平同志指出：“国家治理体系和治理能力是一个国家的制度和制度执行能力的集中体现，两者相辅相成。”俞可平认为，“有了良好的国家治理体系，才能提高国家的治理能力”；高小平认为，“只有实现了治理体系的现代化，才能培养治理能力的现代化”；江必新认为，“国家治理体系和治理能力是一个有机整体，相辅相成，有了科学的国家治理体系才能孕育高水平的治理能力，不断提高国家治理能力才能充分发挥国家治理体系的效能”。由此可见，治理能力现代化建设成功与否直接受制于治理体系是否完善。只有完善的治理体系才有可能孕育现代化的治理能力，也只有在完善的治理体系下，现代化的治理能力才有可能充分发挥效能。目前我国的治理体系还存在不完善的地方，影响了我国现代化治理能力建设。

最后，治理能力现代化建设的监督机制和保障机制存在不足。治理能力现代化建设是一项系统工程，也需要物质和法律、法规等制度监督和保障。然而，目前我国地方政府治理能力现代化建设还处在起步阶段，各种监督和保障措施还没有建立，因而治理能力现代化建设存在着保障力度不够和动力不足问题。

四、加强治理能力现代化建设的思路

根据以上有关我国地方政府治理能力现代化建设不足的原因分析，需要遵循以下思路来加强治理能力现代化建设：

首先，应该加强地方政府对治理理念的认识。通过多种渠道对政府行政人员进行治理理念的学习培训，使他们全面深刻认识治理能力现代化建设的意义。通过学习转变传统的管理理念，接受现代治理理念。

其次，加强公共部门人员能力建设。我国已经进入改革的攻坚期和“深水区”，不断出现的新情况、新问题正考验着公共部门人员的能力。地方政府应着力提高治理队伍的素质和能力。第一，加强制度建设，通过更合理、更完善的制度，吸引更有能力的人加入；第二，通过选拔程序招选能力更强的人才；第三，加强治理队伍的学习、培训工作，增强理论知识和实践技能；第四，完善激励制度，提高治理队伍学习、工作的积极性和主动性。

再次，加快治理体系建设的步伐。治理体系的完善程度决定了治理能力。地方政府应在中央顶层设计框架下，着力制定适合本地区特殊情况的治理体系。

最后，地方政府应加强监督和保障机制的建设，为治理能力建设提供充分的物质和制度保障。一方面，充足的物质保障是治理能力现代化建设的前提。只有具备物质保障，才有可能满足组织人员教育培训以及购置现代化装备等开支。另一方面，充分有力的监督措施可以督促各地治理能力现代化建设的进程。

第三节　地方政府治理能力现代化建设的前提、原则及目标

治理能力现代化建设需要在一定的前提下进行，离开了大前提，就很难建设成真正现代化的治理能力；需要坚守一定的建设原则，保障现代化的治理能力建设顺利进行；需要有明确的建设目标，只有具备明确的建设目标，才有可能把建设落到实处。

一、治理能力现代化建设的前提

地方政府治理能力现代化建设并不是凭空建设，它也要在一定的前提下进行。治理能力现代化建设的前提内容是治理能力现代化的先决条件，总的来说，主要有以下方面：

第一，坚持和完善中国特色社会主义

制度。坚持和完善中国特色社会主义制度是国家治理体系和治理能力现代化的前提，中国特色社会主义制度规定了国家治理体系和治理能力现代化的性质及发展方向。借鉴和吸收他国创造的政治文明成果和成功经验，必须在中国特色社会主义制度框架内推进国家治理体系和治理能力现代化。习近平总书记指出，我国今天的国家治理体系，是在我国历史传承、文化传统、经济社会发展的基础上长期发展、渐进改进、内生性演化的结果。

第二，构建现代化的治理体系。通过政府、市场和社会的重新归位，架构促进社会协同共治的治理体系，充分发挥各主体的治理能力，释放市场效率，激发社会活力。以问题为导向，以转变政府职能为突破口，构建现代化的治理体系。

第三，树立现代化的治理理念。理念是行动的先导，只有树立现代化的治理理念，才可能进行现代化治理能力的建设。俞可平认为国家治理现代化的内涵就是国家制度的现代化，国家治理体系首先就是国家制度体系，制度就是政治上层建筑。国家治理的现代化，就是政治现代化，而且这个现代化才是最重要的。

第四，认清自身治理能力的现状。地方政府治理能力现代化的建设，前提是要认清自身的能力现状。只有认清自身具备哪些能力，不具备哪些能力，哪些能力需要加强，才能更有针对性地进行治理能力现代化建设。

第五，确定治理能力现代化建设的目标。在明确自身能力现状之后，结合地方政府内部和外部环境要求，科学合理地设置治理能力现代化建设的目标。

第六，完善治理能力现代化建设的监督和保障措施。治理能力现代化建设需要制度监督和保障。通过制定治理能力现代化建设的监督保障制度，一方面督促相关部门和人员加强治理能力建设；另一方面给予他们制度保障，确保治理能力现代化建设有序进行。

二、治理能力现代化建设的原则

治理能力现代化建设需要在一定的原则下进行，科学合理的建设原则是现代化治理能力建设成功的保障，能够避免建设出现偏差，保证建设质量。总的来说，治理能力现代化建设的原则主要有以下几个方面：

第一，系统性原则。地方政府治理能力现代化建设是一个系统工程。能力作用的发挥不能独立实现，任何一项能力想要发挥作用都需要其他能力的配合。若能力结构出现短板，则有可能影响所有能力作用的发挥，进而影响治理效果。因而，地方政府治理能力现代化建设要对治理能力的结构进行系统设计，保障各项能力有机结合，充分发挥治理效用。

第二，科学性原则。治理能力现代化建设要遵循科学性原则，从实际出发，实事求是。地方政府的治理能力建设要具备科学的方法和依据。特别是地方政府政策制定的能力要具备科学性，改变传统的以人的主观意志和经验的决策方法，注重运用数据决策。大数据、云计算等为政府提高决策科学性的能力提供了可靠途径。

第三，合法性原则。地方政府治理能力的建设要具备合法性。首先，地方政府治理能力建设的内容要具备合法性，不能出现非法律所允许的能力；其次，地方政府治理能力的发挥要具备合法性，要在法律允许的框架内运用，不能出现违法执政；最后，地方政府治理能力作用结果要具备合法性，不能有损社会公共利益。

第四，实用性原则。地方政府现代化治理能力建设要从实际出发，从现实治理需要出发，以问题为导向，提高治理能力。现代化的治理能力要能够在现实治理实践中发挥实际性作用，解决现实性问题。

三、治理能力现代化建设的标准

专栏 3-2 建设综合性治理评估平台：第三方评估促中南海政令落地

2014 年 8 月 27 日，国务院召开常务会议，国家行政学院、中华全国工商业联合会、国务院发展研究中心、中科院 4 个部门的负责人走进中南海，作政策落实第三方评估的汇报。评估报告直指有的部门和地方“对审批很迷恋，对监管很迷茫”；评比达标事项过乱；棚户区改造拿不全“四证”违规操作等问题。

2014 年 6 月，国务院启动了针对 19 项政策落实情况的首次全面督察，其中一大创举是引入第三方评估机制。引入第三方评估，就是要发现一些“政府内部监督碰触不到、不敢公开的问题”，并提出解决建议。

第三方评估独立于督察组

国家行政学院承担的任务是“取消和下放行政审批事项，激发企业和市场活力”的评估。国家行政学院经济学教研部主任张占斌参加了第三方评估工作。

从部委地方领导，到小微企业老板，他们都要接触。“座谈会上有的是很小企业的老板，有的刚创业不久，比如照相馆老板。”张占斌告诉《新京报》记者，第三方评估的调研与国务院督察组完全独立，更多选择下放权力比较多、影响大的部门，另外东、中、西部省份都要兼顾。“从接受任务到完成，大概有两个月的时间。”他说，“经常加班加点，有时候要连夜换地方，到了目的地都半夜了。”

参加此次第三方评估的有 4 家单位：国家行政学院、中华全国工商业联合会、国务院发展研究中心和中科院，分别对简政放权、落实企业投资自主权、棚户区改造、扶贫开发、农村饮水安全等改革、发展、民生政策落实情况开展第三方评估。

评估发现不少部门“会批不会管”

本届政府将简政放权、放管结合作为政府自我革命的“先手棋”和宏观调控的“当头炮”。在国务院督察的19项内容中，简政放权是第一项。

国家行政学院评估组对本届政府前四批取消和下放的416项行政审批等事项落实进行了评估。

“取消和下放的行政审批，含金量较高。企业都举双手赞成，希望将下放权力落到实处。”张占斌说，当然也有一些问题，有些干部不太会监管，“我们的监管欠账很多。”

报告专门指出普遍存在“监管是短板”的现象。“不少部门和地方不同程度地存在着‘会批不会管’的情况。有的‘对审批很迷恋，对监管很迷茫’，因为事前审批‘最熟悉’、‘最便捷’，也‘最少责’。”报告中写道，有61.3%的受访企业不了解取消下放事项后有无监管。

在下放审批权方面，评估组还发现了其他问题，比如，行政审批事项数量不清，有的地方和部门，“一项”指小项，有的指大项，大项可能包括20多个小项。评比达标等事项过乱，资质资格类项目繁多。比如，西北大学仅2014年上半年就按照上级部门要求开展了22项各类先进评选活动，学校反映强烈，干扰了正常的教学科研工作。又如，一个地质公园立项要盖近百公章。

地方安居工程资金压力大

2014年8月27日的常务会议要求盘活存量资金，加大对农村、贫困地区等的财政支持，确保按期完成棚改、减贫、饮水安全等年度“硬任务”。

国务院发展研究中心发现，到6月底，全国安居工程开工量和基本建成量已经分别达到年度任务的73.5%和57.0%。2014年，国务院部署的保障性安居工程新开工任务总量为729万套。

但是，棚改等安居工程在推进中遇到了一些问题。根据问卷调查，78.8%的官员认为“拆迁难”是其主要问题。尤为突出的难点是个别“钉子户”提出不合理的补偿要求。多数地方政府强烈反映，按照现行规定，棚改等安居工程项目必须在“四证”齐全的条件下才能开工，但是办齐“四证”则需要多个审批环节，周期较长。为完成考核目标，相当一部分棚改等安居工程项目只能在“四证”不全的情况下开工，采取“边建设边办证”的做法。

此外，还存在地方资金缺口和中长期债务压力加大，安居工程的法律体系尚不健全等问题。

此次评估组成员揭秘评估过程，认为有利于建立服务型、法治政府，推进国家治理现代化。

资料来源：中央政府门户网站，2014 年 9 月 1 日，作者：郭晓婷。

现代化的治理能力需要符合一定的标准，只有符合特定标准的能力才称得上是现代化的治理能力。治理能力不同于传统的管理能力，它有着更为严格的要求。治理能力现代化建设的标准主要有以下几个方面：

第一，保证经济稳定增长。现代化的治理能力应该能够保证经济稳定增长。中共十八大报告指出推动经济发展需要：着力增强创新驱动发展新动力，着力构建现代产业发展新体系，着力培育开放型经济发展新优势，使经济发展更多依靠内需特别是消费需求拉动，更多依靠现代服务业和战略性新兴产业带动，更多依靠科技进步、劳动者素质提高、管理创新驱动，更多依靠节约资源和循环经济推动，更多依靠城乡区域发展协调互动，不断增强长期发展后劲。

第二，提高资源配置效率。现代化的治理能力应该能够提高资源配置的效率。资源配置效率是指在一定的社会技术条件下，经济活动中人力、物力、财力以及其他各种自然和社会资源的投入产出比。提高资源配置效率的实质就是通过一定的方式和手段把稀缺的资源合理配置到社会各个领域，以实现资源的最优利用，即用最少的资源消耗，生产出最多的商品和服务。

第三，充分调动各方力量。治理能力的现代化应该能够充分调动社会各主体的力量。政府、市场、社会是社会治理的三大主体，它们在各自的领域有着独特的优势。政府应能够合理调动社会治理主体的积极性，放松市场管制，释放市场活力，充分发挥市场和社会在治理中的能量。

第四，切实保障民主、民生。治理能力的现代化应该能切实保障民主、民生。俞可平认为，衡量治理体系是否现代化的五个标准之一便是公共权力运行的民主化，因而衡量治理能力是否现代化的标准也包含能力效力的民主化。治理能力的行使应该能够保障人民当家做主，要从根本上体现人民的意志和人民的主体地位。治理能力效能的发挥应能切实保护人民利益，提高人民收入，保障人民的就业、医疗、养老、教育、社会救济等权利。

第五，保证政府公开透明。2014 年中央政府工作报告指出：各级政府预算和决算都要向社会公开，部门预算要逐步公开到基本支出和项目支出，所有财政拨款的“三公”经费都要公开，打造阳光财政，让群众看明白、能监督。加大政务公开，完善新闻发言人制度，及时回应社会关切。我们是人民政府，所有工作都要充分体现人民意愿，全面接受人民监督。政府的开放透明有利于民众监督权、知情权、参与权的实现。

第六，促进政府廉洁高效。当前我国部分党政干部贪污腐败的形势严峻复杂，贪腐行为的存在不利于政府效率的提高。现代化的治理能力应该能够从根源上减少腐败的发生。通过制度建设打造官员不愿贪、不敢贪、不能贪的制度环境，既保护了人民群众的利益，又保护了官员，提高了政府效率。

四、治理能力现代化建设的目标

地方政府治理能力现代化建设应有清晰明确的目标，根据地方治理实践，地方政府治理能力现代化建设目标主要体现在以下六个方面：

第一，树立先进的治理理念。地方政府各层级组织和人员都应该破除陈旧的管理理念，树立先进的治理理念。理念是行动的先导，只有具备先进的治理理念，才有可能产生治理行为。地方政府应着力加强思想教育和治理思想的系统教育和培训，让党员干部真正掌握治理思想、接受治理模式并将治理理念付诸行动，在实践中锻炼和增强治理能力。

第二，形成完善的治理体系。只有具备完善的治理体系，才有可能孕育先进的治理能力，因而地方政府的重点任务就是完善治理体系。从制度方面对政府、市场和社会的定位做出明确而具体的规定，给予社会各治理主体以充分的行为权力；调动社会各方面的积极性，提高资源配置效率，增强治理能力。

第三，建构完备的治理体制。改革开放以来，我国进行了经济体制和政治体制的改革，并取得了丰硕的成果。尽管我国的经济和政治体制已日臻完善，但是仍然存在一些问题。因而我国应该继续加大对经济体制和政治体制改革的力度，充分发挥经济体制和政治体制的效能，增强治理能力。

第四，形成成熟的治理机制。治理机制是对各种例行工作或者常规事件的制度化、程序化治理方法与措施。在政府治理实践中，治理对象可分为常规事件和非常规事件。对于常规事件要从现实实践中总结经验和教训，并形成一整套成熟的应对方法和措施，以便未来遇见类似事件时高效处理，增强地方政府治理能力。

第五，掌握先进的治理技术。治理能力的提高不仅依靠体制机制的效能，还需要利用先进技术的能量。进入移动互联网时代，人们的信息化和通信能力迅速提高，各种智能设备也日益普及。大数据、云计算等先进技术也为政府提高治理能力提供了选择。地方政府应该掌握先进的信息技术，增强治理能力。比如政府可以利用电子政务更好地为人们提供服务；利用大数据更科学地发现问题并做决策；利用网络更合理地反腐；通过打造智慧城市更好地方便市民生活等。

第六，打造高素质的治理队伍。治理能力的现代化很大程度上依靠治理队伍能力的提升。因为治理体系、治理体制、治理机制以及治理技术归根结底都是由治理队伍实施，因而治理队伍能力与素质直接决定了治理的效果。俞可平认为，从治理主体角度看，应当拥有一支高素质的官员队伍，他们应当拥有高度的责任性、强烈的民主法治精神、丰富的专业知识和很强的管理能力。

第三节　地方政府治理能力现代化建设的主要内容

治理能力现代化建设的主要内容包括：树立现代法治理念、注重现代治理队伍建设、整合现代治理主体、加强现代应急管理建设、加强现代公共服务建设。

一、树立现代法治理念

中共十八大报告指出，深入开展法制宣传教育，弘扬社会主义法治精神，树立社会主义法治理念，增强全社会学法、尊法、守法、用法意识。提高领导干部运用法治思维和法治方式深化改革、推动发展、化解矛盾、维护稳定的能力。树立现代法治理念是法制中国建设的要求，也是增强地方政府治理能力的途径。

关于法治理念的内涵，虞崇胜与何士青认为："法治理念是人们对法治的含义、内在要求、精神实质和地位功能的概括和反映，包括良法之治、法律至上、以人为本、公平正义、人民主权、正当程序等内容。"[①] 谢鹏程认为："法治理念是反映法治的性质、宗旨、结构、功能和价值取向的一些达到理性具体的观念和信念，是立法、执法、司法、守法和法律监督的基本指导思想，是法治体系的精髓和灵魂。"[②] 范沁芳认为社会主义法治理念主要包括六个方面的内容：法律至上、法律平等、权利保障、权力制约、司法独立和正当程序。[③]

法治理念具有时代性，它应当体现时代发展潮流、满足时代发展需要。范沁芳认为现代化的法治理念主要包括八个方面的内容：以人为本、保障人权、尊重人格的观念；宪法、法律至上，建立有限政府的观念；行政民主、公众参与、共同治理的观念；建设服务型政府、强化公共服务的观念；政府诚信、社会诚信、官民互信

① 虞崇胜，何士青. 法治理念与和谐社会的构建［J］. 学习与探索，2007（6）.
② 谢鹏程. 论社会主义法治理念［J］. 中国社会科学，2007（1）.
③ 范沁芳. 社会主义法治理念的概念初探［J］. 苏州大学学报（哲学社会科学版），2007（2）.

的观念；程序法治、信息公开、阳光行政的观念；接受监督、责任到位、权利救济的观念；树立辩证唯物主义和历史唯物主义的法治发展的观念。①

树立现代法治理念是增强经济发展能力的需要。中共十八届三中全会公报指出，要发挥市场在资源配置中的决定性作用，这就要求良好的法律作为保障。一是打击假冒伪劣产品，保护食品药品安全；二是打破行业垄断和地方保护主义，营造良好的竞争秩序，提高资源配置效率；三是建设完善的社会信用体系，保障利益双方的经济安全。

树立现代法治理念是增强政治稳定能力的需要。"政治要稳定，就必须依法保障公民权利、规制国家权力，通过政治的法治化实现公民权利与国家权力的良性互动。""实现公民权利与国家权力的良性互动，关键在于三个机制的法治化：一是人民群众利益诉求的有序表达机制，二是民主选举、民主决策、民主管理和民主监督的程序保障机制，三是国家权力运行的监督制约机制"。②

树立现代法治理念是增强社会和谐能力的需要。改革开放 30 多年来，我国经济发展取得的成果有目共睹，但贫富差距问题的存在也不容忽视。随着改革开放的深入发展，我国已进入转型期，在这个时期利益主体多元化，社会矛盾也与日俱增。我国地方政府机关应善于运用法律手段调节社会关系，解决社会问题，不断加强执法能力建设和司法能力建设。

树立现代法治理念是增强文化繁荣能力的需要。面对人们日益增长的文化需求，必须创新文化事业和文化产业治理模式。一方面，文化创造的活力需要法律对知识产权的有力保护，只有知识产权被有效保护，避免创造者的知识成果被窃取，才有助于激发社会文化创造活力。另一方面，文化市场的发展需要法律来规范和引导，避免腐朽落后的文化充斥社会。

树立现代法治理念是增强生态文明能力的需要。环境的治理不仅要依靠科技进步、财政投入，更需要完善的法律来明确环境污染和治理的权利义务关系。只有通过完善的法律明确权利义务关系，才能从根本上减少污染发生和提高治污效率。

二、注重现代治理队伍建设

中共十八大报告指出：提高社会管理科学化水平，必须加强社会管理法律、体制机制、能力、人才队伍和信息化建设。深化干部人事制度改革，建设高素质执政骨干队伍。坚持和发展中国特色社会主义，关键在于建设一支政治坚定、能力过硬、作风优良、奋发有为的执政骨干队

① 范沁芳. 社会主义法治理念的概念初探 [J]. 苏州大学学报（哲学社会科学版），2007（2）.
② 谢鹏程. 论社会主义法治理念 [J]. 中国社会科学，2007（1）.

伍。治理队伍的现代化建设对于提高地方政府治理能力有直接影响作用。

地方政府治理能力现代化是地方政府组织治理能力现代化和组织内部人员队伍治理能力现代化以及组织内部人员队伍治理能力现代化的结果，没有治理人员队伍能力的现代化，也就没有组织治理能力的现代化。因而，地方政府应注重治理队伍能力现代化建设。

吴爱军认为公务员队伍能力主要由六个方面构成，第一是政治鉴别能力，第二是依法行政能力，第三是公共服务能力，第四是业务才干能力，第五是沟通协调能力，第六是拒腐防变能力。[①] 我们认为不同岗位、不同职责的公务员有着不同的现代化能力构成要素，从公共政策角度来看，现代化的治理队伍应具备现代化的政策制定、执行和评估能力。

建设现代治理队伍，应从以下几个方面着手。首先，加强组织自身建设，创造良好的工作环境和公平的回报机制，吸引更多优秀人才；其次，在治理队伍选拔任用上，实行“严进宽出”的原则，提高公务人员的基本素质和工作积极性；再次，实行公平透明的绩效考核制度和成长渠道，增强公务人员工作动力；最后，加强公务人员的学习和培训，及时学习新知识和新技术，增强业务能力和道德素质。

三、整合现代治理主体

多元主体参与社会治理是治理理论的最基本要求。治理理论的创始人之一罗西瑙（James.N.Rosenau）认为治理实际上是一种各治理主体间的竞争与协作过程，各治理主体在竞争与协作的过程中，制定出为大多数人所接受的规则，从而实现治理的目标。“治理”具有以下基本特征：①组织间的相互依存，这意味着公共的、私人的以及自愿部门之间的界限变得灵活、模糊了；②相互交换资源以及协商共同目的需要导致的网络成员之间持续互动；③游戏式的互动以信任为基础，由网络参与者协商和同意的游戏规则来调节；④保持相当程度的相对于国家的自主性，网络不对国家负责，它们是自组织的。

李汉卿认为协同治理有四个方面的内容：治理主体的多元化、各子系统的协同性、自组织间的协同、共同规则的制定。[②] 魏礼群认为：不同社会主体之间的相互关系及其地位角色构成了治理的基本格局，在新的社会治理格局中，社会治理主体多元化，党委领导是根本，政府主导是关键，社会协同是依托，公众参与是基础。孙柏瑛认为在治理中“非政府组织、非营利组织、社区组织、公民自组织等第三部门和私营机构将与政府一起共同承担管理

---

① 吴爱军. 论公务员队伍能力建设［J］. 山东社会科学，2006（9）.
② 李汉卿. 协同治理理论探析［J］. 理论月刊，2014（1）.

公共事务、提供公共服务的责任，这些组织的权力也将得到社会和公民的认可”。[①]由此可见，治理强调多元主体的有序参与，各治理主体在各自擅长的领域发挥作用，共同实现治理目标。多元主体的参与有利于提升各主体的治理能力，实现地方政府治理能力的现代化。

社会治理主体包括政府、市场、非营利组织和公民个人。中共十八届三中全会公报指出要发挥市场在资源配置中的决定性作用，更好地发挥政府的作用，这就确定了政府和市场在治理体系中的位置和作用。市场是基于价格和竞争配置资源的手段，在资源配置方面有着较高的效率。由于市场存在垄断、外部性以及信息不对称等问题，会出现市场失灵，在一些领域不能够最大效率配置资源，因而就需要政府干预。政府在社会治理中发挥主导作用，政府治理主要是依靠财政收入和法律的强制性进行执法行动，运用公共资源弥补市场存在缺陷的领域，并为市场提供良好秩序。然而，由于政府部门之间缺乏竞争和信息不完全，导致政府决策失效和政府干预的低效率，在某些领域会出现政府失灵。非营利组织的存在可以弥补市场失灵和政府失灵，提高资源配置效率。当然，政府、市场和非营利组织在协同治理社会的过程中离不开公民有序参与，这就需要政府为民众拓宽参与渠道、创新参与方式、积极回应民众参与，保证民众参与的积极性，提高政府决策的科学化和民主化能力。

整合多元治理主体，使其在各自擅长的领域发挥作用，提高社会资源配置效率，提高政府决策的科学化和民主化能力，提高政府现代化治理能力。

四、加强现代应急管理

与应急管理相关的一个概念是危机管理。两者既有区别又有联系，其共同点都是指“突然发生并危及公众生命财产、社会秩序和公共安全，需要政府采取应对措施加以处理的公共事件”。[②]“自从有文字记载的历史以来，人类社会始终面临着各种各样的危机，可以这样讲，人类文明的发展过程便是回应各种危机挑战的过程”。[③]美国知名危机管理专家诺曼·奥古斯丁（Norman R. Augustine）曾说过：每一次危机的本身既包含导致失败的根源，也孕育着成功的种子。发现、培育以便收获这个潜在的成功机会就是危机管理的精髓。因而地方政府应加强应急管理能力建设，这也是现代化治理能力的必然要求。

在应急管理实践中，我国逐渐形成了“一案三制”的应急管理体系。所谓“一案三制”是指应急预案、应急管理体制、

① 孙柏瑛. 当代政府治理变革中的制度设计与选择［J］. 中国行政管理，2002（2）.
② 高小平，刘一弘. 我国应急管理研究述评（上）［J］. 中国行政管理，2009（8）.
③ 钟开斌. 回顾与前瞻：中国应急管理体系建设［J］. 政治学研究，2009（1）.

应急管理机制和应急管理法制。应急预案即预先制订的行动方案，是指根据国家、地方法律、法规和各项规章制度，综合本部门、本单位的历史经验、实践积累以及当时当地特殊的地域、政治、民族、民俗等实际情况，针对各种突发事件类型而事先制订的一套能切实迅速、有效、有序解决问题的行动计划或方案。“编制应急预案的主要作用和功效是防患于未然，以确定性应对不确定性，化不确定性的突发事件为确定性的常规事件，转应急管理为常规管理”。①

应急管理体制是指应急管理机构的组织形式，即综合性应急管理组织、各专项应急管理组织以及各地区、各部门的应急管理组织的法律地位、相互间的权力分配关系及其组织形式等。应急管理体制是一个由横向和纵向机构、政府机构与社会组织相结合的复杂系统，主要包括应急管理的领导指挥机构、专项应急指挥机构、日常办事机构、工作机构、地方机构及专家组等不同层次。②

应急管理机制是指突发事件发生、发展和变化全过程中各种制度化、程序化的应急管理方法与措施。从实质内涵来看，应急管理机制是一组以相关法律、法规和部门规章为依据的政府应急管理工作流程；从外在形式来看，应急管理机制体现了应急管理的各项具体职能；从工作重心来看，应急管理机制侧重在突发事件事前、事发、事中和事后整个过程中，各部门如何更好地组织和协调各方面的资源和能力来有效防范与处置突发事件。

应急管理法制是指在突发事件引起的公共紧急情况下如何处理国家权力之间、国家权力与公民权利之间以及公民权利之间的各种社会关系的法律规范和原则的总和。其主要任务是明确紧急状态下的特殊行政程序的规范，对紧急状态下行政越权和滥用权力进行监督并对权利救济做出具体规定，从而使应急管理逐步走向规范化、制度化和法制化的轨道。③

专栏 3-3 加强现代应急管理：全国宗教应急管理工作培训班在朝阳开班

据报道，2014 年 9 月 3 日，全国宗教应急管理工作培训班在朝阳开班。来自全国 31 个省（区、市）、新疆生产建设兵团、各计划单列市、副省级省会城市宗教工作部门、全国性宗教团体和国家宗教局各司室、直属单位负责应急管理工作人员共计 100 人参加培训。国家宗教局副局长陈宗荣出席开班仪式并讲话，办公室主任陈

① 詹承豫，顾林生. 转危为安：应急预案的作用逻辑 [J]. 中国行政管理，2007（5）.
② 薛澜，钟开斌. 突发公共事件分类、分级与分期：应急体制的管理基础 [J]. 中国行政管理，2005（2）.
③ 钟开斌. 回顾与前瞻：中国应急管理体系建设 [J]. 政治学研究，2009（1）.

红星主持开班式，辽宁省宗教局领导和朝阳市领导分别致欢迎词。陈宗荣指出，随着经济社会深刻变革、社会结构深刻变动、利益格局深刻调整、思想观念深刻变化带来的影响，我国在处于发展重要战略机遇期的同时，又处在社会矛盾的凸显期，各种利益诉求更加复杂，涉宗教突发事件的风险在一定地区、一定时期、某种宗教中还有所增加，这都对做好宗教应急管理工作、维护宗教领域稳定提出了新的更高要求。在这种情况下，国家宗教局专门举办此次培训班，学习中央精神和应急管理知识，交流各地经验，听取意见和建议，谋划下一阶段工作，可以说，很重要也很必要。

此次培训班为期3天，期间将邀请国务院应急办、国家行政学院应急管理培训中心的相关专家和教授以及国家宗教局办公室负责人授课，系统讲解宗教应急管理知识，具有很强的针对性和现实指导性。

资料来源：朝阳市人民政府，2014年9月4日。

五、加强现代公共服务

中共十八大报告指出，深化行政体制改革，按照建立中国特色社会主义行政体制目标，深入推进政企分开、政资分开、政事分开、政社分开，建设职能科学、结构优化、廉洁高效、人民满意的服务型政府。“服务型政府就是具有公共服务精神的政府，其主要职能有三个：一是建立稳定的宏观经济环境。二是为企业和个人创造良好的竞争环境。三是提供公共服务”。[①] 建设服务型政府，增强政府的服务能力，成为地方政府治理能力现代化建设的重要内容。

目前我国地方政府管理过多，服务过少，存在服务能力不足问题，主要表现在：服务意识淡薄，思想观念落后；服务方式单一，存在垄断服务问题；服务内容存在缺位、越位、错位现象，不该管的被限制了，该管的又没有管好。

增强现代公共服务能力，应从以下几个方面着手：

首先，提高公共服务意识。厘清政府、市场和非营利组织的关系，明确政府定位。市场能做好的就交给市场，以提高资源配置效率；市场做不好的政府应当主动承担责任，弥补市场缺陷，提供公共服务；同时，也要积极培养非营利组织在提供公共服务上的能力，统筹社会资源，共同提供公共服务。

其次，着重利用市场和非营利组织的力量提供公共服务，通过政府购买公共服

① 尹继卫. 中国政府公共服务能力建设思考 [J]. 中国行政管理，2004（8）.

务方式进行提供。2013 年 11 月 12 日中共十八届三中全会全体会议通过的《中共中央关于全面深化改革若干重大问题的决定》指出：推广政府购买服务，凡属事务性管理服务，原则上都要引入竞争机制，通过合同、委托等方式向社会购买。许多国家普遍认为政府购买公共服务就是公共服务合同外包，即政府通过与营利或非营利组织签订承包合同的形式来提供公共服务。萨瓦斯认为合同外包指外包对象为私营部门和非营利部门的合同外包。

最后，善于利用电子政务提高公共服务效率和质量。随着互联网技术的发展，政府建立门户网站和政务微博提供公共服务成为普遍趋势。由于网络具有信息传播的快捷和不受时空限制的特性，因而在提供公共服务方面有着巨大优势。

第五节　地方政府治理能力现代化建设的保障措施

治理能力现代化建设不仅要有明确目标、科学原则，而且要有完善的保障措施，才能确保治理能力现代化建设的有序进行。这些保障措施包括体制机制建设、地方政府自身建设、清晰的治理规划以及科学监督和评价制度。

一、健全现代治理体制与机制

改革开放以来，随着传统社会向现代社会的转变、计划经济体制向市场经济体制的转轨、农业社会向工业社会甚至信息社会的转型，我国经济社会发生了剧烈变迁，利益格局发生了深刻变化，传统的社会管理模式越来越显示出它的弊端，迫切要求创新社会管理体制、改进社会治理方式。[①]

在 2014 年 6 月 11 日两院院士大会上，李克强总理指出："如果我们冲破了这些人为设置的体制机制障碍，你不可想象，我们这个社会的创造空间有多广阔，蕴含在市场的潜力和活力还有多大！"

中共十八届三中全会提出了要创新社会治理体制，形成科学有效的社会治理体制。"创新社会治理体制"是"推进国家治理体系"的重要组成部分。[②] 而国家治理体系的完善是治理能力现代化的前提和基础。健全现代治理体制需要着手采取以下措施：

一方面，继续推进经济体制改革。将市场摆在资源配置的决定性位置上，并且更好地发挥政府的作用，积极调动社会组织的积极性。转变政府职能，减少行政审

①② 唐爱军. 社会治理体制创新路径探析［J］. 开放导报，2014（1）.

批。2014 年中央政府工作报告指出：我们从政府自身改起，把加快转变职能、简政放权作为本届政府开门第一件大事。在 2013 年李克强出任中国总理并开始成立新一届政府时，国务院各部委的行政审批事项总计超过了 1700 项，李克强承诺说，他要在本届任期内，取消和下放其中的 1/3，即 560 余项。

国务院审改办在 2014 年 4 月 10 日印发了《国务院部门有关经济增长和促进就业行政审批事项目录》（简称《目录》），就行政审批事项是否取消征求民众意见。《目录》中共有行政审批事项 721 项，其中数量最多的审批类别为生产经营类别中的准入类（不含企业资质），共计 190 项。

另一方面，稳步推进政治体制改革。坚持党的领导，人民当家作主和依法治国相结合。培育民主参与意识，拓宽民主参与渠道，创新民主参与方式，保障民主参与效果；利用互联网和大数据搜集民意，体察民需，实现民主参与。

二、加强地方政府自身建设

第一，加强地方政府组织建设。科层制的组织结构虽然在一定程度上提高了政府运作效率，但它的弊病也不可避免。机构臃肿、效率低下几乎成了其代名词。目前地方政府组织建设几乎还是传统的层级制机构，管理层次较多，机构规模庞大；职责界限不清、相互推诿的事件时有发生，导致政府效率低下。政府应加强组织建设，减少管理层次，扩大管理幅度，辅之以现代通信技术和电子政务手段，建设扁平化和网络化的政府组织，提高政府运作效率。

第二，加强地方政府法治建设。《牛津法律大辞典》认为，法治是“所有的权威机构，立法、行政、司法及其他机构都要服从于某些原则，这些原则一般被看做是表达了法律的各种特征，如正义的基本原则、道德原则、公平和合理诉讼程序的观念，它含有对个人至高无上的价值观念和尊严的尊重”。俞可平认为，“法治政府是现代国家的政府存在和行为的基础，是法治的核心，具体表现为依法行政，也就是说，政府行政权力的获得和行使都必须符合以宪法为标志的宪政框架并遵循法定程序做出行政行为，承担相应的法律责任，保护公民权利并接受公民监督。简言之，就是权力得到制约，权利受到保障。”①

地方政府治理能力的行使需要法律保障，因而加强法制建设有利于地方政府治理能力现代化建设。一方面，法律为地方政府治理能力的行使提供了制度保障，使其拥有了强制性权力；另一方面，也能保障地方政府治理能力的合法化行使，避免公权力对社会公共利益造成损害。

第三，加强地方政府公信力建设。地

① 俞可平. 政府创新的理论与实践（第一版）[M]. 杭州：浙江人民出版社，2005.

方政府公信力直接决定了其行政行为的合法性以及人民的接受和支持程度。因而，加强地方政府公信力建设有利于其治理能力的顺利发挥。为了增强政府公信力，地方政府应该加强政府信息公开程度，让权力在阳光下行使，方便人们对政府行为的监督。只有通过政府信息公开，保证行政程序透明，依法行使公权力，才能增强政府公信力。

第四，加强地方政府廉政建设。贪污腐败的政府不可能孕育出现代化治理能力，因而建设廉洁政府是治理能力现代化的重要保障。当前，党中央对贪腐行为的惩治力度不断加大，大量贪腐官员陆续落马。这对官场形成了较强的威慑力，减少了贪腐人员的嚣张气焰，有效减少了贪腐行为的发生。另外，政府应加强廉政制度建设，形成官员不愿贪、不敢贪、不能贪的制度环境，这一方面能避免官员走上贪腐之路，另一方面还能保护官员个人安全。

第五，加强智慧政府建设。当前，云计算、大数据、物联网、移动互联网技术飞速发展，给社会创新治理方式带来了前所未有的机遇。政府应抓住此次机遇，善于利用新技术，打造智慧政府，以技术手段保障治理能力现代化建设。大数据可以帮助政府检测舆情，做出科学决策；移动互联网可以帮助政府引导舆论；物联网、云计算、大数据的同时作用能够为解决城市交通拥堵提供科学方案。

三、重视现代治理规划

地方政府治理能力的现代化建设应该重视治理规划，只有对其进行科学合理的规划，才能在能力建设过程中有条不紊地推进，取得理想结果。地方政府治理能力现代化建设应该在三个维度上进行科学规划：能力维度、时间维度、主体维度。

在现代化治理能力规划的能力维度上，要科学合理地规划本单位的能力谱系。在规划本单位能力谱系过程中，要紧密结合治理体系发挥效用要求、治理实践中所要面对的问题、自身能力现状进行。注重治理能力谱系的系统性、整体性、协调性和实用性。由于一个单位资源和时间的有限性，不可能对能力谱系中所有的能力都同时进行建设，必须有轻重缓急之分。因而地方政府应按照能力的效用大小、使用的急迫程度、建设成本和条件等标准对能力谱系进行细分，划分能力建设的优先次序。

在现代化治理能力规划时间维度上，要科学合理地规划本单位能力建设的时间轴。由于能力建设受资源条件约束，并且有轻重缓急之分，所以不同能力素质应该安排在不同时间进行建设。那些本单位缺乏的、目前急需的并且资源条件都已成熟的能力，应当首先进行建设，解决单位面临的问题；那些本单位缺乏的、目前并不急需的，即便资源条件都已成熟，也要让位于前一种能力，等待时机成熟再进行建设；那些本单位缺乏的、现在急需的但资源条件都还没有成熟的能力，需要等待资源条件都已成熟之时才能建设，这时本单位应该注重创造此能力建设所需的资源条件。

在现代化治理能力规划主体维度上，要为能力建设设定明确的主体。现代化的治理能力具有主体性，它必然为某一主体所掌握，因而地方政府治理能力现代化建设应该设定明确的主体。主体有组织和个人之分，能力主体也有组织和个人之分。然而，属于组织的能力，归根结底还是通过个人掌握能力才能实现。主体是组织的治理能力，需要进一步分解，使其落到具体能操作的个人身上。

治理能力现代化建设的规划可以参照“目标管理”原则。目标管理是管理学家彼得·德鲁克 1954 年在其名著《管理实践》中最先提出来的。德鲁克认为，并不是有了工作才有目标，而是相反，有了目标才能确定每个人的工作。所以“企业的使命和任务，必须转化为目标”，如果一个领域没有目标，这个领域的工作必然被忽视。因此，管理者应该通过目标对下级进行管理，当组织最高层管理者确定了组织目标后，必须对其进行有效分解，转变成各个部门以及各个人的分目标，管理者根据分目标的完成情况对下级进行考核、评价和奖惩。

四、强化现代治理的监管建设

强化现代治理的监管是治理能力现代化建设的保障。对治理能力现代化建设进行监管的目的是预防治理能力现代化建设出现偏差，违背治理现代化建设的原则，对不符合治理能力现代化建设要求的行为进行惩罚。在对治理能力现代化建设进行监管过程中，应该做好监管的组织建设、法律制度建设、人才队伍建设、技术手段建设。

首先，强化监管的组织建设。治理能力现代化建设是一项复杂的任务，需要特定组织进行监管。要做好内部监管和外部监管相结合。鼓励社会组织对政府治理能力现代化建设进行监管，同时地方政府组织内部也要成立专门的监管部门，以便更及时、便捷地对自身进行监管。

其次，强化监管的法律制度建设。对地方政府治理能力现代化建设进行监管需要法律制度的支持与保障。这样社会组织和政府内部对治理能力现代化建设进行监管时才有法可依、有章可循。避免行政力量对监管行为的干预，保障监管的独立性。

再次，强化监管人才队伍建设。对地方政府治理能力现代化建设进行监管是一项复杂任务，需要专业的知识和能力。只有专业的人才队伍对其进行监管，才能保障结果的有效性。因而，应加强相关人才的招募与培训，保障治理能力现代化建设监管的有效性。

最后，强化监管的技术手段建设。对地方政府治理能力现代化建设的监管需要科学合理的方法和技术手段。地方政府应该善于利用移动互联网技术对各主体进行监管。

五、强化现代治理的评价建设

建立我国地方政府治理能力现代化建设的评价体系，有助于定量描述我国地方政府治理能力现代化的实现程度，研究地方政府经济、政治、社会等各方面治理能力发展的薄弱领域和环节，明确进一步努力的方向。这对我国地方政府治理能力现代化建设具有非常积极的效用。

俞可平认为，建立我国的治理评价体系意义重大："第一，总结国内外关于治理评估的经验，制定一套衡量国家治理水平的合适标准，以此检测中国的治理状况。第二，发现在国家治理方面存在的主要问题，明确治理改革的重点领域和主要目标，以此推进国家的善治。第三，提供一个综合性的治理评估平台，借此衡量不同地区在治理方面的差异，测评不同地区的治理能力和治理水平。第四，促进国内外学术界在治理评估方面的交流，推动我国的治理理论研究。第五，通过治理评估，促进学者与官员的对话与沟通，增强学者和官员对国家善治的共识。"①

关于治理能力现代化评价指标体系的构成仁者见仁，智者见智。我们可以针对本章列出的治理能力要素的构成、治理能力现代化的评价标准等分别制定可操作化的评价指标，构成评价体系；也可以参考世界其他国家和组织治理评价的理论与实践。在借鉴他国理论和实践的同时也要注意我国的特殊国情，根据我国实际，构建本土化的治理能力评价体系。

我国学者何增科将治理的善治理论、戴维·伊斯顿的政治体系理论和阿尔蒙德的结构—功能主义理论结合起来，建立了一个理论性的善治评价框架。"这一评价框架包括三个评价维度：治理体系完善程度、治理过程民主程度、治理结果优良程度"。何增科还根据民主治理和善治的评价标准建立了中国公共治理评价框架，根据国际社会关于民主治理和善治的评价标准，结合中国的具体国情，他认为，"适合中国国情的民主治理和善治的评价标准有 10 个，它们是：参与性、透明性、法治、公平、责任性、回应性、效能、廉洁、和谐、合法性"。②

俞可平根据我国社会政治经济发展的重大战略目标和战略策略，认为我国的治理评估框架应当包括以下 12 个方面的基本内容："公民参与、人权与公民权、党内民主、法治、合法性、社会公正、社会

① 俞可平. 中国治理评估框架［J］. 经济社会体制比较，2008（6）.
② 何增科. 中国治理评价体系框架初探［J］. 北京行政学院学报，2008（5）.

稳定、政务公开、行政效益、政府责任、公共服务、廉政。”①

目前，还没有成熟的关于治理能力现代化评价指标体系研究，因而也就没有现成的评价体系供参考，但是我们可以根据已存在的治理评价体系，构建治理能力的评价体系。我国治理能力现代化建设本身也是治理现代化建设的一部分，部分治理的评价标准也是治理能力的评价标准。因此，我国地方政府治理能力现代化评价指标体系的构建便可以参考以上治理评价体系。

① 俞可平. 中国治理评估框架［J］. 经济社会体制比较，2008（6）.

第四章 地方政府治理体系现代化建设

【摘要】地方政府治理体系现代化建设是实现国家治理现代化的重要组成部分。推进地方政府治理体系现代化，是改革地方政府治理体系以使其适应现代社会发展的要求，也是地方政府制度体系实现政府内权力相互制约、运作公开透明与普通民众的广泛参与，即构建一个分权制衡、有机协调、民主参与的地方政府制度运行系统。地方政府治理体系现代化的构成要素包括：治理主体、治理机制与治理结果的现代化。地方政府治理体系现代化的建设路径包括：创新政府治理理念，塑造现代化改革共识；加强现代政府制度建设；构建政府与市场、社会之间的良性互动机制。地方政府要适应全面深化改革的趋势，积极推进治理体制的改革与创新。明确地方政府治理体制改革的方向、目标及路线图，重点抓好地方政府行政权力的重新配置，推进地方政府组织体制由垂直型向扁平型转变，建立健全民主科学的地方政府治理决策机制及地方政府治理体制改革推行的保障机制。完善基层政府治理体系建设，培育地方政府协同治理组织，健全市场性的治理协同组织；培育社会性的治理协同组织，建设家庭性的治理协同组织，建立健全民主参与式地方政府治理机制。

“国家治理体系和治理能力现代化”中的“国家”是一个整体概念，可以依据功能、区域或政府层级对国家进行分解。依据政府层级对国家进行分解，国家治理现代化可分为中央政府的治理现代化与地方政府的治理现代化。推进国家治理现代化，包括推进国家治理体系与治理能力的现代化，其中若按照治理区域划分，国家治理体系可分为三个最重要的次级体系：政府治理体系、市场治理体系和社会治理体系。由此可以看出，地方政府治理体系现代化建设成为实现国家治理现代化的重要组成部分。本章讨论何为地方政府治理体系现代化及其相关建设的问题。

第一节　何为地方政府治理体系现代化

“地方政府治理体系现代化”是继“国家治理体系现代化”之后出现的一个全新事物与概念，国家治理现代化战略的推进是一项复杂而又艰巨的伟大工程，中央负责国家战略规划，战略的执行者则是各地方政府，各地方政府的治理能否实现现代化是国家战略能否实现的基础与关键。由此，地方政府的治理体系能否现代化成为国家的治理体系能否现代化的基础。理解何为地方政府治理体系现代化，涉及了解地方政府治理体系现代化的内涵、构成要素、评价标准以及建设路径等。

一、地方政府治理体系现代化的内涵

所谓“推进国家治理体系和治理能力现代化”，即改革国家治理体系和治理能力以使其适应现代社会发展的要求。同理，推进地方政府治理体系现代化，即改革地方政府治理体系以使其适应现代社会发展的要求，而要理解现代化发展的社会或者说社会的现代化发展对地方政府治理体系的相应要求，则须首先弄清楚当代社会的现代化标准是什么。

罗纳德·英格尔哈特（R.Inglehart）指出，在工业化完成之后的 20 世纪 70 年代，西方社会发展方向发生了根本转变，开始进入后现代社会，后现代化的核心社会目标是由加快经济增长转变为提高人们的生活质量与增加人类幸福。同时，不仅是西方社会按照这样的方向发展，英格尔哈特提出中国也必将沿着这样一条道路向前发展。① 由此可见，随着工业化推进与社会民众文化价值观转型，“现代化”不仅指经济丰裕，而且包括能给社会带来普遍幸福、提高人们生活质量的其他要素，这些要素包括自由、公正、平等、自主参与、协作等。

地方政府治理体系即是指地方政府的制度体系，指的是规范地方政府行政行为的一系列制度与程序的总称。政府的本质是用社会让渡给它的那部分公共权力来维护社会秩序，从而达到整个社会节约交易成本的目的。由于政府使用的是民众转交给它的部分权力，所以，它必须接受民众的监督，以保证政府不会滥用这些权力。从这个意义上说，政府治理的本质是要建立起一种相互制约的机制，以保证公共权力仅为提高社会整体利益的目的。② 基于此，“地方政府治理体系现代化”的含义是地方政府制度体系实现政府内权力相互制约、运作公开透明与普通民众的广泛参与，即构建一个分权制衡、有机协调、民主参与的地方政府制度运行系统，以保障并促进公众的经济及其他福利的实现。

专栏 4-1 转变政府职责结构和要素是政府治理体系现代化的要求

中共十八届三中全会明确将“完善和发展中国特色社会主义制度，推进国家治理体系和治理能力现代化”作为全面深化改革的总目标。如何推进国家治理体系和治理能力的现代化？全面深化改革的总目标自公布之日起，相关问题始终是学者和

① ［美］罗纳德·英格尔哈特. 现代化与后现代化［M］. 严挺译. 北京：社会科学文献出版社，2013.

② 高新军. 我国地方政府治理的现状、问题、借鉴和改革的切入点［EB/OL］. http：//www.cctb.net/zjxz/expertarticle/201108/t20110826_29314.htm.

政府不断探索的重点。近日，记者就相关问题采访了浙江大学中国地方政府创新研究中心主任陈国权教授。

中国社会科学网：您认为，实现国家治理体系和治理能力现代化的目标，需要政府在哪些方面做出调整和转变？

陈国权：政府治理体系的现代化要求政府职责体系实现两个转变：一是政府职责结构的转变，即以传统的科层制职责结构向网络化职责结构转变，实现“下对上”负责的单向职责结构转变为以“职责关联”为核心的网络化职责结构，网络化的职责体系不仅要求政府部门要对上级领导负责，而且部门之间也建立责任与权力的关系。二是政府职责要素的转变，转变有三个方向：为经济社会发展创造更好的环境；为社会提供更优质的公共服务；维护社会公平正义。

具体说来，第一，政府应该为经济社会发展创造更好的环境。建立统一的市场体系是我国市场发展的重要目标。这一目标的实现首先要解决政府选择性、弹性化执法等破坏市场竞争的行为，实现资源要素的自由流动和公平配置，进而形成全国统一的市场竞争规则。其次要建立有效的产权保护制度。产权制度是以法权形式来体现所有制关系的一项制度，科学合理的产权制度可有效巩固和规范市场经济中的财产关系，约束人的经济行为，维护市场经济秩序，是保证市场经济顺利运行的法权工具。政府应成为产权保护的有效主体，应通过加强产权保护方面的制度、法律供给，规范行政行为，加强依法行政，进而保护企业的产权及其收益，维护市场秩序的统一、公平、有效。最后要建立高效的企业管制与服务体系，主要体现在利用制度规范企业行为，维护市场竞争秩序；为企业提供优质服务，营造良好的企业经营环境。

第二，政府应该为社会提供更优质的公共服务。公共服务是政府职能的应有之义，转变政府职能，优化公共服务供给，必须注重三个原则：一是政府公共服务供给要坚持公民导向，充分尊重社会需求；二是政府公共服务供给要提高效率；三是政府公共服务供给要有充裕的资源保障。

第三，政府应该维护社会公平正义。中共十八大报告明确提出：“必须坚持维护社会公平正义”。公平正义是社会发展始终不渝的价值目标。随着我国经济改革开放的不断深入，我国居民收入差距在不断拉大，由此带来的社会不公和“仇富”情绪已经影响到社会发展的稳定和谐。各级政府应注重“顶层设计”和“地方创新”的有机结合，优化收入分配政策，调整各利益群体的收入分配现状，特别要防备和遏制利益集团对国家财富的垄断，创新各种机制和手段，如利用房价来增加政府的财政收入，进而增加公共服务供给，逐步提高基本公共服务均等化水平，间接平衡高低收入群体的差距现状。

资料来源：中国社会科学网，2014 年 3 月 31日，作者：耿雪。

二、地方政府治理体系现代化构成要素

有效的地方政府治理涉及三个基本问题，即谁治理、如何治理以及治理结果怎样。这三个基本问题构成地方政府治理体系现代化的三大要素，即治理主体的现代化、治理机制的现代化与治理结果的现代化。

（1）地方政府治理主体的现代化。国家治理的主体包括政府、社会与市场。其中，基于其核心地位和主导功能，政府成为国家治理主体中的最关键者。政府治理的主体是政府，地方政府治理的主体即是地方政府。地方政府作为地方政府的治理主体，只有其本身实现转变以适应现代社会治理的需要，才能实现其治理行为结果的现代化。地方政府作为治理主体的现代化，不仅指地方政府行政人员素质的现代化，还包括地方政府权力机构、职责结构以及职责要素按照现代社会的要求实现转变以形成廉洁、高效与负责任的现代政府。

（2）地方政府治理机制的现代化。系统机制以结构为基础和载体。地方政府系统的治理机制指的是地方政府作为一个治理主体在特定场域内，在某种动力的驱使下，通过某种方式趋向或实现其治理目标的过程。地方政府治理机制体系包括四个部分，即目标形成机制、公共物品提供机制、评价机制与激励机制。① 地方政府治理机制的现代化即是构建地方政府在以上四个方面的合理机制。

（3）地方政府治理结果的现代化。新中国成立以来，全能型政府治理模式曾经带来了高速的社会经济发展，但进入 21 世纪后这种政府单极治理带来的问题越来越多，治理成本偏高、治理效果偏低是社会对当前地方政府治理结果的普遍评价。该种治理结果源于地方政府自身职责的错位，政府管理中同时存在“错位”、“越位”与“缺位”问题。

地方政府治理结果的现代化取决于治理主体即地方政府自身的现代化及其工作机制的现代化，三大要素间相互影响、相互促进。

① 霍春龙. 论政府治理机制的构成要素、涵义与体系［J］. 探索，2013（1）.

三、地方政府治理体系现代化评价标准

推进地方政府治理体系的现代化与治理能力的现代化是同一政治过程中相辅相成的两个方面，有了良好的治理体系才能提高地方政府的治理能力，同时只有提高地方政府的治理能力才能充分发挥地方政府治理体系的效能，其中治理体系具有更基础性的意义。政府治理体系的现代化，最重要的还是政府体制机制的现代化及其行政人员的现代化。从这个角度分析，影响地方政府治理能力的除了制度因素即地方政府行政体制机制外，还包括治理主体即地方政府行政人员的素质。因此，关于地方政府治理体系现代化的评价可从地方政府行政体制机制及其行政人员素质两方面进行：

（1）关于地方政府治理体制现代化的评价标准。该项评价可从地方政府的权力结构、组织机构、决策体制及其权力运行机制四方面标准进行，即从地方政府权力结构的分权制衡化、决策体制的科学化与民主化、组织机构的精简化与高效化及其权力运行机制的制度化与规范化状况进行评价。这些指标的完成程度反映了地方政府治理体制现代化的状况，也是其治理效果是否达到现代化标准的决定因素之一。

（2）关于地方政府行政人员现代化的评价标准。弗朗西斯科·福山（Francisco Fukuyama）指出，政府的治理质量取决于官僚（行政）体系的能力与其自主性的互动。[①] 按照福山的观点，官僚（行政）体系的能力取决于行政人员的专业化水平，自主性则取决于行政体制的情况。由此可见，行政人员的专业化水平状况对地方政府治理的质量具有重大影响。由于行政人员的专业化水平决定其工作水平，因此其学历结构的高层次性、专业与岗位的匹配率、年龄结构的梯度性以及人力资源开发情况等构成地方政府行政人员现代化程度的评价指标及标准。

四、地方政府治理体系现代化建设路径

政府治理现代化是一个传统治理体系逐步转型为现代治理体系并渐进成长为现代政府治理核心要素，以提升政府治理能力及稳步推进现代政府建设的历史过程。推进地方政府治理体系由传统向现代化转型应选好以下建设路径：

（1）创新政府治理理念、塑造现代化改革共识，构成地方政府治理体系现代化的首要前提。现代社会的政治、经济与文化发展要求地方政府建立相适应的治理体制，以推进地方政府治理体系的现代化。在此，地方政府行政的价值理念由传统管理理念向现代治理理念的转换是地方政府

① [美] 弗朗西斯科·福山. 什么是治理? [J]. 刘燕，闫健译. 中国治理引论，2013（2）.

治理体系现代化的起点。地方政府要摒弃传统的“官本位”管理理念，秉持法治、民主、责任、效率、有限、合作、协调等现代治理理念，积极培育公平公正、充满生机活力的现代社会，这是地方政府治理体系现代化的价值之源。

（2）现代政府制度建设是推进地方政府治理体系现代化的根本途径。中共十八届三中全会提出的“国家治理体系和治理能力”其实指的是一个国家的制度体系和制度执行能力。[①] 因此，现代政府制度建设即制度的科学设计与有效执行构成政府治理现代化的根本途径。在我国，地方政府制度建设的关键是处理好制度的中央政府顶层设计与地方政府分层设计的关系，即地方政府如何在适度自主性的基础上开发现有制度的功能与大力推进制度创新。

（3）构建政府与市场、社会之间的良性互动机制是推进地方政府治理体系现代化的重大举措。政府、市场、社会与家庭或公民个人这几方主体虽各有其特定的功能区域，但各自功能及整体功能的发挥及其成长都离不开与其他主体之间良性而高效的互动。政府治理机制、市场治理机制、社会治理机制与家庭治理机制构成国家治理机制的几个最为重要的次级机制体系，构建政府负责、市场社会协同、公众参与的国家治理机制，并将四方力量尤其是政府行政权力行使纳入法治化轨道，是推进地方政府治理体系现代化的重大举措。

第二节 深化地方政府治理体制改革

中共十八届三中全会提出，要推进国家治理体系与治理能力现代化。在国家治理中，不仅要发挥中央政府的作用，同时也要求建立有效的地方政府治理。要推进国家治理体系与治理能力现代化，必须推进地方政府治理体系和治理能力的现代化。地方政府治理体制改革作为我国政府治理改革的重要组成部分，是地方政府和政府部门进行的以有效解决我国社会发展问题、完善地方政府自身运行并提高治理能力为目的的创造性活动。中共十八届三中全会通过的《中共中央关于全面深化改革若干重大问题的决定》阐明了全面深化改革的指导思想、目标任务等，也对各级政府的改革与创新提出了新要求。地方政府要适应全面深化改革的趋势，积极推进治理体制的改革与创新。

① 俞可平. 推进国家治理体系和治理能力现代化 [J]. 前线，2014（1）.

一、地方政府治理体制改革方向和目标

改革开放以来由于实行了社会主义市场经济体制，我国的经济和社会都取得了长足的发展，但是地方治理问题越来越严重，使得我们需要对我国的地方治理进行研究和反思。对我国而言，如何推进地方政府的改革，不只是简单的治理体制选择的问题，首先要在充分考虑国情的基础上，确定地方政府治理体制改革的方向与目标。

（1）地方政府治理体制改革的方向。近年来频发的群体性事件及公民对地方政府权威和政策合法性的质疑反映了地方政府管理中存在严重的“错位”、“越位”与“缺位”问题，这些问题的产生源于我国经济社会现代化中的政府主导型发展模式和央地压力型体制。在这种生态环境下，地方政府以经济发展而不是公共服务为导向，同时承受上级政府的指标压力，行为结果是其本质功能的“越位”与“缺位”，由此导致地方治理危机。我国的国情决定了在新中国成立后选择的单一制基础上的层级政府关系体制不会发生根本改变，因此我国地方政府治理体制的改革不是简单地由集权体制向分权体制的转变，而是要在国家（中央）—地方政府—市场企业—公民社会之间形成一种良性的监督、自治和互动关系。

（2）地方政府治理体制改革的目标。地方政府治理体制改革的目标应该是通过改革构建和谐的层级政府关系和多元共治的社会治理机制，以提高地方政府的治理效能。地方政府一方面要承受上级政府的指标压力和特定的政绩考核，另一方面要推进治理区域内的社会经济发展，导致地方政府极易陷入对上级政府政策执行力不强和对公众服务的公信力不高的尴尬境地。如何使地方政府治理既有国家的大局意识和整体意识，又不至于沦为中央或上级政府的纯执行机构而出现地方政府功能“缺位”、“越位”，必须进行治理体制的改革，重构央地关系以及地方政府的政绩考核体系。中央政府向地方政府适度分权以推进地方政府的自治改革，留下的监督空间由自治体公民、市场的参与和监督来填补。如此不仅能有效提高地方政府的治理效能，且能有效地带动其他社会治理主体的参与热情，同时将对地方政府的监督纳入到一个动态的参与过程中，形成一种良性的互动。①

二、地方政府治理体制改革路线图

中共十八届三中全会通过的《关于全面深化改革若干重大问题的决定》指出，全面深化改革的总目标是完善和发展中国

① 林良亮. 渐进式的地方自治改革——日本地方自治制度的发展及其对中国的启示［J］. 行政法论丛，2009，12（1）.

特色社会主义制度，推进国家治理体系和治理能力现代化，并指出到2020年改革要取得决定性成果。在总目标的指引下，地方政府治理体制改革的目标是建立中国特色社会主义现代地方政府治理体制，构建和谐的层级政府关系和多元共治的社会治理机制，以提高地方政府的治理效能。未来六年需要在现有基础上做哪些工作，着重抓哪些改革内容，采取什么样的路径和方式才能保证这一目标的实现，需要进行认真的思考和筹划，绘制出改革“路线图”。

（1）实现改革目标需要重点抓的几个问题。确定未来六年建立起中国特色社会主义现代地方政府治理体制目标的改革重点的依据有以下三点：一是当前地方政府治理体制与现代经济社会发展不相适应；二是未来六年经济社会发展的客观需求；三是中国特色社会主义现代地方政府治理体制本身的内在要求。从这三点出发，未来六年建立起中国特色社会主义现代地方政府治理体制，需要重点抓好以下三个问题：一是地方政府行政权力的重新配置，包括地方政府权力结构的调整与现代权力运行机制的建立健全；二是地方政府组织体制的现代转变，由垂直型向扁平型转变；三是建立健全民主科学的地方政府治理决策机制。

（2）地方政府治理体制改革推进的途径和方式。地方政府改革路线图的另一重要问题是如何选择改革推进的途径和方式：首先，我们必须明确，地方治理的改革绝不是一场运动或可以一劳永逸的，而是一个渐进的过程，需要设计循序渐进的路线图，而且应在法律制定规范化的适当分权的央地关系基础上进行。在这里，“渐进式改革”涉及两种方式：一是通过先易后难的方式渐进式地推进相关各项目改革；二是重点推进，搞综合配套的试点改革，再由点到面、自下而上逐级推进重点项目的改革。其次，要从系统出发设计地方政府治理体制的整体改革路线图。政府治理体制改革既要调整政府系统内部的运行体制与机制，又要调整政府系统与市场、社会之间的相互关系。因此，改革可从两个梯度同时展开：一是在明确各级政府职责及相互关系的基础上，进一步转变地方政府职能，按照建立服务型政府的目标进行地方政府系统内部体制与机制的创新；二是调整与市场、社会的关系，按照法治、责任、服务、阳光、有限、协作等现代理念进行政府角色定位和职能转变，致力于规则制定和制度供给，着力于加强和完善公共服务的提供，推进公共治理的创新。

三、地方政府治理体制改革重点及难点

政府治理体制改革是个系统工程，各级政府都要推进其体制创新，其中很重要的是各级政府要明确自身在整个政府架构中的地位和作用。地方政府作为中央政府

与基层政府间的中间层级政府，问题较多，推进地方政府治理体制改革可以促上带下，形成政府治理体制改革的联动效应。推进地方政府治理体制改革必须树立现代政府治理理念，加强制度的设计和创新，建立健全与我国全面深化改革、构建现代社会相适应的制度体系和实施机制：

（1）地方政府行政权力的重新配置。这里包括两个方面：一是地方政府与市场组织、公民社会关于社会治理权力的调整。中共十八届三中全会已经决定，市场经济条件下政府的职责和作用主要是保持宏观经济稳定、加强和优化公共服务与保障公平竞争等方面。为了更好地发挥政府作用，做到不越位、不缺位、不错位，地方政府要把本属于市场企业、公民社会的功能治理区域的权力还给它们，集中高效地履行好自己的职责和权力。二是地方政府内部行政权力的调整。以往我国政府包括地方政府的行政权力过分集中于某一个部门、某一个领导身上，官员腐败、行政低效、政府形象糟糕的结果不可避免。要建立分工合理、责任明晰、运转灵活、监管有力的政府治理结构，必须建立健全行政决策、行政执行和行政监督三权分权制衡的权力体系，构建结构合理、配置科学、程序严密、制约有效的权力运行机制，以解决权力过分集中、腐败以及行政低效的弊端。

（2）地方政府组织体制的现代转变。为适应我国社会经济政治转型及现代社会治理的需要，地方政府组织体制要由垂直型组织体制向扁平型组织体制转变，这里涉及两个方面：一方面是减少管理层次，政府上下层级及政府同级内部层级都要适当减少；另一方面是增加管理幅度，通过职能调整拉伸组织结构，建立平展而紧凑的横向的政府组织结构。传统的地方政府组织体制在当时历史条件下曾发挥了积极作用，但随着市场经济日益发达与社会组织不断成熟，政府与社会、市场的治理边界需要重新界定，等级严密的科层制管理模式日渐暴露出其难以克服的弊端，如行政成本过高而行政效率过低、基层政府自主性过小等。扁平化组织体制改革正是基于上述这些弊病进行的有针对性的改革，相较于传统政府组织体制，扁平化组织体制具有较为明显的优势，对于适应经济社会转型，推动政府管理科学化、民主化，提高行政效率具有重要意义。

（3）民主科学决策体制的建立健全。提高政府效能是政府治理体制改革的重要目标，行政治理决策是政府实施社会治理的基础，因而也就成为保证政府效能的关键所在。从决策体制入手除旧布新，可以带动政府改革乃至整个政治体制改革的全局。[①] 因此，决策的科学化、民主化、法制化一直是政府管理体制改革的重要方向，

① 杨建平. 从决策体制入手推进政府改革［J］. 政治学研究，2000（4）.

并且已经取得了不少进展，但仍有不少地方政府存在决策权力高度集中、个人决策、经验决策和随意（“拍脑袋”）决策问题。所以，我国地方政府决策体制需要在适度分权的理念下进行改革，构建合理的权力结构，向民主决策、科学决策和决策程序化转向，从决策的非制度化向制度化转向，这既是提高地方政府治理能力的关键，也是建设现代法治政府的重要途径。

专栏 4-2 南方日报：攻克深化地方政府改革五难

地方政府职能转变和机构改革作为行政体制改革的一个重要组成部分，不仅是全面深化改革的题中之义，也是落实全面深化改革战略部署的重要举措。所以，在今后一段时间，深化地方政府改革，将是深入贯彻落实中共十八届三中全会《决定》的一项重要任务。然而，深化地方政府改革的任务非常艰巨，既要科学配置政府职能、优化设置政府机构，又要明确划分职责权限、不断健全政府运行机制及各项管理制度。同时，深化地方政府改革作为一场自我革命，涉及范围广，触及利益深，难度非常大，不仅需要有高超的政治智慧，而且需要有“敢啃硬骨头”的勇气，不断攻坚克难。具体说来，深化地方政府改革需要攻克以下难关。

攻克政府职能转变不到位的难关——重点抓好“接、放、管”

当前，政府职能转变仍未到位，尤其是地方政府职能转变还不到位，“越位”、“缺位”、“错位”问题未完全解决，政企不分、政资不分、政事不分、政社不分的现象仍然存在。深化地方政府改革，必须攻克政府职能转变不到位的难关，特别是要按照中央的要求：重点抓好“接、放、管”。一方面，要“接好”中央下放的审批事项，将中央明令取消的，不折不扣地“放给”市场和社会，处理好政府与市场、政府与社会的关系，还要把地方本级政府该放的权力切实放下去、放到位，并一律取消那些不符合法律规定、利用“红头文件”设定的管理项目。另一方面，地方各级政府必须认真履行好自己的监管责任，把“该管”的事情真正管住、管好、管到位。不仅要在减少事前审批的同时，加强事中事后监管，依法规范监管行为，而且要不断强化社会管理和公共服务职能。

攻克政府机构设置不合理的难关——扁平政府层级，精简政府机构

机构是履行职能的载体，地方政府机构设置必须根据地方政府职能配置进行，尤其是必须适应地方政府职能转变的需要。所以，深化地方政府改革，必须攻克政府机构设置不合理的难关。在科学配置政府职能的同时，调整优化地方政府机构，不断规范机构设置。特别是要按照精简、统一、效能的原则和大部门制的要求，压扁政府层级，精简政府机构，尤其要严格控制议事协调机构的设置。

攻克政府责权划分不清晰的难关——厘清责权边界，避免推诿扯皮，提高行政效能

由于各种原因，政府及部门之间的责权划分仍然不够清晰和科学。一方面，纵向的事权划分不清，财力不匹配。另一方面，横向的职责分工不完善，权责不对称，政府部门之间仍然存在着职能交叉、责权脱节的问题。尤其是责权划分还只是一种“粗线条式”的，没有做到精细化，结果出现“抢着管”和“没人管”并存的现象。所以，深化地方政府改革，必须攻克政府责权划分不清晰的难关。要进一步深化分税制改革，确保各级政府的财力与事权相匹配，做到既维护上级政府的权威，又调动下级政府的积极性。同时，要明确划分地方政府及部门之间的职责权限关系，特别是要做到精细化，真正厘清各级政府及部门之间的责权边界，避免推诿扯皮，促进政府高效协调运转，提高行政效能。

攻克政府管理制度不健全的难关——加强制度建设、制度创新，建立长效机制

经过多年的改革，政府管理制度和运行机制逐步健全，管理方式不断创新，管理行为逐步规范。目前已经普遍建立了行政审批制度、政务公开制度、行政问责制度、绩效管理制度、政府采购制度、招标投标制度等一系列制度，政府管理已不再像过去那样无法可依、无章可循。问题在于我国建立的政府管理制度虽然很多，但是很不健全，一些制度规定极不严密，存在很多漏洞，尤其是一些制度形同虚设，根本没有得到很好的执行，严重影响到政府管理制度的权威性。所以，深化地方政府改革，必须攻克政府管理制度不健全的难关。通过加强制度建设、制度创新，建立一种长效机制。一方面，要对已有的政府管理制度进行清理，及时废止那些不适用的制度，并尽快完善那些不健全的制度，堵住各种漏洞。另一方面，要根据地方政府管理面临新形势的需要，制定一些新的政府管理制度。同时，要努力提高地方政府的执行力和公信力，健全监督约束机制，使制度一经形成，就必须严格遵守，执行制度不能有例外。

攻克人员编制管理不科学的难关——着力搞好“控、调、改”

机构编制管理和人员分流安置是每次政府改革都遇到的一个难题。深化地方政府改革，必须攻克人员编制管理不科学的难关，特别是要按照中央的要求，着力搞好“控、调、改”。不仅要“严控”地方政府机构编制总量，确保财政供养人员只减不增，而且要“调整”优化机构编制结构，重点强基层、强一线，转变“头大腿细”现象，还要通过深化“改革”，挖掘机构编制潜力，满足事业发展需要。此外，要通过多种渠道和办法，妥善安置分流人员，避免引发社会不稳定因素。

资料来源：南方日报，2014年1月13日，作者：唐晓阳。

四、地方政府治理体制改革保障机制

政府治理体制改革是一项复杂的系统工程，过去有过改革效果不理想的经验和教训，为避免改革的功效被损耗或抵消，积极稳妥地推进政府治理体制改革，除了加强对改革的整体战略设计之外，还要建立健全地方政府治理体制改革的激励保障机制。考虑到地方政府治理体制改革所面临的主要障碍和困难，激励保障机制主要应从以下几个方面建立和加强：

（1）建立地方政府改革创新的保护激励机制。地方政府直接和民众接触，更了解民众所需和政策在社会层面执行的可行性，只有适度放权于地方政府并鼓励其根据社会发展变化进行改革创新，才能解决好层出不穷的社会治理问题。但在现行的体制下，地方政府进行改革创新要承担较大的风险，需要有很大的勇气。因此，要建立改革创新的保护激励机制，鼓励创新、宽容失败、允许试错，以鲜明的态度保护地方政府的改革。中央政府要自上而下地从制度和政策层面为地方政府创新提供制度空间，充分重视地方政府自主创新所带来的解决问题的能力，从整体上自上而下地构建制度化分权机制。具体而言，要使地方政府逐渐从中央政府和上级政府的“代理机构”转化为地方公共利益的“合法代理者”，中央政府要建构一个合理化的中央与地方的互动秩序，形成各级政府公共权威层面的制衡机制，用法律和制度来保障中央政府的权威性和各级地方政府的自主性。

（2）完善地方政府绩效考评指标体系及考评机制。传统的地方政府绩效考核的工作模式是“组织掌控、内部实施”——上级对下级评估为主，政府自评为辅，公众评估缺失。这种考核模式存在考核标准不明确和考核程序、考核结果不透明等问题，严重影响被考评者的效能感，还导致地方政府工作仅对上负责，对公众的回应性和责任性不足。这种压力型考核体制和政府主导型发展模式使得地方政府盲目追求 GDP 增长，有的地方政府采用简单粗暴的行政化维稳方法来解决治理中出现的问题，损害党和政府的形象。因此，要根据地方政府本身的治理职责和作用来完善地方政府治理成果考核评价体系，并改革评价机制，建立目标管理、社会评价、领导考评的综合绩效评估体制，这样才能对地方政府的治理行为进行正确导向，推进地方政府治理体制改革朝既定目标前进。

（3）法制保障。地方改革的推行不仅是政策问题，还是法律问题。地方改革的推行需要辅之以法律保障，以法律的方式予以推行。我国实行的是单一制国家结构，地方政府的权力源于中央，中央有权随时撤回对地方权力的授予。[①] 为保障地方改革的稳步推进，须将地方改革纳入法律的框架，中央对地方的干预须遵循严格的法定主义原则，即对中央的这种赋予和撤回权力进行法律限制，赋予和撤回都必须以法律的方式进行，且应该在维护国家整体利益的基础上以提高地方政府的自治能力为目标。另外，只有在国家、地方政府、市场和公民之间建立一种利益平衡机制，才能有效解决地方治理中存在的问题，调整和运行这种利益平衡机制也需要法律予以保障。

第三节　完善基层政府治理体系建设

中共十八届三中全会公报提出，必须全面深化改革，推进国家治理体系和治理能力现代化，由此基层政府治理问题也因为它的基础性、紧迫性和复杂性而受到各界的广泛关注。当前我国已经进入全面深化改革阶段，社会结构和社会矛盾日益复杂化，基层政府作为基层治理事务的管理者和政府职能的底层执行者，如何根据自身在政府架构中的地位和作用，抓住全面深化改革的契机，完善其治理体系建设，已成为摆在我们面前的重要课题。

一、基层政府治理价值及意义

所谓基层政府是指农村的县乡两级政府、城市的市辖区政府及街道办事处。[②] 基层政府在国家政权结构中处于基层即最低一层的位置，是国家政权的基层执行机关，是与民众接触面最多、最广的一级政府，是人民能够直接感受到的政府的具体形式，也是国家与社会沟通的关键桥梁。基层是我国社会矛盾发生的前沿阵地，基层政府政策制定、执行和管理能力、基层公务员执行法律、服务大众的素质直接影响着人民群众对政府的看法和态度。基层政府是我国政权建设的基础，加强基层政府治理，完善基层政府治理结构，关乎社会和谐稳定与国家治理现代化战略目标的实现。

（1）基层政府治理是社会和谐稳定的保障。一个国家的治理，根本立足点在基

---

① 林良亮. 渐进式的地方自治改革——日本地方自治制度的发展及其对中国的启示［J］. 行政法论丛，2009，12（1）.

② 李安曾，周振超. 社会主义和谐视角下的中国基层政府治理［J］. 政治学研究，2008（3）.

层。在经历了30多年的改革开放后，我国的基层社会正在经历剧烈而深刻的变化。在单位体制解体后，以原有阶层的再形成和新阶层的崛起为标志的社会分层改革，[①] 使得利益主体数量激增且利益目标趋于多元化、个性化和分散化，由此导致的利益冲突在基层社会时常发生。有些地方基层政府在面对这些矛盾和利益冲突时处理不当甚或回避矛盾，导致泄愤式群体性事件不断出现，信访规模居高不下，严重影响了社会的和谐稳定和可持续发展。只有改善基层政府治理，才能正确处理平衡社会各种矛盾利益，促进和保障社会的和谐稳定。

（2）基层政府治理是体现和加强党和政府执政合法性的前沿阵地。中国共产党因为通过领导中国人民进行艰苦卓绝的抗日战争和对国民党战争并取得胜利而获得了对中国执政的“历史合法性”，但一个政党及其政府能否长期执政，还在于它是否具备现实的“合法性”，即它的执政理念、制度政策、治理方式及其效果是否符合历史前进的方向，是否得到人民群众的拥护和支持。因为与民众最为接近，基层政府成为党和政府进行国家治理的形象代言人，其治理方式、治理水平及效果如何，直接影响着民众对党和政府的评价，决定着民众是否认同党和政府的治理执政，是否拥护和支持党和政府的政权。

（3）基层政府治理是推进国家治理现代化的基石。基层政府治理是国家治理的基础，推进国家治理体系和治理能力现代化，改革是关键，基层是重心。在中央政府、地方政府、社会公众各方利益诉求上下呼应的过程中，基层政府最贴近公众生活，具备了“春江水暖鸭先知”的天然条件。因此，基层政府能最先感应到民众的现实需求以及因需求受挫而引发的社会问题，由此基层政府和公众也能自发结盟为一种博弈合作关系，共同构成推进国家治理现代化和全面深化改革的基层行动团体。基层政府治理与国家治理是个体与整体的关系，广大的基层政府治理现代化了，国家治理现代化也就实现了，国家治理也就步入了“臻于郅治”的轨道。

二、基层政府治理现状及困难

中国作为一个大国，自战国时期秦国创立郡县制以来管理地方基层事务时起，就有了重视地方事务、重视基层政府管理的悠久传统。如今，随着全球化、市场化和治理理念深入人心，人民群众对政府的要求也在悄然发生着变化，希望政府从管理者向服务者转型，政府自身也希望能够通过提升绩效来获得人民群众更多的支持，以保持其合法性基础。凡此总总，其实现基础就在基层政府。但是，一方面，社会发展的日新月异使得地方政府所处的

① 李路路. 社会分层结构的变革：从“决定性”到“交易性”[J]. 社会，2008（3）.

政治经济环境以及所面临的问题瞬息万变；另一方面，我国的政治建设、社会建设却明显滞后于社会发展的需要，尤其基层政府治理体系不完善和治理能力不足问题突出，基层政府治理若要实现现代化面临诸多现实挑战：

（1）城镇化的推进，要求基层政府治理进行现代化变革。由于传统城镇化的形式化问题及农村剩余劳动力的大量存在，我国的工业化现代化需要进一步的新型城镇化。目前我国已经整体进入快速城镇化时代，新型城镇化的健康推进势必要求城乡发展的一体化，这是实现资源优化配置、城乡发展共赢、工业化现代化的必然途径。但实践表明，旧有的城乡分割的二元治理体制不适应现有城镇化发展趋势，严重束缚了城乡一体化发展和城镇化进程。要健康快速推进城镇化，必须摒弃传统农业时代治国理政的思维和理念，进行基层政府治理的现代变革。

（2）基层财权与事责严重不对等，导致基层政府选择性履行职能。基层政府是国家政府和社会民众间的连接点，既承担着政府繁重的管理任务，还承担着民众日益多元化的诉求。但由于基层政府财权与事权的严重不对等，责任层层下移而财权被过分上收，大量公共服务下沉而相应的公共财政严重不足，导致基层政府财政吃紧难以有效完成基层治理事务。一方面要面对群众日益个性化多元化需求的压力，另一方面又要落实中央和地方政府的方针政策并处于严格的考核压力下，① 基层政府往往会选择性地履行其职能。② 基层政府选择性履行职能的后果是基本公共服务供给严重不足，基层社会发展滞后和民众的满意度较低。

（3）基层政府职能部门权责划分不清，导致治理低效。由于政府权责划分的法律法规不完善，政府间及其部门间权责界限模糊、职责同构问题突出。在纵向上，不同层级的政府间在纵向职能、职责和机构设置上高度统一，在“统一领导、分级管理”原则下共同参与对同一事务的管理，职能和事权没有明确划分；在横向上，不同的政府部门往往不同程度地拥有对同一事务的治理权限，这种现状容易导致基层有限的治理资源的内耗和浪费，出现“有利就争、无利就放”的结果及造成“九龙治水且洪水泛滥”的局面。

（4）基层政府内卷化的权力运作，带来治理职能衰退。杜赞奇认为，“政权内卷化”特征包括没有实际发展的增长、固定方式的再生和勉强维持、正规化和合理化的机构与内卷化力量常处于冲突之中、功能障碍与内卷化过程同时出现。③ 在我国，基层政府是行政体系的末梢，是国家

① 李慧凤，郁建兴. 基层政府治理改革与发展逻辑［J］. 马克思主义与现实，2014（1）.
② 郁建兴，高翔. 地方发展型政府的行为逻辑及制度基础［J］. 中国社会科学，2012（5）.
③［美］杜赞奇. 文化、权力与国家——1900~1949 年的华北［M］. 王福明译. 江苏：江苏人民出版社，2010.

政权与底层社会连接的纽带，是按照政府的科层制进行组织机构设置的，但其在实际运作中基本上是党委书记“一把手”领导和负责，形成一元化权力。[①] 虽然改革开放以来一系列的政府机构改革使得基层政府具备了现代化的外部特征，这有利于整合基层社会秩序，但其权力运作逻辑及其“内卷化行政”的弊端并没有根本改观，加上缺乏制度保障和第三方监督，使得新老问题交织，带来基层政府治理的复杂窘相。[②] 整体而言，随着制度环境的日趋复杂和社会利益主体的多元化，基层政府的社会管理职能和公共服务职能在逐渐衰退，已经陷入深刻的治理危机。

三、基层政府治理体系建设主要内容

通过以上分析，我们可以发现基层政府治理困境主要源于两个方面：一是治理制度方面，基层政府旧有的、固化的制度结构及其运行机制已经不能适应当前经济社会发展的趋势和需要；二是行为主体方面，包括基层政府和地方政府、中央政府的关系互动，基层政府和市场企业、社会组织的关系和互动。两者的影响是互构的，共同推进基层治理改革与创新，也构成基层政府治理体系建设的主要内容。[③]

（1）基层政府治理制度的建设。随着治理环境日趋复杂和现代治理理念深入人心，基层政府原有的制度体系安排和治理模式已经难以有效地解决基层治理问题，制度结构及其运行机制必须变革以适应现代社会发展的需要。制度建设包括正式制度建设和非正式制度建设，相关权力结构和法律结构的建设构成正式制度建设，而对治理文化、理念、价值观等的建设构成非正式制度建设。

权力结构涉及谁拥有权力以及权力如何运行，不同权力结构下的政府其制度能力是不同的。基层政府权力结构方面存在的财事权不平衡、职能部门权责不清、权力过分集中等问题是导致基层政府治理功能不足的根本原因，必须对此进行改革以适应新形势的发展需要，应该按照分权制衡的现代原则调整、设置基层政府权力机构，科学化设计职能部门的权责结构，建立结构合理、配置科学、程序严密、制约有效的权力运行机制。另外，加强法制建设，把相关的制度体系建设纳入法制体系，以保障基层政府能实质上按照现代化治理模式运作。

非正式制度注重社会习俗、道德、文化所构成的意识形态。将公共价值、道德习俗等非正式制度纳入基层政府的治理结构，可以弥补正式制度的刚性特征所带来的对于形势变化反应的迟延性不足。对于

① 赵树凯. 乡镇治理与政府制度化 [M]. 北京：商务印书馆，2010.
② 陈浩天. 从治理到善治：基层政府治理嬗变的现实图景与国家整合 [J]. 湖北社会科学，2011（11）.
③ 李慧凤. 制度结构、行为主体与基层政府治理 [J]. 南京社会科学，2014（2）.

基层政府而言，治理理念的建设尤为重要，基层政府要树立现代化的治理理念并深入贯彻这些理念：从人治走向法治、从管制走向服务、从政府的一元治理到全社会的多元主体治理、从封闭走向开放等。

（2）基层政府与各行为主体间互动机制的构建与完善。对于基层政府而言，需要构建完善的行为主体间互动机制包括两个：一是纵向上基层政府与地方政府、中央政府互动机制，二是横向上基层政府与市场企业、社会组织的互动机制。如何构建和完善这两个互动机制取决于基层治理的模式选择。李慧凤认为，当前我国基层治理模式更倾向于一种参与治理或协同治理，而发展趋势必是互动治理和合作治理。[①] 因此，未来 5~10 年，我国基层治理的目标是建立和完善参与治理和协调治理，基层政府行为主体间互动机制的构建亦以此为目标。

两个互动机制中，基层政府与地方政府、中央政府间良好的互动关系的构建具有基础性意义。在现有的科层制下，“控制与被控制”构成了基层政府与上级政府的关系常态，基层政府缺乏自由裁量空间和讨价还价能力；僵硬的、自上而下的中央集权制严重损害了基层政府的管理和服务能力，是导致基层社会微观矛盾上升到整个社会宏观矛盾的重要推手，从而导致基层政府对上级政府的不信任、不合作甚至抵制态度。重新界定不同层级间的政府权力关系，回归基层政府最具有独立意义的本来地位，构建新型多层级政府治理关系和互动机制是改善基层政府治理的必需之举。

市场与社会蕴含丰富的治理资源，在资金、专业能力、技术平台和运作理念上都可以弥补政府治理的不足，成为政府治理的伙伴。[②] 而且，政治体系开放性程度与社会资本的丰富性之间具有正相关关系。[③] 因此，基层政府应在保护并尊重市场与社会的主体地位及其自身的运作机制和规律的基础上，改变自身封闭的权力结构，营造良好的制度环境，建立健全各种制度化的沟通渠道和参与平台，吸纳市场和社会力量参与基层社会治理，构建基层政府与市场企业、社会组织的互动与协同治理机制。

四、推进基层政府治理体系建设的基础与保障

专栏 4-3 基层政府“兜底”办的是小事还是大事？

2006 年 8 月，新津广播电台“阳光政务·服务热线”正式开播，搭建了一个让

① 李慧凤. 制度结构、行为主体与基层政府治理［J］. 南京社会科学，2014（2）.
② 李慧凤，郁建兴. 基层政府治理改革与发展逻辑［J］. 马克思主义与现实，2014（1）.
③ 任建涛. 在正式制度激励与非正式制度激励之间——国家治理的激励机制分析［J］. 浙江大学学报，2012（2）.

政府、干部和群众沟通交流的平台。2011年，新津县在建设阳光热线等群众诉求载体的基础上，探索建立了党政机关党员干部主动约见群众、面对面沟通解决社会矛盾和问题的群众约谈工作制度。对群众不满意的诉求办理情况进行主动约谈，面对面交流协调，有效化解了矛盾。2014 年，结合热线机构多、部门职能交叉、诉求多头投诉、多部门办理的特点，新津县整合各类诉求热线，正式成立了“民生诉求会办中心”。上半年，会办中心共受理问题1186 件，其中首办满意 1535 件，开展群众约谈 46 件，群众满意 31 件；会商会办14 批次，群众对诉求处理满意率达 93%。

从“阳光热线”到约谈机制，再到会商会办，是什么促使了这三次转变？城市在发展，社会矛盾和群众需求在发展过程中不断发生变化。城市治理、政府服务“以不变应万变”是绝对行不通的。解决之道，需要城市的管理者们随之而变，从角色到心态，从方法到理念，不仅要变得快，更要变得巧，在创新社会治理方式方面善动脑筋，积极有为。“其实是城市发展中不断产生的新问题、新矛盾倒逼着我们的转变。”新津县民生诉求会办中心负责人说。

2006 年建立阳光热线时，主要是搭建一个政府部门和群众沟通交流的平台，为群众解疑释惑，提供政策法规咨询服务，还承担着化解社会矛盾、充当“减压阀”的作用。

“但阳光热线到 2011 年时已经不够用了。”当时，新津县政务服务中心的工作人员发现，哪怕阳光热线已经是 24 小时开通服务，但群众的满意度仍然在降低。问题出在哪里？经过一番调查，工作人员发现，原来是群众的诉求发生了巨大的变化。“举个例子，以前的问题多集中在农村、农民身上。但是随着城市化进程的推进，很多农民变成了市民，但相应的城市服务有可能没有跟上，同时，农民化的生活方式和市民化的生活环境之间产生巨大的冲突与矛盾，这样，新的问题就一拥而至，让人措手不及。”

面对群众反映的各种问题，阳光热线哪怕是马力全开，也无法将所有群众反映的问题处理得及时有效。

不管相关政策措施有没有跟上，群众不满意，这是必须马上解决的问题。为此，2011 年，新津县政务服务中心组建群众约谈工作小组，成立了群众约谈室。在政务中心群众约谈接待室中，办公桌换成了会议桌，“你来向我反映问题”变成了“我们坐下来交流一下”。“面对面”的约谈，充分体现了对群众的尊重，拉近了与群众之间的距离。这样，群众心中的不满有处诉说，说出来了，心平气也和。

随着城镇化的进程不断加快，群众诉求越来越多样化。据了解，2014 年 1~8 月，政务中心受理民生诉求 2416 件，其中“三农”类占 20%，公共企事业服务类占 10%，环境保护类占 13%，公共安全类占 10%，其他占 47%。显然，让群众满意，根源还在于如何解决好这些问题。

新津县政务服务中心负责人也提道，“在 8 年多群众服务探索中，我们发现群众反映的很多诉求难的问题，归根结底，是投诉部门和热线机构散、部门职能交叉、多头投诉、重复受理、信息资源不共享等问题。”

2014 年，新津县政务中心成立了“民生诉求会办中心”。作为全省首家县级民生诉求综合管理协调机构，会办平台的上线，打破职能部门的藩篱，初步实现了职能部门办事监管、分析、回复于一体的功能。

针对会办后群众仍不满意的问题，会办中心建立了《分管县领导定期坐班协调工作机制》，要求每周一下午实行县领导值守制度，每周梳理汇总本周全县各部门、各乡镇办理答复群众的诉求后群众依然不满意的事项，并对不满意的事项进行分类，形成报告后报相关分管县领导，由分管县领导召集有关部门、镇乡限期协调解决，确保群众诉求事事有人管，件件有落实。

资料来源：四川新闻网——成都日报，2014 年 9 月 9 日。

任何变革的成功都离不开其制度环境的支持。基层政府是国家治理和社会民众之间的联系纽带，基层政府治理体系建设要走向现代化，一要进行基层社会文化建设，培养民众接受和参与现代化治理的理念和素质；二要同步推进国家政治改革，为基层政府的行政改革提供支持和保障。通过上述两方面的努力和变革，为基层政府治理体系建设提供良好的制度生态环境。

（1）推进基层政府治理体系建设的基础在于构建基层民众的社会文化共识。社会文化共识是社会精神文化和价值观的内核，它对人们的思维方式、价值选择和行动取向都具有支配性的作用，对基层治理具有重要影响。对于我国基层治理而言，构建基层民众的社会文化共识，就是构建与基层治理相适应的价值文化和社会认同，这其中最重要的是最基本的价值规范和良好的社会心态，这是基层治理的精神元素，决定了社会大众参与基层治理的心态、决心与素质，有助于推进诸如基层政府机构改革、社区建设等实体性建设内容。目前我国的基层政府治理中的文化和价值导向主要是由党政部门以自上而下的方式来进行的，这很容易造成民众的“不在场”和“集体无意识”状态。基层治理要从基层社会生活共同体的培育出发，着眼于在具有包容性的价值观上培育更广泛的社会文化共识，并通过广大民众社会文化共识的形成和政府治道的变革一起，特别是整体式、系统式文化治理技术的成熟来推进基层治理中的“人心管理”。[①]

（2）行政改革与政治改革共同推进是基层政府治理体系改革成功的保障。相比较西方国家的政治与行政分离的特点，我国则呈现出政府的行政过程与政治过程高度一体化的特征。因此，在我国，行政改革只有与政治改革同步推进，才能取得真正的成功。但近年来，由于我国的行政改革在快速推进，政治改革却裹足不前，所谓的“放权”改革也往往变异为现实的“放责”问题。基层政府治理能力与治理效果不尽如人意，除了基层政府饱受上级政府控制外，与缺乏有效的第三方监督等原因也密切相关。如果基层政府能有较大的自主权按照基层社会现实状况进行治理、基层民主力量能真正有效制约政府，诸多的基层政府职能转变、结构优化、科学决策等行政性问题就根本不成问题。因此，高层应在政治改革上有所诚意和作为，改变大一统的中央政府控制思路，确实推进基层民主自治，并在此基础上推进基层政府的行政改革。

第四节　培育地方政府协同治理组织

在当前的中国，政府无疑是国家治理的主导力量与核心主体。但国内外政府治理的实践已然证明，一国单靠政府治理显然无法解决日趋复杂化与多样性的社会问题，这就需要地方政府的治理在体制内有效协同的基础上进行外向性拓展，寻求与政府体制之外的市场、非营利组织及公民间的有效协同，即实现跨域协同。[②] 然而，在我国治理主体多元化的过程中，不但需要考虑权力结构和权力配置的调整，同时也要考虑权力分配过程中社会整体能力的提高。在地方治理上，政府始终是传统的强势部门，而多中心治理框架下的其他主体明显发育不完善，还未能具备足够的独立行动能力。[③] 因此，要实现传统的政府单极治理范式向多元化社会主体治理范式转变，必须大力培育地方协同治理组织，使之具备相应的治理能力。

① 文军. 社会文化共识是基层治理的支点［N］. 文汇报，2014-05-08.

② 刘伟忠. 我国地方政府协同治理研究［D］. 山东大学博士学位论文，2012.

③ 姬兆亮，戴永翔，胡伟. 政府协同治理：中国区域协调发展协同治理的实现路径［J］. 西北大学学报（哲学社会科学版），2013（2）.

专栏 4-4 京津冀晋鲁蒙将共同治理机动车污染，建监管平台

人民网北京2014年9月4日电，京津冀及周边地区大气污染防治协作小组办公室在京组织召开了区域机动车排放污染控制培训暨交流会，为津、冀、晋、鲁、蒙北京周边五省（区、市）培训相关业务知识及管理措施等内容。北京、天津、河北、山东、山西和内蒙古六省（区、市）环保厅（局）机动车污染排放管理部门相关负责人参加了会议。

机动车排放污染已成为影响大气环境质量的主要来源之一，开展区域协作是控制机动车污染的重要措施。目前，就北京本市而言，机动车保有量已达550余万辆，研究表明，北京市机动车排放的一氧化碳（CO）、碳氢化合物（HC）和氮氧化物（NO_X）分别占到这几类大气污染物排放总量的86%、32%和56%，而PM2.5来源中机动车占本地排放源的31.1%。此外，周边省（区、市）进京车辆也在逐年增加，据统计，全市主要道路进京口的进京和过境车辆已达日均20余万辆次，从而给北京市的环境带来了更大的压力。另据天津市和石家庄市环保局官方网站最新发布的污染源解析研究结果显示，PM2.5来源中机动车也已分别占两市本地排放源的20%和15%，机动车污染治理已经成为区域内共同的大气污染防治重点工作。

随着经济的发展，我国机动车保有量激增，控制机动车排放污染已日趋成为各城市环境治理的重点。北京周边省（区、市）也已纷纷开展了机动车排放管理工作，但仍存在着诸如新车和油品排放标准尚未同步、新车目录管理工作尚未开展、环保标志发放工作不统一、机动车排放道路监管执法力度不一致、车辆年检基础数据收集不全、部分地市尚未开展油气回收工作等情况。为此，实现数据异地共享，开展联勤联动执法，强化协同执法，确保区域机动车排放控制监管能力整体提高，是推动区域大气污染治理、改善区域空气质量的重要措施。

按照国务院部署，北京市已联合周边津、冀、晋、鲁、蒙五省（区、市）建立了京津冀及周边地区大气污染防治协作机制，明确了"责任共担、信息共享、协商统筹、联防联控"的工作原则，确定了重污染应急、监测预警、信息共享等工作制度，推动落实区域污染防治各项工作。

在环保部的大力支持下，北京市、天津市、河北省正筹备搭建京津冀机动车排放污染防治监管系统，以共同加大机动车污染防治力度，提高区域机动车污染监管水平。在现有机动车定期检测场监管系统、加油站油气回收在线监控系统、路检执

法系统等基础上，准备搭建区域统一平台，首先将京津冀机动车排放监管信息联网并进行综合应用，实现统一指挥调度，锁定重点车型，开展联合执法，并系统评估机动车减排效果。下一步，还会将晋、鲁、蒙地区数据信息纳入系统，实现周边省（区、市）全部联网，建立区域性统一数据共享平台。

资料来源：人民网（北京），2014年9月4日。

一、健全市场性的治理协同组织

在市场经济社会，市场作为社会组成的一个基本单元，在社会治理中也起着非常重要的作用。市场主体与生俱来的本能是通过“看不见的手”自动自发地进行自我治理，达到社会的资源优化配置和良好秩序。自然，市场与政府一样都不是万能的，各有其清晰区分的功能区域，这构成市场应当且只能成为社会治理主体之一的根本原因。自20世纪90年代我国建设社会主义市场经济体制以来，市场经济迅速发展，相应的市场组织也得到较快成长。但受传统计划经济体制的长期影响，我国的市场经济和组织发育还不完善，政府依然介入过深、干预过多。因此，要推进市场和政府在社会治理中的有效协同，必须继续深化改革、深入调整政府与市场的关系，促进市场组织的健全发展。

（1）理顺地方政府与市场的关系是基础。政府与市场之间不是谁替代谁的问题，而是如何配合和协调的问题。地方政府治理的现代化必须与市场组织的健全、市场治理的现代化紧密结合才能取得成功。自市场产生以来，政府与市场就各有其清晰区分的性质与功能，在人类社会经济发展过程中，两者在不断的博弈中相互依存、相互补缺，尤其在现代社会，一方的发展离不开另一方的支撑。[①] 政府失灵需要市场机制的弥补，市场的有序良性发展则依赖政府的支持与监管，两者从“强政府—弱市场”的关系模式走向“强政府—强市场”双强模式是必然。在发挥市场机制配置资源的基础性作用前提下，完善政府对社会经济的宏观调控功能，以弥补市场的失灵。在市场机制发育较为迟缓的地区，地方政府可以“适当介入”，加强对市场的引导；在市场发展相对完善的地区，地方政府的宏观调控应“有所放宽”，将市场能做好的逐步交还市场，以促进市场的自由健康发展。

（2）灵活运用地方政府与市场的协同方式是途径。始于20世纪70年代的全球政府治理变革在为政府与市场相互协同的探索上提供了丰富经验和成果，在政府与市场协同方式上主要有以下几种可供我们

① 刘伟忠．我国地方政府协同治理研究［D］．山东大学博士学位论文，2012.

优先选择，即公共部门民营化、政府契约外包、政府特许经营与支持基础性研究等。公共部门民营化是指政府把部分服务项目交由民营机构提供，用市场的价格信号来调节和引导公共服务按需且有效供给；政府契约外包是指政府规定某种公共服务的数量和质量标准，并对外招标承包，中标的市场组织按合同规定提供，政府用财政购买；政府特许经营政府根据公共事业发展需要，授权企业生产某种特定的产品或使用公共财产或在某地区享有经营某种业务的独占权。各地方政府根据本地区市场发育状况，机动灵活地选择适宜的与市场的协同治理方式，既能提高地方政府的行政效率和公共服务质量，也会在很大程度上给予市场机制以自由发展的空间，促进市场组织的发育健全。

二、培育社会性的治理协同组织

专栏 4-5　巴中市创造条件引导社会组织参与公共服务

据报道，巴中市着力加大培育发展社会组织的力度，引导社会组织健康有序发展。该市目前登记造册的社会组织共821家，其中社会团体617家，民办非企业单位204家。该市把培育发展社会组织、激发社会组织活力、引导社会组织承担公共服务作为一项重要工作来抓，着力提升社会组织参与公共服务和管理的能力，把社会组织培育成为全市社会建设新的重要力量。2014年以来，还争取财政专项资金对全市第二批重点培育发展的10个社会组织进行扶持。该市认真总结经验做法，因地制宜，全面推广异地务工人员服务组织“三个一”模式，即“乡镇一个中心，村一个站，企业一个互助组”的工作模式。每个乡镇（街道）成立一个异地务工人员服务中心，每个村成立一个异地务工人员服务站，每个企业成立一个异地务工人员互助组。据统计，目前全市共有异地务工人员服务组织28个，拥有1500名外来务工人员的乡镇街道都成立了异地务工人员服务组织。

资料来源：中央政府门户网站，2014年9月9日。

新中国成立后形成的集权式政治经济体制和对社会的垂直控制机制，使得政府的权力触角延伸到社会的每一个角落，非政府组织即社会组织的空间极其狭小。改革开放后，我国开始构建“小政府、大社会”的治理格局，政府逐步退出微观管理领域，将更多的精力致力于宏观管理职能。实践也证明，充满活力、和谐有序社会的构建，无法单靠政府一己之力完成，也不可能完全依赖社会的自治，须两者合力才能实现这一目标。然而，当前我国的社会组织仍存在总体发育不良、治理能力偏低等问题，影响了社会组织协同治理进程的推进。要提高和改善我国社会组织与政府的协同治理能力，可从以下几个方面进行培育：

（1）改革政府的一元化治理模式、推进政府“瘦身”和职能转变是前提。清晰区分政府、市场和社会的治理功能区域，重新划分政府的权力边界，解决政府的“越位”、“缺位”和“错位”问题。结合行政管理体制、事业单位管理体制改革和审批制度改革，加大政府职能转移委托力度，如向社会组织购买公共服务、构建政府向社会组织委托社会事务管理机制等，通过这些方式向社会组织开放更多的公共资源和领域，为社会组织的发展壮大和参与社会管理让渡空间。

（2）改革政府对社会组织的管理制度与监管体制是核心。在地方政府对社会组织的管理制度方面，健全以规范行为为重心的管理制度：适应经济社会变革的新要求，推进社会组织直接登记制度改革，降低社会组织备案门槛，推进行业协会和商会的去行政化，打破双重管理体制等，通过管理制度的改革为社会组织的成长提供自由发展的空间。在地方政府对社会组织的监管体制方面，改变以往的“严审批、宽监管”模式，向“宽审批、严监管”模式转变；建立社会组织考评制度，对违规违纪的社会组织，要严肃查处、依法规范，特别要加强对基金类等社会组织的经济责任审计。另外，探索建立第三方专业机构对社会组织的评估机制，强化对社会组织的资质审查、跟踪检查与绩效评估。

（3）加强社会组织的法制建设、人才培养和信息化建设是保障。目前，我国的社会组织法律体系并不健全，社会组织的管理“规制匮乏”问题突出。培育、发展和规范管理社会组织，需要健全社会组织法律体系，目前最迫切的是尽快修改《社会团体登记管理条例》，以使法律规定能更好地适应加强和创新社会管理的需要；当前，人才总量和结构无法满足组织发展需要、人才的专业化程度低等社会组织面临的人才问题严重影响了社会组织治理能力的提升，只有加强人才队伍建设，从根本上解决社会组织专业人才不足的问题，才能提高社会组织治理的科学化、专业化水平；21 世纪信息技术革命掀起的信息化浪潮给新时期社会组织的发展与管理带来了新的挑战，需要加强社会组织信息化建设以应对挑战。社会组织信息化构成整个社会组织体系的技术支撑，信息化建设可以通过规范化组织业务、简化组织机构等途径提高社会组织的工作效率和水平，从而推进社会组织的自身建设。

三、建设家庭性的治理协同组织

协同治理的前提是治理主体的多元化，这些治理主体不但包括政府、市场企业和社会组织，还有家庭和公民个人。在今天的中国，从本源、核心到外围、边缘，从土地、财政、住房、税收、户籍、就业到婚姻、生育、养老，家庭所联结着的这一系列问题，充分表明了家庭组织在社会治理中的核心地位，家庭作为社会的组成细胞，在国家中扮演“微社会”的角色，承载着“微政府”的功能，发挥家庭自治的社会基础调和作用，走向家庭友好型社会治理，是国家与社会治理走向现代化的基础与保证。要发挥家庭组织对于社会协同治理的功能，须把家庭作为一个重要的社会治理协同组织加以培育和发展，主要包括以下几个途径：

（1）实现传统家庭伦理的现代转换，促进现代家庭和谐。改革开放以来，我国的家庭变迁比较剧烈，传统的家庭伦理在不断沦陷。以自我为中心的过度张扬，导致家庭成员家庭责任感缺失；功利主义的鼓吹热捧，使家庭情感价值不断贬值，孝道观念淡化，手足之间冷漠，夫妻之间信任缺失，家庭的这些不和谐直接动摇着社会稳定的基础。毋庸置疑，随着传统家庭伦理的功能退化，建设现代家庭伦理已迫在眉睫。在当代家庭结构趋向小型化、空心化和社会异质化的环境下，和谐幸福成为现代家庭建设的首要伦理价值，主要包括建设夫妻伦理的平等和谐、代际伦理的交互和谐以及家庭教育“教”与“化”的补益和谐等。

（2）支持扩展中国家庭传统的生产、生育和养老功能。我国是个人口大国，资源紧张而人口老龄化不断加快，在这样的社会经济条件下，政府以某种方式支持中国家庭传统的生产、生育和养老功能的扩展，以更少的社会成本和代价为民众提供更好的、可持续的产品与服务以及稳定和谐的社会发展环境。根据现阶段的情况，政府可通过一系列政策调整来为增强家庭的传统功能提供经济支持，如土地财政政策、住房政策、税收政策、户籍政策，这些政策与家庭的经济状况、福利状况息息相关，适度改革调整有利于改善家庭的收入和福利状况，从而有利于提高家庭的自我保障，减轻社会和政府的负担，同时消弭对社会的不稳定因素。

另外，社会治理体系应当以家庭为根基进行构建，使基本公共服务体系、社会信用评价体系等的各项功能切实围绕“家庭和谐幸福”展开并发挥作用，将国家管理社会的成本向保障“家庭自治”需要倾斜，用“家庭自治”质量来提升社会治理质量。

（3）构筑家庭组织的家国共运文化认同感。我国自古就有“国有国法、家有家规”和“家和万事兴”的古训，这种古典的家庭自治文化是促进家庭和谐、维持社会秩序的强大心理机制。另外，构筑家庭组织的家国共运文化认同感，培养家庭组织的家国情怀，可以破除“各人自扫门前雪、休管他人瓦上霜”、“事不关己、高高挂起”的狭隘小家庭思想。“家国”两字，从某种意义上讲，表明“国是浓缩的家，家是放大的国”，家运寄托于国运，国运联系着家运，叙利亚等国动乱导致民众流离失所、民不聊生，充分证明了这一点。通过多种方式构筑家庭组织的家国共运文化认同感，为推进国家治理现代化提供坚实的文化基础，为实现中华民族伟大复兴的“中国梦”提供有力的精神支撑。

四、地方政府与各治理协同组织间的协同关系理论①

基于现阶段我国政治社会发展状况，未来 5~10 年我国国家治理模式的建设目标是参与治理模式或者说协同治理模式。探析地方政府、市场企业、社会组织以及家庭组织间协同治理的理论基础对于发挥各治理协同组织的协同效果、改善社会治理、实现善治的治理目标有着重要的理论和现实价值。

（1）社会治理权威的多元化。现代治理理论强调社会治理主体的多元化，地方政府、市场企业、社会组织以及家庭组织这些行为主体都可以参与社会公共治理。这些行为主体具有不同的价值判断和利益需求，也拥有不同的治理资源，如资金、专业能力、技术平台和运作理念，各自只能解决部分社会领域的治理问题。因此，在社会治理系统中，各个治理主体相互之间形成了竞争和合作关系。由此，政府一元化治理权威被打破，治理权威的多元化开始形成，其他社会主体都可以在一定范围内治理社会公共事务并拥有相应的治理权威。

（2）各治理主体间的自愿平等与协同性。由于现代社会的知识和资源被不同的组织所掌握和拥有，采取集体行动则须依赖于各组织通力协作。这种协作能否成功，除了资源的交换和共享外，还取决于各参与者间是否具有共同遵守的游戏规则。因此，在治理过程中，强调各治理主体间的自愿平等和协同性。虽然在某个治理过程中，可能有某个治理主体如地方政府会处于主导地位，但这种主导地位不再是以诸如政府发号施令式的强制性的形式表现，而是以相互间协商对话的方式表达。

（3）共同规则的制定。协同治理是一种集体行为，从某种程度而言，协同治理过程就是参与的各治理主体都认可的行为规则的制定过程。这种共同认可的行为规则奠定了各治理主体相互协作的信任基础，决定了协作结果的好坏，也影响着治理主体间平衡结构的形成。在这一共同规则的制定过程中，地方政府并不一定会处于主导者地位，但是基于政府天然的政治性质，地方政府组织的意向在很大程度上决定着规则的制定，规则的最终决定者仍是地方政府，不过各治理主体间的竞争与协作是促成共同规则最终形成的关键。

① 李汉卿. 协同治理理论探析［J］. 社会经纬，2014（1）.

第五节　建立健全民主参与式地方政府治理机制

前面探讨了地方及基层政府现代治理体系的构建问题，接下来分析相关机制的构建。优化制度机制是发挥制度体系功效的保障，若要使地方政府现代化治理体系功效得以展现，必须建立健全科学的地方政府治理机制。"治理"概念的本质强调多元主体参与社会管理，因此地方政府治理体系即是一个多元主体治理框架下的地方政府治理体系，相应地应该建立的治理机制就是多方主体民主参与的即民主参与式的地方政府治理机制。

一、民主参与式治理内涵

自 20 世纪 90 年代以来，随着"治理"概念的出现及其实践在全球的推广，参与式民主、强势民主、参与式治理、协同治理、合作治理等概念开始被学术界采用和研究，也在实践中得到实施和推广。民主参与式治理是以此为基础所提出的一个概念，下面从分析参与式治理概念入手探讨这个概念的内涵。

（1）关于参与式治理。关于参与式治理的研究很多，国外近年来的有海奈特等人主编的《可持续性、创新和参与式治理》、《多层次的参与式治理》与冯和赖特著的《深化民主：赋权参与式治理中的制度创新》等。国内的主要成果有王敬尧的《参与式治理：中国社区建设实证研究》和余逊达、赵永茂主编的《参与式地方治理研究》等。作为社会科学的"流行话语"，学者们对"参与式治理"内涵的理解有所不同，有的认为参与式治理即是参与式民主、协商民主、强势民主在社会管理中的实践，是治疗当前代议制民主弊端的良方；[①] 有的从政府决策角度指出，参与式治理是一个利害相关者包括政府、市场、社会组织、家庭或公民个人等行为主体参与政府决策的过程；[②] 有人则认可"参与式治理是包括决策在内的利害相关者对政府政策的全过程参与"这个观点。

（2）民主参与式治理的内涵。本书认为，参与式治理是与互动式治理相关联的一个概念。互动式治理是以平等主体的自愿行为打破公众参与治理过程的政府中心主义结构的、各主体间力量均等的、双向互动的治理模式，是一种真正意义上的共

① 范玫芳."参与式治理研究"之现况与展望［J］. 人文与社会科学简讯（台北），2008（3）.

② International Institute of Labor Studies Workshop. Participatory Governance：A New Regulatory Framework?［Z］. 9-10 December，2005. IILS，Geneva.

同治理，它是我国社会治理模式未来发展的方向。关于参与式治理，学者们的理解虽有所差异，但基本认同它是一种“以政府为主导、社会力量参与的中心—边缘型”治理结构，[①]是与众多发展中国家制度环境相适应的、宜当前发展的一种治理模式，是一种“民主建构式”的治理模式。因此，参与式治理亦即是民主基础上的赋权式的多元主体参与治理。从这个角度分析，民主参与式治理与参与式治理是同一概念，其内涵即是地方政府赋权政策的利害相关者自下而上参与地方政府公共决策、政策执行、政府监督的全过程的治理模式。

二、民主参与式治理的特征

民主参与式治理是政府从传统治道到现代治道变革的一种尝试，是当前我国政府治理改革的最佳模式。相对于传统的治理模式，民主参与式治理具有民主性、多方主体参与等特征；与未来我国要发展的互动（或合作）式治理模式相比，民主参与式治理是一种政府主导式而不是多方主体力量均衡式的治理模式。它的具体特征如下：

（1）它是一种以政府为主导的治理模式。与互动（或合作）式治理不同，民主参与式治理是一种以政府为主导的治理，蕴含了有限政府、民主参与、社会公正等理念。在我国，政府主导色彩依然浓厚，公民社会、市场、社会组织、公民等社会主体发育不健全，还不具备现代治理的意识和能力水平，如权利意识、资源、专业能力等。受此制度环境制约，须采取以政府为中心取向的协同治理模式。在这种模式中，政府与其他主体在名义上为平等主体，但政府对其他参与主体具有较强的影响力和控制力，政府利用自身权威、独占性资源和中立形象将不同的参与主体集结在一起，协同彼此活动并处理争端。

（2）它强调参与主体的权利，是一个政府不断向社会赋权的过程。宪法规定，中华人民共和国的一切权力属于人民，人民行使国家权力的机关是全国人民代表大会和地方各级人民代表大会。然而，在这种代议制下，公民对国家的所有权只是一面“象征的旗帜”。[②]民主参与式治理要求社会组织、市场企业、公民个人等积极参与社会公共事务，使政府不再是唯一的治理过程，是民主行政的一种新形式，[③]因此在很大程度上实现了公民对国家的所有权。民主参与式治理是赋予“参与”权利的过程，是政府赋权给那些与政策具有利害关系的组织或个人，扩大其参与公共政

① 张康之.对“参与治理”理论的质疑［J］.吉林大学社会科学学报，2007（1）.

② Eran Vigoda. From Responsiveness to Collaboration Governance：Citizens，and the Next Generation of Public Administration［J］. Public Administration Review，2002，62（5）.

③ 王敬尧.参与式治理：中国社区建设实证研究［M］.北京：中国社会科学出版社，2006.

策制定权利的过程，因此有人称为“赋权参与式治理”。

（3）它突出了“参与”的价值与意义。在民主参与式治理中，参与不仅是自身的目的，而且是在社会群体中分享资源、权力和责任，也是政治资源的整合和系统转型的过程。[①] 在现代社会，民主参与式治理过程能够使各要素通过某种途径和手段有机地组合在一起，充分发挥政府、社会组织、家庭或公民个人等社会行为主体各自资源、知识、技术的优势，实现对社会公共事务整体大于部分之和的治理效果；它也意味着参与者在行使权利的同时，要承担相应的责任和义务；公民的支持对政府目标的实现至关重要，公民参与使政府决策更容易，民主参与式治理推行的多主体治理方式改变了政府的一元治理，政府的职能设计和组织结构等相应地发生转型。

（4）它是一种网络化治理。网络化治理是治理网络参与各方在相互依存的网络化组织结构内发挥各自比较优势，互济资源并在网络化数字技术下对内协同、对外（如服务对象）反应即时反馈的治理模式，其要义在于是基于共同准则的互动逻辑与非正式的权威关系（介于市场的非权威关系与政府科层制正式权威关系之间）。网络治理理论是对 20 世纪 90 年代兴起的治理理论的发展。治理理论强调多元主体参与却无法明确给出多方参与的具体框架，试图整合多方主体力量却缺乏明确的操作章程。21 世纪以来随着经济全球化和技术的进步，网络化治理作为一种易于建构组织框架和操作章程的新型治理模式，被理论界和政府所接受。民主参与式治理要求社会组织、市场、公民个人等参与政府工作，与政府共同组成网络化的社会治理系统；推进政府组织结构向扁平化转型，减少政府层级，增加管理宽度，形成网络化结构以改善横向协同；促进网络化技术和服务模式的应用，减少相互间协调的成本，提高社会公共事务治理效果。[②]

三、民主参与式治理的优势

民主参与式治理是一种与全球化发展背景相适应，与信息经济、知识经济相融合的公共治理模式。相对于传统的全能型政府治理模式，民主参与式治理是民主的新型实践，唤醒了民众的民主权利意识，并在公民、社会组织等参与治理的过程中强化了其主体地位，弱化了公共部门的绝对权威，且多方的共同参与使社会资源得到有效整合和利用，从而推进预定社会治理目标的实现。

（1）多主体共同参与治理凸显“民主”价值。民主一直是我国政治行政发展过程中所追求的一个重要价值目标，民主参与

① Beate Kohler-Koch. Does Participatory Governance Hold its Promises? [Z]. CONNEX Final Conference Efficient and Democratic Governance in a Multi-Level Europe, Mannheim, March 6-8, 2008.

② 姚引良，刘波，王应洛. 网络治理理论在地方政府公共管理实践中的运用及其对行政体制改革的启示 [J]. 人文杂志，2010 (1).

式治理不仅是民主的体现，而且其推进的过程就是民主不断成长与扩大的过程，它能促进民主向更深层次迈进。没有广泛的参与，就没有广泛的民主。我国实行的是人民代表大会制的代议制，宪法规定一切权力属于人民。然而，现实的政治行政实践中，代议制民主总是存在着代议机关权力过大、以权谋私的问题，我国也存在诸如权力寻租等比较严重的腐败现象。这就需要公民直接参与治理、共同监督政府，扩大政府运作的透明度，促使政府在行使权力的过程中能够遵循民意。民主参与式治理强调在公共决策、公共管理过程中公民、社会组织、市场等多个行为主体的参与，并在公共利益的诉求下与公共部门就某一问题达成共识；强调“参与”是基于共同准则和理性进行的，从而从理论到范式实践了民主的价值。

（2）协同治理的工具理性有助于政府与公民关系的重塑。“政府与公民之间的关系问题，几乎也是所有政治思想家所要探讨并致力于解决的问题……一部政治思想史，就是探讨人的政治生活以及人与政治或政府的关系史。”① 在民主不断推进与政府改革日益深化的今天，政府与公民的关系更加重要。我国传统的政府与公民关系本质上是“官民”关系或“管制”关系，是一种不平等主体间的关系。随着改革开放的不断深入，尤其 20 世纪 90 年代以来，政府与公民的关系开始走向“良性的协同互动”。民主参与式治理的协同治理机制使政府注重公众的利益诉求，并尽可能满足公众的需求；民众也更加自觉、自愿、主动地参与政府的民主管理过程，在相互依存的环境中分享公共权利、共管公共事务。② 这种良好的相互协同能使地方政府与公民间密切地联系起来，并实现心灵的沟通和相互印证，形成政府与公民平等、信任、协作的良好互动关系。

（3）“地方知识”推进公共决策的高质量化与政策的连贯性。作为一个多主体参与决策框架，民主参与治理是促进政府决策科学化、民主化的推进剂。奥斯特罗姆曾提道“地方知识”的重要性，③ 盖伊·彼得斯认为，公共部门提供的公共产品和服务、相关的计划与政策对低层公务员和普通公民的利益影响最大，他们对进行相关决策所需的知识和信息也掌握得最多。④ 民主参与式治理正好适应于此，通过赋“参与权”于一向被排斥在决策范围之外的利害相关性行为主体，使他们有更大的个人和集体参与空间，以对公共决策产生积极影响。另外，公民的民主素质和参政能力是一种实践型的素质与能力，民主参

① 桑玉成等. 政府角色［M］. 上海：上海社会科学院出版社，2000.

② 梁莹. 重塑政府与公民的友好合作关系［J］. 中国行政管理，2004（11）.

③ 埃莉诺·奥斯特罗姆. 公共事物的治理之道［M］. 上海：上海三联书店，2000.

④ B. 盖伊·彼得斯. 政府未来的治理模式［M］. 北京：中国人民大学出版社，2001.

与式治理过程本身就是一个提高公民民主素质和参政能力的过程。公民的民主素质和参政能力提高了，作为参与决策主体之一，毫无疑问会进一步推动政府决策的科学化、民主化，从而有助于高质量公共政策的形成。而且，经过广泛、充分的谈判与合作而达成的共识决策比其他决策具有更强的政策连贯性，有利于社会的稳定与发展。

四、民主参与式治理机制的实现路径与保障

实现社会主体民主参与社会治理必须有一个科学灵活的运行机制，机制可以帮助社会组织、市场、家庭或公民个人等社会行为主体有序、有机地纳入参与社会治理的网络之中，并且与地方政府合作互动、优势互补。然而，实践表明，虽然目前我国地方政府社会治理中的多元参与治理格局正在形成，但其形式大于内容。若要改变这一困境，必须从机制建设入手，以建立各治理主体之间平等、协作、法制的平衡制约、有序竞争与互动合作的民主参与机制。根据我国治理现状，建议通过以下路径来建设民主参与式治理机制：

（1）社会主体公共精神的培育与参与文化的塑造。海奈特和思密特指出，地方的参与式治理被认为能带来更好的政府、更好的决策和更好的公民，但它的积极作用在很大程度上取决于文化和地区背景。[①] 中国几千年来的政治文化是一种臣民文化，这种臣民文化对社会公众的影响十分深远，时至今日，民众的现代民主、平等的权利意识仍未真正形成，这从政府提供社会保障制度中政府与民众的恩赐与被恩赐的心态可见一斑。对于关系切身利益的社会公共事务，民众没意识参与、不敢参与或不愿意参与的心态非常普遍，这说明民众的公民权利意识和主人翁责任感还远未形成，与现代社会要求多元主体参与社会治理的趋势和要求不相适应。地方政府要顺应时代变化的趋势，树立多元主体治理理念，主动通过多形式的努力如加强宣传教育、开放多元参与渠道等方式来培养民众的公共精神、民主意识与参政能力，让民主参与社会治理逐渐成为一种社会文化和习惯。

（2）努力促进市场企业、社会组织的良性发展。要发挥多主体参与治理机制的优势，前提是各参与主体社会地位独立并具备相应的治理能力与素质。由于计划经济体制的影响，非政府组织包括市场企业、社会组织等发展仍不健全，社会组织往往与政府关系密切，缺乏一定的独立性与自主性，市场企业行为亦颇受政府牵制而致成长性不足。因此，首先，政府要与社会组织、市场企业等实现实质性分离，不仅要实现人事、资产等形式上的分离，政府对市场、社会的管理与监督还应由行

① Hubert Heinelt, Randall Smith. Sustainability, Innovation and Participatory Governance: a Cross-national Study of the EU Eco-management and Audit Scheme [M]. Burlington, VT: Ashgate, 2003.

政手段改为合作的或市场的手段。其次，政府要有选择性地通过不同方式扶持和培育社会组织与市场企业，以促其发展壮大。对于社会组织，根据其不同类型给予不同比例的资金或技术支持，采用合法性激励或资源性激励方式。对于市场企业，政府可通过明确界定产权，实施健全的法规和工业化政策来促进其发育。最后，政府通过购买服务、契约外包、听证制度、网络参与等方式拓宽多主体参与治理的渠道，并丰富其治理资源。若市场企业与社会组织获得了良好的成长与治理资源，就能高效地履行其权利范围内的治理权力和职责，实现民主参与式治理机制的有效治理功能。

（3）推进政府行政体制改革与职能转变。原有集权式行政体制下的“全能型”政府对市场、社会，包揽太多、干预太多，随着全球化和信息化的不断发展暴露出越来越多的弊端和问题。只有推进行政体制改革，按照建设有限、服务、阳光和法治政府的要求，着力优化政府权力结构、转变政府职能、构筑各主体共同治理模式，才能提高政府行政效能，并改善社会治理。首先，区分政府与其他主体职能领域、利益关系和职责关系，转变政府职能并推动公共权力向社会的回归，实现在政府与市场、社会、公民的合理划分，重塑政府与市场、社会、公民的关系。其次，政府通过信息公开等建设开放型政府，保障公民的知情权和参与权，使公民有效参与治理。最后，建设法治政府，将政府与市场、社会、公民建立的合作伙伴关系和多主体治理体系纳入法治化轨道，以保障在相互合作的基础上实现对公共服务的有效供给。

（4）通过完善监督机制来规范参与秩序。监督机制的功能在于规范多主体的参与秩序，是治理过程中不可或缺的一部分。首先，完善各治理主体组织内部的监督：政府可通过内部监管来督促其自身行为以提升政府公信力，但目前政府的内部监督机制并不完善，包括纪委等内部监督部门不独立，缺乏责任追究机制等。因此要将政府内部监督纳入法治化轨道，使内部监督规范化、民主化、科学化。市场企业、社会组织、公民等自身的内部监督是组织有序发展的基础，应通过设立合理的内部管理制度来引导和监督组织工作人员的行为，消除内部腐败，提高组织的公信程度。其次，建立完善各主体的相互监督机制。我国尚处于社会转型期，市场发育不完善，社会组织自治能力较弱，还不能适应政府转变职能的需要，所以政府应加强对市场和社会组织的规范、引导和监督。同时，市场企业、社会组织作为社会自发力量，代表特定组织和成员的利益，有权参与对政府工作的监督，监督政府财政预算、公共决策、政策执行的全过程。通过以上监督机制的建立和完善，规范各治理主体的具体行为，以使其行为结果符合公共治理的目标。

第五章
地方政府治理现代化的国际经验及启示

【摘要】推进我国地方政府治理现代化建设，需要学习与借鉴美国、欧盟等当代西方发达国家以及金砖国家地方政府治理现代化的经验，从中获取相应启示。这主要体现在以下几方面：第一，借鉴美国地方政府治理现代化经验及启示，包括：政府治理结构的高度分权与制约体制；高度的公众治理参与及治理合作化；完善的法律和治理监督机制；加快转变传统治理理念与治理模式；健全治理监督机制。第二，学习欧盟地方政府治理现代化经验与启示。比如，英国注重调整政府、市场与社会之间的关系，大力改善公共服务质量，注重合作化治理；法国注重分权与合作，加强地方治理中的公民参与；德国注重法治，注重公共服务绩效。欧盟地方政府治理现代化启示主要有：合理定位政府、市场与社会的边界，加强地方自治与治理法治化，加强公共服务绩效治理。第三，参考日本地方政府治理现代化经验与启示，比如，不断推进地方分权，扩大地方自治；注重转变地方政府经济职能与市场培育；尊重市场，正确定位政府职能；依靠法治手段提升地方政府公共服务能力。第四，学习新加坡地方政府治理现代化经验及启示。第五，吸收巴西、俄罗斯、印度等金砖国家政府治理现代化有效经验及启示。

治理与善治是当今政府与学界关注的热点。对于中国地方政府而言，改革开放30多年来，其面临的施政环境已经发生了重大变化，当前政治、经济、文化、社会等全方位变革迫在眉睫，传统的地方政府管理模式已经无法适应新时代的需求，转变政府职能，打造服务型政府，促进地方政府治理现代化成为大势所趋。2013年，中共十八届三中全会通过的《中共中央关于全面深化改革若干重大问题的决定》指出，推进国家治理体系与治理能力现代化是我国全面深化改革的总目标。因此，我国地方政府要致力于“善治”、推进治理现代化建设，需要学习与借鉴当代西方发达国家以及金砖国家地方政府治理现代化的经验，从中获取地方政府治理现代化的启示。

第一节　美国地方政府治理现代化的经验及启示

一、美国地方政府治理现代化的经验

20世纪以来，美国地方政府历经了相当长的治理实践，积累了丰富的治理经验。同时，作为一个有着自治传统的联邦制国家，美国政府的治理实践一定程度上反映了市场经济发展和城市化高级阶段可

能出现的某些普遍性问题和治理趋势。无疑，美国地方政府成为当代“善治”政府的典型代表。纵观当代美国地方政府治理现代化的历程，我们可以发现，其主要成功经验有：

（一）合理的政府治理结构（高度的分权与制约体制）

美国是有着自治传统的联邦制国家。与中国政府自上而下的任命制“金字塔”结构不同，美国各级政府实行的是自下而上的自治体制。在美国，实现联邦政府、州政府、地方政府三级政府构架。除联邦和州之外的所有政府都被称为地方政府，包括县、自治市、乡镇、学区和特别区等。但所有形式的政府包括地方政府与州政府、州政府与联邦政府之间都不存在行政隶属关系，各级政府治理实质上都是按照自治原则进行。因此，在美国，各个地方政府的组织形式、治理模式、管辖范围等方面呈现出多样性。实际上，不仅美国50个州各有不同的治理模式，即使在一个州内甚至在一个市区内，也存在着不同的地方政府治理模式。至于各个地方政府采取哪种治理模式，基本上是在以自治为基本原则的前提下，由当地居民根据地方政府的地域、人口和经济规模而定。

但是作为一个整体的国家，联邦和州并未完全放弃对地方政府控制。联邦、州和地方政府之间始终存在权力的相互博弈。作为地方政府，它的权力要受到来自联邦、州政府在法律上、财政上的影响和约束等多种制约，这种授权和对权力的制约构成了美国地方政府治理运作的核心线索。联邦政府对于地方事务的影响更多的是依赖宏观性的和隐性的手段。因此，从表面看，美国地方政府治理复杂多样、杂乱无章，但其实际上是一个杂而不乱、和而不同的有序体系。正是根深蒂固、源远流长的自主治理理念，才使得美国地方政府同其他政府之间始终没有层级节制关系，从而完全为辖区居民所掌控并全力为其服务。

基于这种高度分权与制约体制，美国地方政府的组织结构形式上几乎是复制了公司的法人治理结构。在公司中，股东大会、董事会和总经理是相互协调又相互制约的关系，由此形成合理的治理结构。在地方政府中，选民、市长或市经理（行政长官）、市议会（立法机构）也是相互协调又相互制约的关系，由此形成合理的政府治理结构。但由于地方政府运作的是公共财政，使用的是公共权力，花费的是纳税人的钱，照顾的是公共利益，所以，美国地方政府的组织结构，并不完全是照搬以利润为中心的公司治理结构，而有其自身特点。两者最大的不同，在于地方政府中不仅州长、市长、议员和理事会成员必须由选民直接选举产生，而且地方政府重要部门（如财政、土地等部门）的领导人也必须由选民直接选举产生，直接对选民负责，而不是由州长、市长、议会和理事会任命。事实上，直选对于地方政府治理结构科学合理具有关键作用。同时，尽管美国各个地方政府治理模式多样，但其职能都以公共服务为中心，较为单一。

（二）公众高度的治理参与

美国是一个高度市民化社会，在地方政府治理的过程中，公众时刻在参与、关注和监督。公众主要通过采取建立起与地方政府各个部门相对应的、主要由民众自愿参加的各种理事会和委员会来参与决策和监督决策的执行。同时，美国地方政府决策体制具有以下体现参与的突出特点：一是听证。在美国，几乎没有不经过听证的决策。听证会可以自由参加，没有任何限制，就连外国人也可以自由旁听。政府定期召开公开听证会，公民有权在关于重要的立法和预算决策的听证会上作证。二是公开。政府通过当地报纸、电视、讨论会进行各种观点的交锋，充分发表意见，或者请专家进行讲解，使居民对决策内容有充分的了解。在美国，地方政府所有的会议都有当地电视台进行现场直播，重要的决策事项均在政府网站公布，民众可以通过网络等媒体了解政府决策的情况。三是重大问题要提交全民公决。全民公决是美国地方政府经常使用的一种决策方式。美国法律规定，凡是重大事项的决策，必须进行全民公决。公众高度的治理参与以及地方政府提供的多种参政、议政渠道保证了政务决策的公开透明。

（三）高度的治理合作化

在美国，地方政府在治理方式上存在合作化导向。首先，体现在政府间关系的合作化。为了满足公众对政府服务的共同要求，也为了应对各类政府共同面临的挑战和任务，如区域经济一体化、环境保护和灾害防治、公共安全和反恐怖主义等。美国地方政府比较注重责任分担和合作。政府间的合作不仅有横向的，即地方政府间的合作，也包括纵向的，即地方政府与州政府、地方政府与联邦政府之间的合作；既可能是正式的合作，也可能是非正式的合作。合作的方式和途径因合作目的不同而多种多样，如成立共同委员会、签订互助的非正式协定（如合作开展消防合作）、联合购买大型公共设施、设立政府理事会和地区规划理事会等。

其次，体现在政府与其他非政府组织之间的合作上。美国是一个高度发达的市场经济国家，地方政府在公共事务的管理中较多地运用市场机制，公共产品和服务较多依赖于公司、非政府组织。地方政府能够充分利用本地区的各种资源，与私人公司、金融机构、非营利组织及基金会等建立伙伴关系，通过多种合作方式，如制定税收政策、财政补贴、特许经营、合同承包、股权投资、代用券或凭单制度等，为公众提供有效服务。这种公共物品和服务的市场化、民营化，有助于切实降低地方政府规模和行政开支，提高公共服务质量。

（四）完善的法律和治理监督机制

在美国，地方政府有着完善的法律和治理监督机制。由于政府被授权持有对社会资源分配与再分配的权力，这种不信任在美国地方政府运作中也得到体现，地方政府的日常管理活动要受到许多外在的监督，它的权力也要遭受多种形式的限制。

尽管地方政府拥有较大的自治权，但其治理运作受到联邦法律、州法律以及地方宪章的约束。同时，完善的治理监督机制对地方政府形成强有力的制约。首先，选举监督。美国地方政府官员都是选民直接选举产生的，任期一般为 2~4 年。由于地方官员每年改选一部分，所以地方性选举几乎每年都有，选民对地方政府官员的监督也每年在起作用。由于对地方政府官员的监督力度非常大，官员腐败的成本非常高。

其次，审计监督。由选民直接选举产生的审计官组成独立的审计机构，每年对政府的财政状况进行公开审计，并且在互联网上公开审计报告。这种方式便于公众对地方政府治理进行财务监督。

再次，听证监督。由于所有决策都要听证，重大决策还要进行全民公决。政府行政机构只是一个纯粹的执行机构，它没有任何决策的权力。

最后，媒体和网络监督。在美国三权分立的体制之下，媒体由于独立运作和对政府的制约作用而被誉为“第四权力”。地方政府的报纸、电视以及广播等媒体，都是独立运作的经济组织形式，以利益追求为基本目标，以服务公众为次要目标和手段。为了获取市民的支持，提高发行量或收视率，媒体对于市民的意愿比较敏感，能够最大限度地去追逐市民的声音，同时也能在很大程度上引导市民的意愿。媒体的权力是一种隐性权力，虽然没有合法的公共权力授权，但是力量很大。发达的媒体是推动政府治理现代化强有力的刺激因素，促使地方政府毫不松懈，力求将决策和治理活动做到最好。

二、美国地方政府治理现代化的启示

尽管中美两国在政治社会制度、政治意识形态和政治文化传统等方面迥乎不同，但美国地方政府治理现代化的历程及其成功经验，对当前中国地方政府推进治理现代化具有以下重要启示：

（一）加快转变传统治理理念与治理模式

改革开放以来，我国地方政府治理也在逐步转型，但总体上由于政府权力过大、管理职能过宽所造成的专制主义、社会资源浪费和效率低下等情况并没有根本改变。当前，在全球“少一些统治，多一些治理”已经成为很多国家的政治口号和政治实践的背景下，我国地方政府要吸取发达国家的经验，树立现代治理理念，加快从传统统治与管理模式向现代治理模式的转变。美国地方政府治理以公共服务职能为中心、全力为公众服务、公共产品和公共服务多渠道供给方式，依赖社会、企业、非政府组织从而提高效率和公共服务质量的做法值得我国地方政府借鉴。我国地方政府需要尽快转变治理模式，进一步规范政府权力，把不该由政府管的事情交给市场、企业、社会中介机构。有选择地借鉴美国地方政府的治理经验，推动部分公共物品和公共服务的市场化、民营化，如通过合同承包、特许经营、股权投资等方式引入民营经济力量，不仅可以有效提高公共物品和服务质量，而且能够切实降低政府规模和治理成本。

（二）加强治理合作化

美国地方政府间关系的合作化导向值得中国借鉴。当前中国各级、各类地方政府在共同面临的许多经济、社会问题上，如区域经济一体化、环境保护与治理污染、公共卫生和公共安全等，需要进一步加强相互合作。同时，还要学习美国在地方治理公共事务中运用市场机制，加强与非政府组织的合作，从而确保政府作为组织、协调和治理者，而非单一服务供给者的角色，推动治理现代化进程。

（三）健全治理监督机制

健全的法律以及完善的治理监督机制是保障美国地方政府治理取得成效的重要因素。没有监督的权力一定会导致腐败，监督不力的权力同样会滋生腐败。当前，中国地方政府治理现代化的推进同样离不开完善的监督机制。为此，需要加强公民权力、司法独立以及媒体监督。在一些重大事情上，美国的全民公决制度值得我们借鉴，加大政府治理公开力度，实现公平、公开透明治理。比如，地方政府行政的透明度，权力的制衡，对地方政府官员的监督，联邦和州政府对地方政府教育的支持，地方政府基础设施建设的筹资方法，多数原则、程序公正原则和保护少数原则的有机统一，听证在决策中的作用等，都值得我们在进行地方政府治理改革和创新上学习和借鉴。

第二节　欧盟地方政府治理现代化的经验及启示

欧盟许多国家属于成熟的市场经济国家，其政府改革一直处于世界前列。对于中国地方政府而言，博采众长非常必要。我们选取英国、法国、德国为代表，考察欧盟地方政府治理现代化进程中所积累的成功经验，以期对中国地方政府治理现代化的推进有所启发。

一、欧盟地方政府治理现代化的经验

（一）英国地方政府治理现代化的经验

英国是当代地方政府治理改革的急先锋。作为当代新公共管理运动的发源地之一，英国早在 20 世纪 70 年代就兴起了政府治理变革的浪潮。短短几十年间，英国地方政府治理变革主要历经了撒切尔、梅杰执政时期和布莱尔执政时期两个阶段。从撒切尔、梅杰执政时期的“碎片化”地方政府治理模式到布莱尔时期“合作化”治理模式再到当前的“整体政府”治理模式，英国地方政府治理在治理结构、地方政府角色与职能定位以及行政区划等方面发生了巨大的变化。总结英国地方政府治理历程，我们发现，其主要经验是：

（1）注重调整政府、市场与社会之间的关系。1979 年，撒切尔夫人上台后对地方政府治理结构进行了大刀阔斧的改革，循着“缩小政府边界、限制政府权力”的思路开始重新调整政府、市场与社会的边界，从根本上改变了传统地方政府的角色和职能。一方面，通过大规模削减政府公共开支、减少中央政府对地方政府的补贴、限制地方征税权力等措施加强对地方政府财政权力的限制。另一方面，引入强制性竞标制度，将市场机制引入地方公共服务供给，鼓励公私竞争，推行公共服务市场化。这些措施使得政府职能转变到以公共服务为核心上来，政府、市场与社会的边界进一步厘清。地方政府成为与私有机构、社会组织以及其他一些非公共部门机构共同参与地方事务的一员，众多地方公共服务供给转变成一种“多元化”供给模式，对改善公共服务供给效率和质量产生了积极影响。在布莱尔执政时期，为了克服日益突出的部门主义、政府空心化以及公共服务供给碎片化的问题，地方政府开始推行“合作治理”，开始重新调整政府、市场与社会的关系。“合作治理”注重政府整体价值，重塑政府结构，重视第三部门的力量，加强政府与市场、社会的合作与协调。在面对犯罪、失学 、社会排除、贫困、就业、社区建设等一系列综合复杂性社会问题时，强调地方“合作式”的公共服务供给，最终目的在于提升政府效能，满足社会公众需求。布莱尔时期的地方政府治理给英国带来了新的气象，出现了“二战”后难得一见的持续的经济增长，失业率也保持在一个相当低的水平，这使得欧盟其他国家羡慕不已。

（2）大力改善公共服务质量。大力改善公共服务质量，这是英国各个阶段地方政府治理的一个鲜明特点。在公共治理理念上，英国更强调服务。他们认为，政府活动中 90%以上的功能是为公民服务，因此，把改善为公民的服务放在很重要的位置上。撒切尔夫人执政时期，为了加强政府服务职能，改善公共服务质量，地方政府在公共部门大力引入竞争机制与市场力量，并借鉴私营部门管理方法，鼓励公私竞争，鼓励私营部门参与公共事务。布莱尔执政时期，为了防止政府治理过程中的碎片化对公共服务质量造成的不利影响，地方政府推行“合作治理”模式，试图建立一种新型的“合作伙伴”关系，推动公共部门与社会组织、私有部门之间的协调与合作，以公民需求为导向，提供一套无缝隙而不是碎片化的服务。

（3）注重合作化治理。撒切尔夫人执政时期的市场化改革拉开了地方政府治理合作化的序幕，通过在公共部门引入市场机制，鼓励公私竞争，使得私人部门和非公共机构参与到公共事务中来，使得公共物品和公共服务供给实现了由政府单一供给到政府、市场、社会多元供给。布莱尔政府时期，提出“协同政府”理念，更加注重治理合作化。这一时期，为了追求一种协同政府，英国在不同利益主体的政策部门之间加强合作、传递优秀理念，形成一种协同工作方式。例如，通过打破原有组织框架壁垒、强化预算共享，加强部门间的横向合作以及通过强化区域政府功能加强地方政府纵向合作，这种“合作治理”模式打破了传统的思维方式，以协同、合作的方式解决社会问题，提供公共服务。同时，地方政府治理更加注重加强合作化的公私伙伴关系。当前，英国地方政府开始从协同政府治理向整体政府治理转变，相比之前，这种治理合作化的趋势进一步加剧。

（二）法国地方政府治理现代化的经验

在过去的 30 多年间，地方政府改革运动在全球范围内如火如荼地展开。自 20 世纪 80 年代以来，法国相继进行了多次地方政府改革，其中社会党人 1982~1983 年的分权改革是法国地方治理变革的催化剂。法国以地方分权为主要内容的政府改革一改法国中央集权的历史传统而赋予地方政府相当的财政、人事和决策自主权，并且在 2003 年的修宪报告中明确将法国界定为“地方分权”的单一制国家，使得法国在这场全球性政府治理运动中引人注目。总体来看，法国地方政府治理的经验主要有以下两大方面：

（1）注重分权与合作。20 世纪 80 年代后期，法国政府开始私有化改革及社会化变革，一个相对分权的政府结构建立为法国的地方治理提供了可能：地方治理依赖于多级政府间的沟通与合作；私人企业以及社会团体对公共决策的影响力日渐突出。因此，法国地方政府治理的发展可以认为是国家、市场、公民社会三者之间权力结构和权力关系重新调整与塑造的过程，而这一过程实际上也是分权化改革的过程。分权化不仅仅是以政府为中心的政府间关系的调整，即中央和地方关系的调整以及中央政府各部门之间的关系调整，而是涉及多种形式、不同层次、不同程度的权力的重新调整分配。地方分权改革使得法国地方政府在法律与现实中的自主权扩大了，为了应对当地各个社区面临的社会和经济问题，地方政府不仅需要与其他层次的政府机构结成伙伴关系，更需要利用私营部门和第三部门手中的资源。在这样一个大背景下，地方政府与私人部门、第三部门的关系发生了巨大变化，形成了三者之间互动合作的新治理结构。

在法国地方治理结构中，混合经济体与发展特许经营是最具法国特色的公私合作的两种形式。混合经济体主要由公共部门和准公共部门主导，地方政府给予一定拨款，用以降低其他合作伙伴的风险，同时引入私人部门管理技术。由于比地方政府更具灵活性，也更能适应地方经济发展，1983~1990 年，法国的混合经济体增加迅速，在城建、交通、博物馆、剧院、运动馆、旅游设施、会议中心甚至旅馆建设等各个方面多有采用。近年来，随着法国地方政府对私人部门在地方经济发展中重要性认识的加强，更大范围的公私合作开始出现。

特许经营是政府与企业合作的另外一种方式。法国政府在城市公用事业实行特许经营制度的历史十分悠久，被世界银行称为“一种真正的法国模式”。这种公用事业特许经营模式的基本特点有四个：一是设施公有；二是以合同形式规定双方权益；三是企业拥有开发权；四是地方政府拥有监督权，保留对价格的干预以及单方中止合同的权力。为了维持服务的稳定性，特许经营的发租方（地方政府）和承租方（企业）之间通常都会建立一种持久的伙伴关系。

可见，法国 1982 年开始的地方分权改革直接推动了法国地方治理体系的变革。在地方层面，私人企业以及第三部门对公共决策的影响力日渐突出，混合经济体和特许经营为法国改善公共服务水平，解决存在的效率低下、成本过高、管理不善等问题提供了有效途径。而政府与企业、第三部门、公民间的合作以多种形式展开，意味着法国地方治理正走向一个新的阶段。2007 年开始，萨科齐政府以财政制度作为地方政府治理变革的切入点，本轮地方政府改革彰显出鲜明的互助精神，更加强调自由、合作与互助。互助精神立足于服务互助，同时加以法律保障，以一种更温和的姿态、更灵活的手段将地区公共产品的外部性问题降到最低，争取共赢格局。

（2）加强地方治理中的公民参与。20 世纪 80 年代，社会党分权改革设计的一个重要设想和原则就是“接近公民”，意图通过分权改革将决策中心更靠近地方层次，靠近公民，从而促进公民参与，推动地方民主。英法两国都是宪政民主国家，但两国在具体的政治运作机制上存在明显差异，英国地方政府治理运作是以自由市场经济为主导，而法国比较强调地方政府的主导作用以及各社会阶层和利益团体的协调，体现出很强的协商一致的合作主义特征。在法国，地方治理发展的一个趋势就是力求通过合作主义建立国家与社会之间的新型关系，促进民主参与和社会自主管理能力的提升。

（三）德国地方政府治理现代化的经验

在当代新公共治理改革的潮流中，不同于激进派的英国、美国、新西兰等国家，德国属于温和型国家，其地方政府治理变革更为困难，因而进展也更小。部分原因是因为推动激进改革的要求不像 20 世纪 80 年代英、美国家那样强烈。20 世纪 90 年代以来，尤其是两德统一后，德国地方政府开始出现财政危机，公民对地方政府管理和公共服务感到不满，同时在其他西欧国家的改革逐渐传播蔓延，促使新公共管理运动在德国逐步展开。这场深刻而影响深远的改革，学界称为“新掌舵模型”。德国在地方政府治理现代化历程中的成功经验主要是：

（1）注重法治。德国是一个联邦制国家，由十六个州组成，包括三个城市州。由于州政府不是地方政府，而是拥有宪法的主权国家，因此，德国地方政府是指州政府以下的市、县等地方自治政府。德国地方政府的建构原则体现了民主与法治、自治与分权、权力分立、层级分工及公共精神。地方自治是德国地方政府的重要特征，也是德国地方政府的历史传统。地方政府的自治权不容联邦和州政府侵犯，德国基本法和各州宪法都有专门条文保障地方政府的自治权。当代德国以“实质法治”作为国家管理和地方政府公共服务改革的基本依据，即着眼于正义、权力维护、廉政等实质内容的实现。公共行政机关履行任务必须在法治规定的框架内进行。

（2）注重公共服务绩效。德国地方政府治理改革以公共服务绩效提升为宗旨，不断创新地方公共服务提供机制。当代德国地方公共服务提供机制变革主要表现为公共物品市场化生产机制的创新；同时，发展第三部门（如各种志愿团体、民间协会和社区组织）参与公共服务生产、供应的机制，将私人闲散资金、社会资本和慈善援助等作为弥补地方政府公共财政支出不足的新渠道。德国具有发达的公民社会，地方政府鼓励和支持非政府、非营利组织参与社会管理和提供公共服务，尤其是在乡村，各种各样的志愿者组织对乡村建设和治理起到非常重要的作用。

在公共服务的供给上，突破公共物品生产方式政府单线供给的传统模式，实现多样化的供给方式。德国地方政府一方面，承担起直接或间接提供公共服务的公法人职责，广开财源，尽量保证公共服务供给的充分性、及时性与满意度，并做好民意调查与适度监控；另一方面，构建起良性互动的政府间关系，在一些混合型公共事务上进行有效合作，如流行病的传染预防工作、流窜犯罪和跨区域水污染治理等，做到公共资源的有机整合。同时，区分共同性问题（如空气污染、环境保护和流行病传染等）和相似性问题（如人口老龄化、失业和城镇基础设施改造等），以此区分普遍性公共服务与地方性公共服务。前者主要由中央提供统一性政策或组织服务，后者主要由地方政府承担服务责任。这些措施的实施，有效推动了区域协调性和资源整合性，提升了地方政府治理能力和公共服务绩效。

二、欧盟地方政府治理现代化的启示

综观作为欧盟重要成员国的英、法、

德等国家地方政府公共治理历程，既有成功的经验，也有失败的教训。虽然与中国的文化环境不同，制度亦有别，但在改革思路以及一般方法论上还是有不少可以借鉴的东西。

（一）合理定位政府、市场与社会的边界

在不同的国家，政府、市场、社会之间的关系呈现出不同的特征。以公私伙伴关系为例，在英国，公私伙伴关系较多地表现在公共事业的直接市场化；但在法国，则较多地以公私共同参与，并保证公共部门一定的掌控权的特许经营方式为主。这意味着不同政治文化传统对各国地方政府治理选择有着深刻的影响。

对于中国而言，当前改革开放不断深入，国家与社会、市场以及政府与非政府组织之间的关系也随之发生了变化，相对于国家而言，市场以及社会的力量得到了增强，相对于政府而言，非政府组织也在社会服务中扮演着重要的角色。当今中国的社会问题已经变得越来越复杂和多样化，任何一个社会问题都不是单个政府部门可以解决的，而需要不同政府部门之间的合作，如教育、农民工问题等。因此，我国地方政府治理现代化的实现同样需要合理界定政府、市场与社会的边界，缩小地方政府权力，发展市场与社会力量，并以此为契机构建“协同政府”。例如，在公共服务供给上，当前各地需要发展社会组织、非政府公共组织的力量，并建立相应的供给网络和伙伴关系；同时，推动部分公共物品市场化，促使政府、市场与社会联动机制的形成，以此达到资源整合以及公共服务质量、效率的提升。

（二）加强地方自治与治理法治化

在我国，法治的作用在相当长一段时期内都不可忽视。政府改革中的地方保护主义倾向，有法不依、地方政策大于法律的弊端至今仍不同程度地存在，使得法制威严荡然无存。改革应当以法治为中心，防止成本外溢。无论什么样的治理模式，法治的核心地位不可动摇。

同时，建立和完善地方自治，从改革战略和方向上来看，我国地方政府治理现代化的实现需要在积极进行地方民主建设和法治建设的基础上逐渐建立和完善地方自治制度。从改革策略和方法上来看，要增强对地方政府改革的规制、指导和监督作用。加强地方自治可以真正落实发挥地方政府治理的自主性作用，给予地方政府在人事、财政、决策等方面更大的空间和自由权，发挥地方政府在动员社区和公民社会力量上的优势，积极参与地方的自我管理和自我服务。同时，完善地方政府责任机制，给予地方更多的责任。

（三）加强公共服务绩效治理

综观上述欧盟各国在公共服务治理方面的成功经验，无论是英国激进的市场化、德国温和的公私合营还是法国的特许经营，尽管各国方法不尽相同，但都是以公共服务绩效治理为核心，围绕提高公共

服务质量与效率而展开的。当前，我国以地方政府为主导的公共服务供给体制需要进行改造，公共物品生产方式亟待创新。多样化的公共服务生产供给方式不仅可以避免地域文化冲突，而且在一定程度上呼应了社会的需求差异性，有利于减少改革阻力，求得效率与公平的权衡，并提高政府公共服务质量和绩效。

第三节　日本地方政府治理现代化的经验及启示

一、日本地方政府治理现代化的经验

东亚的日本，在“二战”之后迅速崛起并跻入世界发达经济国家行列。作为一个后发展成功的国家，日本被人们称为“有着优异经济成绩记录的市场经济国家”。而这一成绩又是在一个自然资源基础薄弱的环境中取得的，因而备受关注。毋庸置疑，地方政府治理变革对于推动“二战”后日本经济社会快速发展起着重要作用。“二战”后，日本由战前权威主义体制走向“二战”后民主主义体制，急剧的经济、社会转型危机随之而来，市场失灵、政治腐败和社会失范对日本的国家政治结构和地方政府治理能力产生极大压力。日本由此而开始了变革政府治理的历程，其经验有：

（一）不断推进地方分权，扩大地方自治

地方自治被普遍认为是民主主义社会的基础，可以避免权力过分集中带来的弊端和危害，并最大限度地保障与丰富居民的权益。“二战”后，日本政府按照美国占领当局的旨意，参考美国模式，并依据国家与地方公共团体作用分担原则推行地方自治。日本政府将地方自治正式载入宪法，并且制定了《地方自治法》等一系列专门法律，从而使这一制度得到确立和完善。在日本，地方自治体在法律上称为“地方公共团体”。日本现在实行中央、都道府县、市町村三级政府体系，都道府县和市町村均实行自治。按照宪法和法律，日本的都道府县以及府县以下的市町村都分别设有地方自治政府，享有地方自治权，中央政府只给予适当的指导。此后，地方自治法经过几十次修改，但总的趋势是扩大地方自治权，同时也强化中央的监督指导作用。

自 20 世纪 90 年代起，为了满足地方分权等需要，日本不断推进地方分权改革。推进地方分权，最重要的目的是扩大地方自治，包括改善国家、都道府县、市町村之间的关系，扩大自治体自我决定、自我负责的领域；改善居民和代表机关之间的关系，扩大居民自我决定、自我负责的程度。1999 年，日本制定了《地方分权

一揽子法》，根据这一法案，各级政府之间重新划分了行政权限范围，中央地方关系从上下级关系变成对等合作关系，地方自治理论得到法律支持。2006 年又颁布了《地方分权改革推进法》，其地方政府治理改革的基本思路是：将贴近民众生活的行政业务尽量交给地方公共团体去做，与此同时，将中央或都道府县的干预行为规范化。据此制定了向市町村政府放权、扩大自由度的法律，并将中央地方磋商平台纳入法制轨道。2007 年，制定颁布《地方财政健全化法》，该法律规定了地方财政健全指标。

日本的地方分权改革有利于优化地方政府公共服务，更好地满足地方居民的需求，提高公众生活质量，增强地方的活力。

（二）注重转变地方政府经济职能

“二战”后，日本经济能从一个落后的封建农业小国发展成为仅次于美国的第二大经济强国，地方政府在其发展的不同阶段发挥了不同的作用。“战后”日本通过一系列改革，积极推进政府经济职能的转变。但是说日本的经济发展是“市场主导”或“政府主导”都是不全面的，它是一个政府替代、政府主导及政府和市场相互结合的过程，政府的经济职能是随着经济的发展而变迁的。“战后”复兴初期，政府的经济职能是以直接“驾驭市场”的政府导向型发展模型为主，而在日本经济发展到一定阶段之后，则采取市场主导、政府配合的发展模式发展经济，充分发挥政府在各个不同经济发展阶段的经济职能。

（三）注重市场培育

“二战”后，为能在短时间内解决日本市场残缺的困难、赶超西方发达国家，日本政府认为其经济发展不能遵循西方发达国家从自由到自觉的市场演进轨迹，而应当由自觉到自发以强制性手段刺激市场发育。在日本，政府与市场常常结合为一体，这种结合一方面可以减少纯市场的交易成本，另一方面由于日本是市场经济后发育国家，缺乏足够的市场经济赖以运行的硬件设施（包括通信设备、交通工具、港口码头等基础设施）和软件条件（包括商务法律、企业监管条例、信息服务系统、国民的市场意识等），因此，政府的干预常常重视市场，而非抑制市场。

二、日本地方政府治理现代化的启示

通过考察日本地方政府治理变革历程以及对日本地方自治及其分权改革的分析，我们可以得到以下启示：

（一）尊重市场，正确定位政府职能

当前，我国正处于经济社会转轨时期，为了推进地方政府治理现代化，实现保持经济社会的和谐发展，需要正确处理政府与市场的关系。为此，需要合理定位政府经济职能，尊重市场并注重政府对市场的培育，充分发挥市场经济机制的作用，使市场经济机制充分发挥其有效配置资源的作用。从日本的经验来看，政府经济职能是随经济环境的变化而变迁的。因

此，我国地方政府需要把握其经济发展的不同阶段的特点，及时转变政府经济职能，促进我国地方经济健康有序发展。

（二）依靠法治手段提升地方政府公共服务能力

在经过 30 多年的改革开放与长期的经济增长之后，中国地方政府职能重心发生了重大转移。这是政府顺应社会以及世界政府治理发展的趋势而做出的理性选择。在日本，实行地方自治的目的是提高居民福利、扩充居民权益。日本地方自治法明确规定，通过地方公共团体的政治、经济、文化、社会等方面的活动，实现居民有实感的富裕、与自然共生的福利，等等。中国地方政府可以借鉴日本地方自治制度中的成熟做法，通过相关法律的建立和完善，实现地方政府为人民服务的宗旨。

第四节　新加坡地方政府治理现代化的经验及启示

一、新加坡地方政府治理现代化的经验

20 世纪七八十年代以来，西方国家纷纷掀起了一系列被称为“新公共管理运动”的改革。与许多国家一样，新加坡从 20 世纪 80 年代开始对公共行政进行了一系列改革，包括法定机构民营化、引入企业先进的管理方法、改进公务员管理技术、实行电子政务等。其中，改革最大、对当今新加坡政府治理影响最深的是 1995 年展开的“面向 21 世纪的公共服务”运动。新加坡政府治理在运行实践中积累了丰富的经验，也取得了显著的成绩。

（一）推行大都市政府治理模式

新加坡既是一个主权国家，也是一座具有重要国际地位的大都市，因而，新加坡推行大都市政府治理模式。当前，新加坡几乎没有全国农业用地和农业人口，人口多居住在占据大部分国土面积的城市区域中，因此被称为一个没有郊区的“城市国家”。作为一个面积很小的城市国家，新加坡只设立一级政府管理全部行政事务。政府由 15 个部门组成，履行政府职能。此外，截至 2012 年，新加坡政府还建立了 64 个法定机构，由政府各部委负责管辖，但作为独立于政府序列之外的半官方机构代行公共管理和服务职能。随着新加坡建国后城市化的迅速推进，大部分国土面积都迅速纳入大都市范围，城郊分治也就不再现实。

一般而言，大都市政府治理作为地方治理的一种表现，主要属于地方政府职能范围，中央政府一般不介入，但新加坡大都市政府治理的特殊性就在于大部分的公共管理和服务都是直接通过中央政府进

行。除此之外，当前新加坡政府还设置了64个法定机构，它们兼具政府机构的权威性和非政府组织的弹性，涵盖了新加坡绝大部分的基础设施和公共服务领域，在新加坡经济社会发展中发挥了重要的作用，这也是其大都市治理的一大特色。此外，新加坡政府也注意发展与市场和社会组织的伙伴关系，吸收多种力量参与大都市治理。

尽管在大都市政府治理中，政府占据着绝对主导地位，但新加坡政府在大都市治理中所占据的地位和发挥的作用却是许多西方发达国家的大都市无法比拟的。

（二）注重推进信息化治理和电子政务

重视推进信息化治理和电子政务是新加坡大都市政府治理方式的重要特征。在自然资源紧缺的情况下，面临着激烈的国际竞争，为了提升国家和大都市的竞争力，新加坡政府从20世纪80年代初就开始推进政府信息化，注重通过信息化和电子政务不断提升政府管理和服务能力，并在电子政务建设和运行方面取得了突出成绩。

首先，加强电子政务基础设施建设。其电子政务经历了三个发展阶段：在1992~1999年的第一阶段，新加坡建成了全范围覆盖的高速宽带多媒体网络，政府部门开始提供基于互联网的服务；在2000~2007年的第二阶段，新加坡完成了所有政府部门的业务系统建设工作；2008年以后处于第三阶段，为了确立在全球大都市中的信息领先地位，目前新加坡着重推进宽带基础设施建设。

其次，注重缩减数字鸿沟。新加坡注重通过电子政务为所有社会公众提供平等的服务，为此采取各种措施致力于缩减数字鸿沟。早在1992年，新加坡就制订并实施了用10~15年将新加坡建成“智慧岛”的“IT2000”计划，该计划的一个重要目标就是使新加坡公民可以在任何时候、任何地点获得IT服务。同时，根据不同群体的具体需要提供有针对性的帮助，以让所有人都能够无差别地获得政府的在线服务。

二、新加坡地方政府治理现代化的启示

在全球性的政府治理变革中，新加坡政府在坚持“强政府”的原则下，进一步改善政府与市场的关系，依据自身特点循序渐进地引入市场机制，力争成为“好政府”，取得了较好的治理成效。尽管新加坡的人口规模相对于中国的北京、上海要小得多，但却是占据特殊地位的国际大都市，已成为东南亚地区重要的金融中心、航运中心和国际贸易中心，世界电子产品重要制造中心和第三大炼油中心。其政府治理的成功经验对于当前中国地方政府治理现代化，尤其是中国大都市政府治理现代化机制的运行和创新具有重要的借鉴意义。

（一）构建适合中国实际的大都市政府治理模式

从新加坡大都市政府治理机制运行的实践可以看出，新加坡并没有照搬其他国家的城市治理机制，而是根据自身独特的政治、地理、文化等因素构建和创新大都市政府治理机制。因此，适合本土需要是一条重要的经验。大都市是城市化发展到一定阶段的产物。当前，中国城市化进程的快速推进，一方面给大都市的发展带来了重要的机遇，另一方面也给大都市的治理带来了新的问题，要求大都市政府治理机制的调整和创新。与新加坡相比，中国大都市治理面临的情况更为复杂多样，大都市政府治理机制的调整和创新更应该建立在适合中国国情和各个大都市具体情况的基础之上。

（二）大力推进政府信息化治理

新加坡大都市电子化治理绩效走在国际大都市前列，信息化治理是新加坡的一条重要成功经验。其信息化治理具有信息化基础设施多、先进协同程度高、覆盖内容多、服务人群广而且无差别化的特点。改革开放以来，随着中国经济社会的不断发展，许多中国大都市也逐步重视并花费巨额投资推进电子政务和信息化治理，但与新加坡相比，中国的大都市在信息化治理效率和质量方面还存在着较大差距。究其原因，非常重要的一点是中国大都市电子政务和信息化治理的推进往往只注重诸如基础设施建设等某一个或几个方面，而不是全面立体式地推进。新加坡大都市电子政务和信息化治理的启示在于，推进电子政务和信息化治理不能只注重某一个或几个方面，而应该从信息化规划、基础设施建设、实践应用、流程重组、部门协同治理、服务无差别化提供等各个方面全面进行，合力推进。

第五节　巴西、俄罗斯、印度等金砖国家地方政府治理现代化的经验及启示

巴西、俄罗斯、印度属于当今新兴的金砖国家。由于金砖国家与中国在经济发展水平、宏观经济环境等方面具有较多相似性，因此，这些国家地方政府治理的成功经验对中国治理现代化同样具有重要启示。

一、巴西等金砖国家地方政府治理现代化的经验

（一）因地制宜治理地区发展不平衡

区域发展不平衡在许多国家已成为一种普遍现象，巴西也不例外。20 世纪 60~80 年代，巴西政府采取许多切实行动，治理

地区发展不平衡问题，在治理落后地区发展问题方面积累了经验。这个阶段创造了巴西经济发展的黄金时代，尤其是1968~1973年，巴西经济创造了前所未有的高增长，GDP年均增长率达10%以上，被誉为巴西"经济奇迹"。20世纪60年代末期至90年代中期，是巴西政府开始关注、治理地区发展不平衡的重要阶段，取得了一定成效，较好地阻止了地区发展差距继续拉大。巴西政府因地制宜成功创造了三个"增长极"：亚马孙地区的"马瑙斯自由贸易区增长极"、朗多尼亚州的"西部农业增长极"、帕拉州的卡拉雅斯"矿产和金属产业增长极"，这三个地区成为20世纪70~80年代北部地区经济增长的主要推动力。同时，在治理地方发展不平衡的过程中，巴西政府还通过成立专门机构甚至立法来保证政策的延续性。自20世纪50年代末期以来，巴西政府为治理地区发展失衡的局面，出台了一系列政策措施：出台鼓励性措施、设立专门的发展基金、写入法律法规、成立专门的主管机构、上升为国策甚至通过与其他拉美国家更广泛的合作来治理。

（二）注重市场机制的培育和社会秩序的治理

20世纪90年代末至今，俄罗斯在市场机制培育方面表现突出。20世纪90年代末，俄罗斯开始摒弃叶利钦时期的"休克疗法"所带来的扭曲的政府治理模式，按照现代国家治理模式的要求，重新调整国家、市场与公民的关系，逐步建立起符合俄罗斯国情的现代国家治理模式。普京上台后，认为新时期俄罗斯既不能重新实行指令性计划体制，也不能继续推行激进主义的经济方针，而是"需要国家调控的地方，就要有国家调控；需要自由的地方，就要有自由"。为此，俄罗斯政府开始大力培育市场机制，推行市场经济、民主原则与俄罗斯现实有机结合，走"第三条道路"。在培育市场经济的同时，采取综合措施治理社会秩序，使俄罗斯社会从加速分化趋势回归国家秩序和稳定。普京时期的执政措施使得俄罗斯经济社会的分裂无序状态得到很大改善。

（三）注重农村公共品供给机制创新

与其他一些发展中国家相比，印度政府治理更加关注民生问题。综观金砖国家的政府治理经验，印度自由化改革以来，政府在公共品供给制度方面进行了一系列积极探索并取得显著成绩，尤其在农村公共品供给方面卓有成效。

自独立以来，印度政府积极改革乡村治理结构，不断改善乡村公共品供给机制并取得了显著的成效。在大多数公共服务的供给方面，印度公共部门与私人部门、非政府组织形成相互补充的关系，非政府组织和私人部门起到了相当大的作用。在某些公共服务中，私人部门和非政府组织与公共部门相互合作；而在另一些服务中，私人部门和非政府组织则与公共部门进行竞争。例如，在印度大都市钦奈（Chennai），一个叫EXNORA的非政府组织引入了新的垃圾收集系统，通过付费制为居民提供垃圾收集服务。

二、巴西等金砖国家地方政府治理现代化的启示

巴西、俄罗斯、印度等金砖国家属于新兴国家，它们与中国在经济发展水平、宏观经济环境等方面具有较多相似性，因此，这些国家地方政府治理的成功经验对中国治理现代化同样具有以下重要启示。

（一）完善农村公共品供给决策机制，提高公共品供给效率

当前，我国在农村经济社会发展中虽然取得了一定成绩，但农村公共品供给严重不足的矛盾日益凸显，已成为影响“三农”发展的主要障碍。为了解决这一突出矛盾，中国地方政府可以借鉴印度等国家地方政府治理现代化的成功经验，加强农村公共品供给机制的改革与创新。

中国与印度同为发展中国家，在人口、资源、经济发展程度、产业结构等方面具有很多相似之处，在“三农”问题上更是非常相似。但是，与印度相比，我国农村公共品供给主体单一，融资渠道狭窄，从而严重影响到农村公共品供给效率。为此，我们可以借鉴印度的经验，将公共物品供给主体和投融资机制的多元化作为我国农村公共产品供给的发展方向。在坚持公共财政供给为主的前提下，充分发挥市场、社会力量的作用，鼓励社会组织和个人参与公共品的供给，逐渐形成农村公共产品供给主体多元化的格局。根据农村公共品的不同性质，逐步建立起由中央、地方、社区三位一体的农村公共品供给机制，并以法律法规的形式明确供给主体的职权，有计划、分步骤地实施农村地区公共品的供应，以保证农民的基本公共品需求。与此同时，要建立能够反映农民需求真实偏好的表达机制，使农民有效参与公共品的供给决策，促进农村公共品的有效供给。

（二）建立健全信息公开制度，加强法律治理

巴西作为一个新兴的金砖国家，政府在法律治理方面具有一定特色。历经 3 年的审议，2012 年《巴西信息获取法》正式生效，广大民众可以通过受法律保护的正规渠道获取各级行政、立法和司法机构的相关信息。根据这部法律，所有政府部门网站必须有公开信息标志，公民通过互联网可以查询政府收入、开支、合同、列入政府黑名单的公司名单、公务员的信息等。公开政府信息是巴西预防和惩治政治腐败、监督政府活动的一项重要举措，也是巴西政府近 30 年来民主进程的成果。通过这部法律，巴西政府希望以更加开放的方式接受民众和社会舆论的监督。

通过法律制度的完善来加强地方政府信息公开，巴西的经验值得借鉴。当前，中国地方政府治理现代化的推进必须改变地方政府信息公开程度低、相关法律不健全的局面，加强法律治理，才能实现地方政府治理现代化。

第六章

我国不同地区[①]地方政府治理现代化探索

① 为科学反映我国不同区域的社会经济发展状况，为党中央、国务院制定区域发展政策提供依据，根据《中共中央、国务院关于促进中部地区崛起的若干意见》、《国务院发布关于西部大开发若干政策措施的实施意见》以及中共十六大报告的精神，国家统计局于2011年6月13日将我国的经济区域划分为东部、中部、西部和东北四大地区。

【摘要】 我国东部、中部、西部、东北部四大地区地方政府治理现代化探索分为改革开放前、改革开放后和中共十八大之后三个阶段。改革开放前，我国东部等四大地区在地方政府治理现代化方面的探索主要体现为中央政府在地方治理现代化方面的政策实践。改革开放以后，东部地区在改革开放优惠政策指导下先尝先试，在经济上得到了飞跃式发展，在综合试验政策上，东部地区也获得了比较优势；中西部发展落后于东部，但在财政收支管理和行政模式等方面推出了很多新举措；东北进行了全方位探索，非政府参与为其地方政府治理现代化的亮点。中共十八大召开后，东部地区在治理现代化行政、经济、社会、文化和生态等方面进行了很多全新探索，重视多元主体共同参与社会治理；中西部在透明政府和服务型政府等方面进行治理现代化探索；东北则把实施振兴东北老工业基地战略作为治理现代化探索的重点。

专栏 6-1　创新社区治理：社会治理现代化的基础性工程

据报道，解决基层社会治理问题需要社会体制创新。上海社会科学院杨雄提出，当前基层社会治理面临的问题主要包括基层社会治理的行政化趋势与基层社会治理的多头化管理。要解决这两个问题，需要厘清三个理论问题：一是政府如何定位，二是市场如何发挥作用，三是治理主体与社会的关系。云南省社会科学院樊坚认为，政府应提供最基本的保障服务，市场的调控作用应在社会建设中发挥作用，公共资源应该通过市场的方式加以利用。福建省社会科学院黎昕强调，实现社会治理现代化，要解决好政府、市场和社会的关系，有效引导社会组织参与到社会治理中来。吉林省社会科学院付诚指出，目前社会体制改革落后于经济体制改革和政治体制改革。同时，各省市的发展程度不同，如果由地方政府来自主推进，很难获得良好效果，中央政府应该统筹各地区情况，平稳、均衡地推进改革。陕西省社会科学院牛昉认为，在网络传播碎片化、网络生态复杂化的情况下，社会治理成本逐渐加大，改善网络环境、降低社会治理成本还是要面对的重大课题。四川省社会科学院李羚回顾并分析了 2001 年以来四川各地的村民自治实践，认为村委会选举后怎样调动农民积极性参与公共事务，提供村民自治的价值目标是关键点。

资料来源：中国社会科学网，2014 年 9 月 10 日，作者：刁鹏飞。

第一节 东部地区[1] 地方政府治理现代化探索

一、东部不同时期地方政府治理现代化探索

东部地方政府治理现代化探索将分为改革开放前、改革开放后和中共十八大后三个阶段进行探讨。

（一）改革开放前的探索

改革开放前在治理方面的探索主要是中央政府在各方面的探索，而地方政府则相对比较被动地执行中央政策。若以大型项目的投资为指标，地方经济的发展状况主要受中央的计划调节。东部地区政府也是如此。

由于历史原因，东部地区在新中国成立之初就是我国经济最发达的区域，各方面都居全国前列。在工业发展指标方面，地处东部沿海地区的辽宁（非本报告中的东部地区省级政府）、河北、山东、江苏、浙江、福建、广东 7 省和北京、天津、上海 3 市集中了全国 75%以上的工业总产值。新中国成立后，北京、上海和天津的发展一直在全国名列前茅。其他省级政府虽然在国家大项目投资建设上与东北和西部有差距，但由于自身的雄厚基础和相对富饶的自然和人文资源，东部地区各方面仍然发展较快。尤其在基础设施等方面，东部地区相比中西部地区也占很大优势，如铁路里程远远高于全国平均数。在社会政治制度方面，商品经济已经得到了初步发展。国家在这个基础上，通过投资项目的分配以及相应政策的实施，东部地区整体发展状况居于全国前列，尤以三个直辖市为甚。

（二）改革开放后的探索

在我国渐次展开的改革开放政策背景下，东部地区地方政府治理经历了以经济建设为中心、兼顾社会的经济发展、兼顾社会和生态的经济发展三个阶段，但总体上包括经济、政治、社会和文化等的全方位开放。

东部地区在改革开放优惠政策指导下先尝先试，在经济上得到了飞跃式发展。1978 年，中共十一届三中全会做出了实行改革开放的重大决策。1979 年，党中央、国务院批准广东、福建在对外经济活动中实行“特殊政策、灵活措施”，并决

① 东部地区包括北京市、天津市、上海市、河北省、山东省、江苏省、浙江省、福建省、台湾省、广东省、香港特别行政区、澳门特别行政区、海南省。本章主要研究除台湾、香港、澳门之外的东部省（市）。

定在深圳、珠海、厦门、汕头试办经济特区，福建省和广东省成为全国最早实行对外开放的省份之一。1988年4月13日在第七届全国人民代表大会上通过关于建立海南省经济特区的决议，建立了海南经济特区。1984年4月，党中央和国务院又决定进一步开放大连、秦皇岛、天津、烟台、青岛、连云港、南通、上海、宁波、温州、福州、广州、湛江、北海这14个港口城市。从1985年起，又相继在长江三角洲、珠江三角洲、闽东南地区和环渤海地区开辟经济开发区。1988年增辟了海南经济特区，海南成为中国面积最大的经济特区。1990年，党中央和国务院从中国经济发展的长远战略着眼，又做出了开发与开放上海浦东新区的决定。东部地区政府在这些政策的支撑下，以开放的思想观念，去迎接外部世界的变化和由此带来的挑战，所以它们才成为推动中国经济大发展的主力军。到2005年，东部10省（市）的GDP在全国经济实力排名中前七位有六个是东部地区省（市）。

另外，在综合试验政策上，东部地区也获得了比较优势。自2005年6月21日国务院批准上海浦东新区进行综合配套改革试点以来，到2014年6月止，国务院已经先后批准了12个国家综合配套改革的试验区。在主题为开发开放的试验区类别中有上海浦东新区、天津滨海新区以及深圳市、厦门市、义乌市的经济开发区。这些开发开放政策和东部“敢闯敢干”的精神，将进一步把东部各方面发展推向新的高度。

（三）中共十八大后的探索

中共十八大召开后，东部地区地方政府尤其是广东各级政府秉承一贯的先行先试的优良作风，在治理现代化行政、经济、社会、文化和生态等方面进行了很多全新探索。

从一定意义上说，东部地方政府一致在行政方面不断进行由统治走向治理的新模式探索。在治理新模式下，多元主体共同参与社会问题的讨论，除政府外的其他利益方成为行政决策和政策实施监督中的重要力量。这是其地方治理的典型特征。

广东南方报业传媒集团2014年1月组建了南方舆情研究院，启动2013~2014年度广东“政府治理能力现代化”优秀案例推介活动。经过13家院校智库及专家联合推荐、实地调研、专家审评等环节，历时3个多月，推选出“政府治理创新”、“舆情引导”、“网络问政”三类23个案例。这是对广东各级政府在2013~2014年度工作状况的一次全面梳理。通过这种方式，不断鼓励各级政府加大创新力度而推出目标明确、方式新颖、效果显著的各种行政管理创新点子。对于没有上榜的地方政府，这既是一种鞭策，又让他们有了努力的盼头和方向。其更为重要的意义则在于让公众中的一部分精英人士，比如院校智库及专家站在第三方的角度对各级地方政府在一定标准下进行评比筛选。或许随着这种评比筛选机制的不断完善，普通民众参与对各级地方政府的行政各个环节进行评价并产生一定的监督效能也将不再遥不可及。显然，在经济发达的我国东部地区政府已在探索治理现代化的道路上迈出了坚实一步。主要体现在以下方面：

首先，东部地区在进一步探索越来越透明的治理格局。在广东的 23 个优秀案例中，治理格局的透明化是主流趋势。在“政府治理创新”类中，顺德继大部制改革后，推开行政审批制度改革，在全国县区级政府机构中公布首个权力清单，简政放权，使得审批效率提升了 50%，让权力在阳光下运行的做法排在第一位；广州市在全国率先公开会议费预算，从晒“三公”到晒“四公”，堵住挥霍公款“后门”的增加预算公开类别的行为排在第二位；南海实行负面清单、准许清单、监管清单“三单”管理，划定权力边界，透明化、规范化、标准化运作，收紧政府的“手”，放开市场的“腿”，压缩寻租空间，释放市场活力的创新行政审批制度设计也榜上有名。权力清单、预算公开等做法是透明行政的新气象。

其次，东部地区在不断实践行政职能由管制走向服务的治理理念。2010 年北京市开始利用市级社会建设专项资金购买社会组织服务，至今已经连续四年，共购买了 1544 个社会组织服务项目，总计投入 2.53 亿元。其已结项的 1029 个项目中，服务对象达 789 万余人次，开展活动 78917 场次，累计提供专业服务 391 万小时。广东省公安厅建设“警民通”便民服务平台，依托平安南粤网站、手机应用、微信、微博、便民自助办证终端等载体，让群众办事不再难，让“科技便民”成为现实。深圳在全国率先进行商事登记制度改革，公司注册资本、注册场所、经营范围等门槛均取消或降低，政府监管从重事前审批转向事中、事后监管，引爆了民间投资创业热情。这种服务理念的实施，不是简单地把管理之手从行政事务的前端转向后端，更重要的是拉近了政府同民众的关系并将进一步激发市场主体自身的活力，有利于促进地方政府治理现代化。

最后，治理方式由人治转向法治也是东部地区治理现代化的重要探索。2014 年北京市政府立法工作计划表明，在 12 项计划完成项目中，拟提请市人大常委会审议的地方性法规项目 5 项，拟出台政府规章项目 7 项，基本住房保障、居住证管理、控制吸烟等关于社会保障和治理体制的立法工作有望推进。广东惠州在全市村（居）委聘任“法制副主任”，政府购买法律服务，让法律工作者为基层群众提供家门口的高效服务，畅通基层矛盾纠纷化解渠道，实现了“法治惠民”。

东部地区的上述治理现代化探索主要在地方政府的行政领域。事实上，在经济、社会、文化和生态领域，东部地方政府也进行了很多有关治理现代化的探索。比如，在社会事务上，中山市引入现代公益理念，创新提出“全民公益 1 + 1 + 1”模式，政府出资建公益创投平台，市民与企业资助和监督，社会组织竞投实施，三方联动走出全民公益的新路；珠海市建立了专家咨询委员会、民情观察员队伍、研究基地“三大平台”，凸显“参谋部”、“联络部”、“丰产田”效能，推动社会治理现代化。生态发展方面，广东作为国家试点省，启动碳排放权交易，创造了多个国内第一，为争取国际碳排放交易市场的话语权做好准备，为全国生态文明建设提供了有益经验。

虽然这里仅剖析了来自广东和北京有关地方政府治理的新探索，但是，事实上，东部其他省级政府在地方治理现代化方面也进行了很多探索，并积累了不少经验和教训。

二、东部地方政府治理现代化的经验与教训

（一）东部地方政府治理现代化的经验

第一，经济发展是治理现代化的基础，但不是先决条件。确实，东部地区经济总盘子不只是存量，甚至在很长时期内增量的快速增加也为该区域各方面发展打下了坚实的基础。经济发展了，政府要处理的事务越来越复杂。以经济建设为中心毫无疑问，但在经济发展过程中，必然要干扰甚至侵犯民众的正常合理利益。在经济发展水平相对较低时，这些可能不是要迫切解决的问题。但在有强大经济实力的基础上，或许政府、民众都能也必须把更多精力和实力投入到解决民生、生态等涉及民众的基本问题上。同时，民众同外界交往方式、眼界的提高、获取信息的便捷程度、积极参与各方事务的热情都不同于改革开放以前，他们有内在的激励要求政府提高治理水平，更好地满足他们除了经济发展以外的其他需求。显然，区域的高经济水平是治理现代化的基础。不过，或许经济发展本身就是政府不断创新治理的结果，所以经济发展不是治理现代化的先决条件。

第二，鼓励地方政府治理创新氛围的形成是先决条件。古语云：穷则思变。在现有政府决策和考核体系下，东部地方政府相对比较擅长经济管理，而治理则是一个从观念到实践的大转变。东部地方政府上述治理现代化探索表明，只要在全社会，尤其是上级政府部门能够把思想意识从管理视角转向治理视角，并在此基础上鼓励各级政府在经济、社会、文化等方面采取新举措，提出新设想，那么治理创新方法就会源源不断涌出来。以广东为代表的东部地方政府 30 多年来在经济上的发展是有目共睹的，那么只要有了鼓励政府治理创新的氛围，他们也可以在治理现代化方面取得显著成效。

第三，充分满足居民各方面的需求是治理现代化的目的。经济发展是过去 30 多年东部地方政府的中心工作，其他工作相较而言就没有这么突出。不过，中共十

八大以后，东部地方政府逐步回应居民的各项需求，在地方治理创新上有了很多思路和实施方案，体现了充分满足居民需求的治理创新这一地方政府治理现代化的最终目的。

第四，透明法治等治理现代化的特征。治理创新是有目的的，而为实现此目的，必须有一条切实可行的路径或者说创新方向。从东部地方政府的治理创新方案可以看出，行政的透明法治就是他们的本质经验。唯有如此，才能真正实现满足居民各方面需求的治理创新目的。

（二）东部地方政府治理现代化的教训

首先，没有多元主体参与的治理创新与治理现代化可能流于形式。就治理概念而言，虽然政府一直是所有主体中占据最重分量的一方，但治理创新的主体本身就不应该只有政府。在治理主体中，民众、社会和非政府组织等应该也是治理创新主体。在一定的环境中，或许非政府主体才是治理创新的主体。正是各项事务的纷繁芜杂，政府获取信息的渠道、信息的数量和质量以及对信息的甄别都需要耗费大量资源，甚至根本就做不到掌握比较充分的信息而做出合理决策。而真正与之利益相关的各方则比政府有很多先天优势掌握这些信息，它们之间的博弈决策或许才能得到最符合各自利益的结果。所以，没有多元主体参与的治理创新显然是难以得到大多数人肯定的。

其次，民众利益没有得到充分保障的治理现代化与创新仅仅是缘木求鱼。我国政府的执政理念是一切为人民服务。治理创新与现代化探索也是为了解决民众所面临的切身利益问题。显然，民众利益如果在治理创新与现代化中仅仅是一项参考因素，那么它就成为无源之水。

再次，顶层设计的缺乏可能导致地方政府治理创新路径的模糊。地方政府可以通过自身的努力不断探索新的治理模式和措施，或许它们都能满足当地的各项需要，但如果把视野放在全省甚至全国而言，或许这些创新仅仅是雕虫小技，甚至有的还会违背国家整体利益。要克服这些可能出现的弊端，顶层设计必不可少。在顶层设计框架下，地方政府在清晰的约束边界下就能结合统一指导和本身的特殊情况而提出符合各方利益的具体治理措施。因此，地方政府治理创新路径的清晰有赖于顶层设计的指导。

最后，生态保护的忽视成为难以承受之痛。东部地区经济发展举世瞩目，但在生态保护上政府一定程度的“失位”和“缺位”却让经济发展的金字招牌有褪色之虞。这是“面子”问题，但更关键的是“里子”。“里子”就是我们的发展不仅仅是取得可观的数据，更需要生活品质的提高。如果没有洁净的水，没有清新的空气，没有青山绿水，这一切或许就成了海市蜃楼。因此，生态保护必须成为东部地区下一阶段地方治理创新的优先工作。

三、东部地方政府治理现代化的条件与困难

（一）东部地方政府治理现代化的条件

经济水平是治理现代化的基本条件。在一般价值观念下，没有谁乐意过穷日子。经济水平一定速度下的稳步增长将为开展其他工作提供雄厚资财。领先全国的经济发展水平使得东部地方政府有足够的财政收入保证民生需求。经济的活跃也为民众的就业拓展了无穷空间，收入增加了，民众也就有了不断提高生活品质的基石。不管是政府还是民众，都有愿望也有实力不断促使地方治理现代化的实现。

国家政策支持也是必备条件。东部地方政府运营也必须在上级政府的约束下开展各项工作，治理现代化也如此。有了国家政策的支持，政府也就获得了人力、技术和资金等方面的支持。

同时，提升民众整体素质也十分重要。民众素质与经济实力没有显著关系，但与教育水平、人文底蕴等直接相关。民众对自身利益有了清晰定位，并且能够为了获得合理利益而采取合法形式争取，这本身就能不断激励政府进行治理创新，从而满足他们不断增长的利益诉求。

另外，充分发挥政府自身创新的积极性也是地方政府治理现代化的必备条件。当社会矛盾越来越冲击到政府原有的行政模式和对应方法时，政府不得不进行治理创新。而有前瞻性的政府，必然不断撷取其他地方甚至其他国家地方政府的优秀做法为自己所用，鼓励自我创新，提高政府治理效率。

（二）东部地方政府治理现代化的困难

地方政府在治理现代化进程中面临的严峻问题很难能够由独立的地方政府解决。比如，环境、食品安全等问题已经成为地方政府治理面临的难题，但却不能仅靠各自为政的东部地方政府治理创新来解决。中央政府需要进行顶层设计，同时各地方政府也要携起手来解决共同面临的生态恶化、食品安全等民生问题。

同时，地方政府绩效考核指标与治理现代化的目标的非一致性，也是地方政府治理现代化的困难。当前，东部地方政府的主要精力仍然在经济发展上，这与地方政府的重 GDP 绩效考核指标，尤其是地方“一把手”的升迁考核密切相关。如果不能转变这些考核指标，地方政府治理创新与现代化就会成为一纸空文。

第二节　西部地区[①] 地方政府治理现代化探索

一、西部不同时期地方政府治理现代化探索

（一）改革开放前的探索

新中国成立后，基础薄弱的西部地区政府不断在经济等方面进行管理探索。不过由于这阶段我国处于计划经济时期，西部地方政府的治理探索仅仅是中央政府相关政策的执行者，投资、建设任务等都需严格按照中央政策要求完成。

近现代时期，战争频繁，国家百废待兴，而西部地区地理环境恶劣，人口稀少，经济落后。不过，在经济上，新中国成立以来，“一五”时期国家在西北地区投资了众多的大项目，全国 694 个工业建设项目中有 472 个分布在内地。之后的“二五”计划和“三线”建设，依旧对西部进行了巨大的投资。财政管理体制上，我国在 1950~1979 年采取“统收统支”以落实集中力量办大事的政策要求，西部得到了国家财政的大力支持。政治上，新中国成立后，中央政府在西部设立了一系列自治区、自治县，实行民族区域自治政策，创造性地解决了民族融合和发展之间的矛盾；1954 年颁布了地方政府组织法，提高了西部地区政府的部分权力。文化上，新中国成立后，实行宗教自由政策，对少数民族的习俗采取尊重并保护的态度，加强了与西部地区的联系。环境上，新中国成立后，由于国家对于发展的迫切需要，要求对西部地区大量开荒，环境破坏较为严重。

（二）改革开放后的探索

横向上看，改革开放以来，由于受东、中、西“梯度发展理论”的影响，国家投资的重点主要在东部沿海地区。20 世纪 80 年代中期以来，我国财政政策采取“一刀切”的做法也恶化了西部地区政府的财政收支。这些都导致西部发展落后于东部。

当然，纵向上看，改革开放后由于国家政策的大力支持，西部各个地区的政府治理探索也逐渐走上正轨并且得到了长足发展。经济上，中央政府在西部地区调整产业结构，实施了一批军转民项目，加大了对西部地区的投入；实行西部大开发战

① 西部地区指重庆、四川、贵州、云南、广西、陕西、甘肃、青海、宁夏、西藏、新疆、内蒙古 12 个省、直辖市和自治区，土地面积为 681 万平方公里，占全国总面积的 71%。

略，建立民族地区改革开放实验区和以一些中心城市为依托的各具特色的工业基地。

因此，西部地区地方政府在此背景下在财政收支管理和行政模式等方面推出了很多新举措。近年来，陕西省在加强财政支出管理方面进行了一系列探索：行政事业单位干部职工工资进行统一发放；会议费和外事费统一结算；相关商品和服务由政府统一采购；各级财政部门对预算单位集中办理会计核算；实行会计监督等。宁夏回族自治区则推行服务型政府。它们围绕农业产业化和特色优势产业进行旅游资源深度开发，指导土地使用流转权创新落实，维护市场经济秩序，推进区内商品品牌战略等。环境上，中央政府西部大开发战略要求进行生态建设，西部地区政府也做出回应。内蒙古地区 1999 年大力实行退耕还林，天然林保护、湿地保护和荒漠化治理等一系列林业生态重点工程在 10 年间累计完成林业生态建设 1.18 亿亩。西北地区则采取技术攻关，在新疆和田塔克拉玛干南缘的流动沙丘上采取滴管措施营造了防风固沙示范林，在河西走廊实行了创高产配套技术等。

政治上，改革开放的大背景为西部发展提供了先决条件，也让它们可以在政府管理上进行一些尝试。2007 年 7 月四川省在全省范围内确定了 27 个县（市）开展拓权强县的试点工作。目的是扩大市县自主权，确保责权统一以提高政府运行效率。据报道，该改革让省与县级政府之间上传与下达正常完成时间由原来的 15 天减到最多 7 天。宁夏回族自治区政府提出政府要从管理向指导进行转换，变“监管者”为“引路人”，逐步实现行政管理理念由权力本位转向责任本位，做到管理与服务并重。

西部地区生态的恢复同样也促进了西部地区经济的发展。内蒙古地区的环境治理措施使得内蒙古地区的沙漠化程度有了好转，2010 年全区森林覆盖率达到了 20%。西北地区的环境治理措施在一定程度上恢复或保护了生态环境，增加了西北地区的土地利用资源。

西部地区政府的现代化探索不仅有政府的努力，同时也有非政府成员的积极参与和配合。内蒙古自治区在 2008 年 10 月颁布了《关于加强城镇和谐社区建设的若干意见》，以加强对社区建设的指导。政府的力量毕竟有限。由于非政府组织的发展，西部地区人口众多农民的合法权益能够得到及时快捷的维护并得到社会各界的帮助，成为政府、市场与农民社会之间的纽带。据《21 世纪经济报道》，在偏远的西南边陲省份云南，2008 年有超过 200 家国际 NGO 组织和不计其数的中国本土 NGO 在这里设立机构或开展项目。这一数量甚至超过作为政治中心的北京，位列全国各省区之首。如香港乐施会与云南省扶贫办 2004 年签署的最新协议中，乐施会承诺在 3 年内力争为云南省提供不少于 1000 万元人民币的扶贫发展与赈灾资金，并向云南省扶贫办及其他合作伙伴提供物资、技术、管理和培训等方面的援助。世界自然基金会也与云南省环保局、云南省林业厅和云南省交通厅签署合同以共同致力于环境保护、森林护理以及交通设施的改善等。[①]贵州锦丰矿业公司在政府的引导下，对极其贫困的锦丰矿业社区进行大量投资，帮助社区村民提高收入，改善当地的医疗、教育设施和生活条件。汶川和玉树等地区地震时，以及西部一些灾害多发地区发生灾害时，全国各个企业分别进行了物资援助。

（三）中共十八大后的探索

中共十八大召开后，西部地区政府不断在透明政府和服务型政府方面进行治理现代化探索。宁夏回族自治区在中共十八大后积极进行财政管理制度改革，并决定在 2014 年逐渐公开各种经费，改进年度预算控制方式，收入预算从约束性转向预期性，逐步向透明型政府转变。贵州省则建立贫困地区实验区，如毕节实验区，以引导其因地制宜发展特色农业，并出台各种优惠政策促进工业化发展，主导发展优势产业和第三产业。

二、西部地方政府治理现代化的经验与教训

改革开放前后，西部各级政府都采取了不同的手段对西部地区进行开发整治以促进西部地区的现代化，但并非每一个方法每一个手段都取得了成功，西部地区的现代化发展需要当地政府在正确理解中央政府发展理念的基础上充分发挥各自的能动性。只有这样，西部地区的现代化发展才能少走弯路。因为只有符合现代化的发展规律，符合“法治、民主、责任、效率、有限、合作、协调等治理理念”，符合建设法治型、服务型、透明型政府的治理现代化探索才是民众所需。西部地区治理现代化探索的经验与教训体现在以下方面：

（一）西部地方政府治理现代化的经验

国家政策的支持极大地促进了西部各地的全面发展，也推动了西部治理现代化实践。

新中国成立前，由于战争连绵，国家极度贫穷，急需发展，新中国成立后的现代化措施主要集中在经济方面。“一五”计划中，国家实行了一系列发展重工业的政策，而西部地区的工业化和城市化在这期间得到了大发展，经济总量不断提高，而且在一定程度上改变了我国原有工业生产的不合理布局。政治上的民主化政策加快了西部地区的民主化进程。文化上的宗教自由政策更是保留了西部地区丰富多彩的民族特色。这为西部治理现代化探索奠定了良好基础。

改革开放后，西部地区地方政府在治

① 赵悦，马翡玉．非政府组织参与新农村建设的现状及分析——以云南省为例［J］．云南农业大学学报，2014（8）．

理现代化领域的自主探索使其在经济、政治、社会和生态等方面的状况不断改善。

首先，经济上不仅取得了量上的突破，而且与市场经济要求相符的经济体制改革也取得了明显进展。《西部蓝皮书2009：中国西部经济发展报告》指出，十年来，西部地区经济总量和人均水平实现了大跨越。西部地区国内生产总值由1998年的14647.38亿元增加到了2008年的58256.58亿元，年均增长率11.42%，高于全国9.64%的年均水平，是新中国成立以来增长最快的十年。西部贫困地区的财政体制改革提高了财政资金的使用效率；向资源节约型经济结构的转变拉动了西部地区第三产业的发展；对人才和高校的投资促进了地区的自主创新水平的提升。

其次，西部地区地方政府在进行经济体制改革的同时，通过政治体制改革转变政府职能，极大地适应了市场经济的发展要求。西部地区政治民主化进程进一步加快，颁布的大量有关民生的政策法规促进了当地的和平稳定。

再次，对环境治理的重视是西部地区政府提高政府治理能力，逐渐向地方政府治理现代化目标迈进的明证。

最后，非政府组织及个人对社会管理的参与起到补充其他社会治理主体的主导作用。这也是西部地区政府的治理创新与现代化的重要经验。

专栏6-2　重庆市秀山县推进民族事务治理体系现代化建设

据报道，重庆市秀山县创新民族事务治理体系现代化建设注重抓好以下工作：一是抓网络防线。秀山县共建成27个社会管理服务中心、267个村社综治工作站，将全县划为320个网格、1934个基础网格，创新推进“和事堂”调解基层矛盾纠纷。二是抓边区建设。与湖南花垣县、贵州松桃县建立边区“五联”机制，边区连续12年无重特大群体性事件和重特大刑事案件。三是抓民族自治。初步形成以《自治条例》为基础，以《锰矿资源管理条例》、《殡葬管理条例》为补充的地方民族法制体系基本框架。四是抓政策运用。培育民族特需用品定点生产企业1家，审批民族贸易企业130余家，“两民企业”贷款余额10.7亿元，享受贷款利差补贴2511万元。五是抓队伍建设。提拔重用、交流少数民族干部216人，县管少数民族领导干部占70.1%。

资料来源：重庆市政府网，2014年9月14日。

（二）西部地方政府治理现代化的教训

新中国成立后，西部某些地区不顾客观规律盲目发展，使得经济结构不符合社会发展需要，这阻碍了西部地方政府治理现代化的探索进程。虽然当时的国情要求我国必须发展重工业，但重工业项目过速增加，其最直接的后果是生态环境遭到严重破坏。另外，很多建设项目大大超出了地方政府财力，挤占了利用效率更高的其他领域资金。更为严重的是由此刮起了“浮夸风”、“共产风”，导致之后的经济发展几乎停滞，严重阻碍了西部地区的治理现代化进程。

改革开放后，国家非均衡倾斜发展战略和西部地方政府错失发展机遇使得西部整体落后于东部。1994 年国家实行的分税制改革更不利于以农业为主的西部贫困地区。1997 年陕西省的收费改革出发点很好，但也带来了财权分散的弊端，严重影响了财政使用的透明度。西部各地采取的粗放型经济发展方式也带来了一系列的生态问题。①

西部地区政府市场意识不强。西部偏远民族地区的政府工作计划经济痕迹明显，法治环境不健全，政治职能不完善，暴力案件频发，政府对于市场的建立仍处于一种缺失的状态，没有达到“用足市场，慎求政府”的要求。截至 2008 年，我国少数民族最集中的五大自治区加上青海、贵州、云南三省，全部国有及规模以上的非国有工企业总数 18779 家，占全国的 4.41%，企业数量相当少。文化上，西部许多地方政府对于历史文化和自然遗产的开发与保护未能给予重视，破坏历史文化和自然遗产的现象屡见不鲜。环境上，西部地区对环境治理的重视程度不够，仍然维持经济发展“提升一千，自损八百”的落后状态，而且难以保证政策的公平性和公开透明。

非政府组织发展还与实际需求存在差距。西部地区由于人口复杂，各种矛盾层出不穷，探索中的非政府参与存在着诸多问题。无论是云南还是内蒙古的非政府组织，都处于过度依赖政府，独立性、组织性较差的局面，且资金十分缺乏。又因为过于受政府的影响，往往不能站在民众的角度履行职能，甚至完全不能发挥其应有的作用。另外，其内部管理机制不完善，尤其在人口素质较为低下的西部地区，内部人员专业素质十分低下。这成为西部地方政府治理现代化的“瓶颈”。

三、西部地方政府治理现代化的条件及困难

（一）西部地方政府治理现代化的条件

西部地区资源丰富，国家重视程度

① 翁思洁，孔祥利. 西部地区新型城镇化进程中的地方职能阐释［C］.《资本论》与新型城镇化问题研究——陕西省《资本论》研究会 2013 年学术年会论文集，2014.

高，条件十分优越。这有利于推进西部地方政府治理现代化。

在自然条件上，西部地区自然资源丰富，开发潜力较大。西部地区有着丰富的矿产资源，在全国已探明储量的156种矿产中，西部地区有138种，矿产开发已经成为西部重要的支柱产业；西部地区还拥有广袤的土地资源和绝大部分草原面积，耕地水平是全国的1.3倍；水资源和旅游资源都十分丰富，水资源占全国的80%以上，自然景观和旅游景观交相辉映。西部地区沿边沿疆，地理位置也十分重要。

在社会经济条件上，从古到今，国家都投入了大量的人力、物力对西部地区进行开发建设；国家的一系列政策为西部地区的开发提供了政治上的支持，大大促进了西部地区的发展；西部地区劳动力供给充足，劳动力成本较低，在全国具有一定的比较优势，尽管不太明显；西部地区由于少数民族众多，文化多姿多彩，成为中华文化中一颗璀璨的明珠。

（二）西部地方政府治理现代化的困难

西部地区地理位置较为偏远，自然环境恶劣，开发难度大。西北地区水资源匮乏，甚至影响到当地居民的生存，是制约当地经济发展的“瓶颈”；土地资源虽然多，但是质量很差，整体不如中部和东部地区。经济结构不合理，过于单一；区域竞争力相对较低，2007年西部民族地区的综合竞争能力排名中，最靠前的内蒙古只位居全国第10位，其他省级政府都在第15位以后；西部大量劳动力外流，减少了西部地区的劳动力供给。

民众和政府工作者整体素质偏低。西部地区人才资源不足，公民整体素质较差，受教育程度普遍较低，有些地方还盛行民族主义思想；知识和技术水平低，且分布不均，主要集中在少数几个大城市。民众对环境保护的认识度不够。近十年来，多达200万人次的发菜采掘者非法进入内蒙古大草原挖掘发菜，其采掘面积高达2.2亿亩，使0.6亿亩草原被完全破坏。[①] 西部地区除了保留下来的一些传统民族宗教设施外，文化设施普遍较为缺乏，西部地区独有的文化资源也没有得到很好的保护。

① 刘平胜. 试论西部地区政府在生态环境建设中的角色定位［J］. 商业现代化，2010（8）.

第三节　中部地区[①] 地方政府治理现代化探索

一、中部不同时期地方政府治理现代化探索

俗话说，得中原者得天下。在农耕文明的古代中国，中原地区乃至中部地区以得天独厚的优势，一直扮演着经济文化中心、商业中心、军事中心、政治中心、交通节点等重要角色。然而，随着近现代文明的发展和农耕社会的衰退，特别是近30年，东部地区迅速崛起，其发展速度已远远赶超中部地区，成为中国的经济高地。西部地区依靠其丰富的自然资源，最近几十年的经济实力也得到迅速的提升。而中部地区由于缺少国家战略支持，并且其地理位置既不沿海也不沿边，处于一个非常尴尬的局面，以农为主的发展方式也大大制约了其经济发展水平。中部地区的治理现代化探索比较典型的是在经济探索方面，本书将从以下几个方面探讨中部地区的现代化探索：

（一）改革开放前的探索

中部地区位于中国大陆的中间地带，东有沿海岸线的东部省市，西有地域辽阔、人烟稀少的西部省区。从地理区划上看，它不同于我国传统的南北划分，也不同于中华人民共和国成立时的大区划分，中部地区主要是20世纪90年代随着我国改革开放的进一步深入而出现的地缘概念。

新中国成立后，中部地区在探索工业化方面存在很多缺陷。新中国成立之初，中部地区工业发展十分落后，工业化程度和城镇化水平十分低下。新中国成立之后，伴随着社会主义经济建设的全面展开，中部地区城镇化在一个起点极低的基础上逐步展开，形成了一批有特色的老工业基地。而1958~1977年的近20年间，国民经济趋于崩溃，出现了“过度城市化”和“逆城市化”现象。而政治上，一直是国家政治中心的中部地区由于经济崩溃，“左”的错误思想蔓延，政治的民主化建设也基本停滞。

（二）改革开放后的探索

中部地区政府在改革开放以后进行了一系列地方治理探索，取得了一定的成效。改革开放初期，中部地区确定了优先发展小城镇的改革政策，但这一时期基本上沿袭了传统计划经济时代的做法，尤其是农村工业的发展，以乡镇工业“遍地开

① 中部地区包括山西省、河南省、湖北省、安徽省、湖南省、江西省。

花”的分散布局为基本特征。[1]

进入21世纪以来，随着中部崛起战略以及促进中部老工业基地建设政策的出台和实施，再加上中部各省城市群的构建，中部地区得到了新发展。其主要体现在：中部地区城市抱团奋进和各省独立创新发展相结合的探索。武汉经济协作区于1987年5月23日在岳阳成立。2004年，该协作区GDP达到14000亿元，全口径财政收入实现1300亿元，得到大幅提升。2007年9月3日，由武汉、郑州、长沙、南昌、合肥、太原六省会城市贸促机构以及豫南贸促系统经济协作区共同发起的“中国中部城市贸促机构”在山西太原成立，[2]以实现互促互助，共建合作平台；互补互帮，加强经贸合作；互通互换，共享信息资源；互尊互商，建立协调机制的《太原宣言》。另外，河南省自“十五”以来，认真贯彻中央政策，全面取消农业税，加大支持“三农”力度；建立现代企业制度，推进企业股份制改革，强力实施工业强省战略。山西省的创新则主要集中在政治管理体制改革领域。山西省太原市政府在2002年提出要以“廉洁政府”为切入点进行改革；太原市小店区则实施五项制度改革，实行“区及费用免受制”、“慎用处罚制”、“责任追究制”、“备案经营制”和“不告不查制”，全面推进政治体制改革；社会文化上，山西省于2006年6月出台了《山西省文化建设“十一五”规划》，明确了未来5年文化产业发展方向；山西省政府在1992年建立了山西人才市场，在中共十七大之后制定了“人才强省战略”，2003年组建国家级人才市场——中国山西人才市场。湖北省襄樊市政府在1988年8月成立了襄樊市会计局，进行了会计管理体制改革，制定《会计法》，实行会计委派制。2010年，湖南省岳阳市重点在无为问责方面进行了有益的探索。成立了问责工作领导小组，责成有关部门限期处理回复群众问题。仅两个月时间，就接到群众举报投诉信件57件，投诉电话830个。岳阳市对行政审批制度的改革力度不断加大，建立了365便民服务中心、市政服务中心等一大批利民便民工程。

非政府组织在中部地区社会管理中扮演着越来越重要的角色。近年来，仅长沙市就有志愿者协会157个，注册志愿者达到23万人次，大量志愿者活跃在环境保护、城市管理、公益服务等各个领域，为长株潭地区的发展做出了重要贡献。2009年湖北省慈善总会继续在湖北省农村开启“温暖工程”，投入善款600万元，为300个农村福利院安装太阳能热水器等设施，新开办30个慈善阳光班，资助特困特优

---

① 胡际权. 中部地区新型城镇化发展研究［D］. 西南农业大学博士学位论文，2005.

② 宣超，陈甬军. 中部地区物流发展的政府协商模式与市场调节机制研究［J］. 理论与改革，2013（5）.

高中生。

(三)中共十八大后的探索

有限政府和服务型政府是中部地区中共十八大后地方政府治理现代化探索的重点。中共十八大之后，中国共产党提出了继续促进区域协调发展、大力推动中部崛起的政策，中部地区政府也一直坚持根据本省省情努力探索的原则。根据河南省民航局、铁路局发展规划，2009~2015 年河南省共有 15 个铁路项目，总投资约 2760 亿元，需河南出资约 371 亿元，资金缺口很大，而政府投融资平台创新拓宽了政府的融资途径，提高了政府的财政收入，且将政府与市场更加紧密地结合起来，逐渐由“全能政府”向有限政府转变。湖南省岳阳市的“问责制”改革在一定程度上填补了干部惩戒和激励的制度性空白，改变了以往干部的陈腐观念，切实把政府经济管理职能转变到主要为市场主体服务和优化经济发展环境上来。江西省行政体制改革减少了行政层级，提升了政策信息沟通速度和政府决策效率，促进了江西省管理体制的现代化。2014 年江西将共青城、瑞金等六个县（市）列入江西省直管县体制改革试点；文化上，2013 年江西省政府全面完成国有文艺院团转企改制等五项文化体制改革，国有林场试点稳步推进。

专栏 6–3　推进湖南省城市社区治理现代化的五点建议

2014 年湖南省委颁发的《中共湖南省委贯彻落实〈中共中央关于全面深化改革若干重大问题的决定〉的实施意见》中指出，要“试点推进基层治理模式改革，探索建立新型社区服务管理模式”。2014 年2 月，民政部将 31 个单位确认为“全国社区治理和服务创新实验区”，湖南省长沙市开福区、雨花区占据两席。这都为推进我省城市社区治理现代化奠定了良好的基础。为此建议：

（1）推进“行政工作社区化”。以往的社区治理工作往往是政府将任务层层转包，将社区居委会视为自身的腿脚，呈现出“社区工作行政化”的弊端，社区不堪重负。建议提升社区工作的行政层级，突破民政局“单打独斗”、其他部门“乱介入”的局面，最起码在区一级层面成立以区委书记为组长的“社区治理领导小组”，统一推进行政工作面向社区的工作，将公共服务和社区管理工作向社区扎根，直接面向社区居民。

（2）大力培育社区社会组织。建议在社区治理过程中厘清政府与社会的关系，开辟社区社会组织参与社区治理的渠道。在市、区级党委政府层面成立社会组织服务中心，建设“市—区—街”培育社区社会组织的体系，孵化和培育社区社会组织。降低社区社会组织准入门槛，简化登记程序，建立社区社会组织孵化基地，强化对社会组织的辅导和培育，使之成为承担政府公共服务的重要主体。

（3）完善“居站分设”体系。全面推进社区居委会和社区工作站（社区服务站）分离，对于社区居委会主要承担社区自治和社区内公共事务管理工作，社区工作站承接政府公共服务和行政事务工作，事权财权一起下放，严格执行“权随责走，费随事转”的原则。加快建设社区工作站（民办非企业组织），整合社区工作“八大员”，进行“一门式”服务，把社区公共服务送到社区居民家门口，打通最后一里路。

（4）制定社区事务清单。总体梳理党委、政府部门、群团组织进入社区的工作，通过社区负责人、专家学者、社区居民的评议，经过“社区治理领导小组”核准，对进入社区的组织机构、工作任务、网络信息平台、创建评比、考核检查、普查调查等工作进行最终确认，开出社区事务和责任清单，实行社区事务准入制度，对社区居委会主导的、协助解决的工作进行定期核定，减轻社区工作压力。

（5）实施社区事务项目制。在大力培育社会组织的基础上，市、区、街三级要合理安排社区财政投入，单列并逐步扩大部分预算，用于“项目化社区治理项目”或“公益创投项目”，通过向社区社会组织招标的形式，购买公共服务，既减轻政府工作负担，又调动社区社会组织参与社区治理的积极性。

资料来源：红网综合，2014 年 9 月 11 日，作者：吴晓林。

二、中部地方政府治理现代化的经验与教训

中部地区的现代化探索在不同时期不同领域采取了不同的手段进行探索，并获得了许多经验和教训。

（一）中部地方政府治理现代化的经验

新中国成立后至改革开放初期，中部地区的发展主要依托国家。国家的政策支持对中部地区发展至关重要。新中国成立后社会主义经济建设的展开促进了人口和城市的增多，这对当时以农为主的中部地区是非常有利的。改革开放之后，国家调整了经济发展政策，逐步实施分权制和市场化改革，使得中部地区政府更加注重本地区经济的发展，强化了其服务和社会职能。1984 年中央政府颁布了新的户籍政策后，中部地区的发展也进入了转型阶段。之后国家出台了中部崛起战略，为中部地区的发展提供了经济和政策支持。

中部地区政府的协作惠及各方，透明法治引领的创新也使中部地区超速发展。武汉经济协作区成立 20 年来，协作区域的国民生产总值增长了 8.9 倍，工业生产总值增长了 32.8 倍。2004~2008 年河南省粮食产量连续 5 年大丰收，连续 3 年超越

5000 万吨台阶，而全部工业增加值以年均 13.7%的速度递增。山西省人才市场的建立拓宽了引才的范围，降低了引才的成本，大大促进了山西的发展；太原市的改革重点在于转变行政办事流程，使之更透明和简化。湖北省的会计制度改革增强了各级领导和职工群众的法制观念，提高了财务管理水平，加强了政府与市场的互动，促进了“简政放权”。

因此，有限政府和服务型政府是中部地区中共十八大后探索的重要经验。这些政府治理现代化上的探索或许会使得中部在未来发展上实现“超车”。

（二）中部地方政府治理现代化的教训

新中国成立很长一段时间后，中部地区因为国家政策而在经济投资中被边缘化，各方面发展都相对较慢。新中国成立以前，中部地区着重发展农业，忽略了对工业化的探索。新中国成立之后，由于“文化大革命”的影响，经济发展大起大落，城镇化发展也是一波三折。

改革开放时期，中部地区虽然得到了发展，但整体的政府现代化探索还是存在经济发展滞后、政府管理创新步伐有待加速的问题。

经济上，中部地区经济外向度仍然偏低，出口拉动微弱，资本市场发展滞后，[①]资源要素严重外流；政治上，中部地区普遍政策中空，行政壁垒严重，政府的社会管理和公共服务职能依然较弱，科技教育投资不足。武汉经济协作区中虽然在经济上取得了一定的成果，但在政府管理上，同样存在着“利己主义”、“金钱主义”等不正思想，政府部门间的联系也比较松散。河南省政府仍然存在着政府本位价值取向居于主导地位，无限政府倾向强，过于强调政府的管理职能，缺乏公众参与，行政效率低下；文化整合和创新能力不足，文化建设处于滞后状态。山西省政府的人才管理制度虽然经过创新，但其中仍然存在着人才市场主体不到位、人才商品素质参差不齐、政府职能不明确、缺乏监管等问题。湖南省政府在进行经济和文化事业管理制度改革时，仍然存在着法制建设过于滞后、投融资环境不理想、政府职能错位等问题。江西省的市管县体制改革存在各地经济发展状况不平衡、市辖县的规模不均衡、地级市压榨农村经济等问题，不利于经济社会的发展，阻碍地方治理现代化进程。

三、中部地方政府治理现代化的条件与困难

（一）中部地方政府治理现代化的条件

中部地区的自然条件和社会条件都十分优越。

（1）自然条件：中部地区处于先东部后渐渐向内陆过渡的阶梯中游，气候温暖

① 苏昌贵，魏晓.中部崛起战略的若干思考［J］. 经济地理，2006，26（2）.

湿润，土地肥沃平整，河流相对较多，水分充足，自然资源较为丰富，北有煤炭资源，南有铜、钨资源，土地资源较为充备，自然环境保护较好。

（2）社会经济条件：处于一个好的国际和国内发展背景下，发展前景广大。拥有与长三角、珠三角、环渤海和西部地区等大区域对接的绝好区位；几个人口大省几乎都在中部地区，劳动力丰富且廉价；中部地区交通发达便利，京九铁路、京广铁路贯穿南北，陇海铁路横贯东西；同时中部地区也是全国物流中心；旅游资源类型多，较为丰富，各个地区都大打“旅游牌”。改革开放后期，国家颁布了一系列政策促进中部地区发展，中部地区的基础建设资金也基本上依靠当地政府投资，政府支持对中部地区治理现代化发展必不可少。

（二）中部地方政府治理现代化的困难

中部地区地方政府治理现代化探索客观上存在着区位限制。中部地区没有东部地区沿海岸线的地理特征，也没有西部作为中央政府确立的政策特征，中部地区明显处于“不东不西”的夹缝地位和国家发展战略的边缘状态。中部六省经济发展速度慢，经济总量低，产业结构低；外贸依存度低于全国平均水平；民营经济发展缓慢。财政水平低，居民收入低；基础设施不健全，基本保障措施不完善；农业人口过多，人地矛盾突出，就业压力大；城市人口过少，工业化程度低，产业结构不合理，区域工业发展不良；人才资源匮乏，大量人才外流，人才开发处于较低水平。

经济发展状况制约了中部民生水平的提升幅度。中部地区农业自给自足的状态使得中部地区人们极易满足，缺乏创造，封闭自守。城市职能相对较差，水资源污染严重，城市热岛效应强。这些都是中部地区推进治理现代化过程中遇见的困难，在未来的发展过程中必须予以克服。

第四节 东北地区地方政府治理现代化探索

中国东北地区，幅员辽阔，位于我国山海关以东以北。狭义上的东北地区指今天的东北三省，即黑龙江、吉林、辽宁，而广义上的东北地区则包括东三省和旧为东三省管辖的今内蒙古东五盟市（呼伦贝尔市、通辽市、赤峰市、兴安盟、锡林郭勒盟）以及河北省的秦皇岛。本书采用的是狭义上的东北地区概念。

东北是一片富饶的土地，这里有丰富的矿产资源、广阔的海域和丰富的海洋资源以及我国最大的林区和木材工业，还有种类繁多的珍稀野生动物。文化资源更是数不胜数。下面我们探讨东北地区地方政府治理现代化的探索历程。

一、东北不同时期地方政府治理现代化探索

（一）改革开放前的探索

新中国成立后，我国各个地区均在国家政策下进行一系列探索，东北地区着重拓展和提升重工业基地地位。1949 年 10 月至 1952 年底，国家经济建设重点还是在老工业基地东北地区，其次是华东与华北地区。而在“一五”期间，建设重点仍然在东北地区。这一时期的建设重点是在内地靠近沿海的地区。在实际实施的 150 项苏援项目的地区分配上，超过 10 项以上的省级政府中，辽宁排第二位，黑龙江排第三位，吉林排第六位。东北也被誉为“共和国长子”。随后，“二五”和“三线”建设时期国家布局建设、以重工业骨干企业为依托聚集形成的工业基地在东北形成。1956 年 10 月，长春第一汽车制造厂建成投产，结束了我国不能制造汽车的历史。之后，我国第一个化学工业基地吉林化学公司染料厂、化肥厂、电石厂也相继完成了建厂任务。这些重点工程的建成和投产对加速东北地区的工业化进程具有重大作用，在推进我国国民经济建设及地方政府治理现代化中也具有重大意义。

（二）改革开放后的探索

改革开放后，东北三省在其深厚的工业基础上进行了全方位探索。经济上，黑龙江省 1980 年开始对地方工业产品分别实行统购、计划收购、订购、选购四种方式，1983 年陆续将企业购销权力下放，或促成组织专业批发企业，政府部门逐步退出对流通企业的管理。1985 年以国家取消生猪派养派购制度为标志，黑龙江省全面开始了取消农副产品统购包销的商品管理制度。之后又调整了国营商业的分配关系，允许国营企业自销，2004 年初组建商务厅专事管理和监督。吉林省在省委第八届四次会议上明确提出，“把农产品加工业建成第二个支柱产业”，以充分利用长白山资源，实现产业化经营。政治上，辽宁省在 2004 年进行了政府机构改革，省政府工作部门变为 42 个，其中办公厅和政府组成部门由 26 个调整为 28 个，直属特设机构 1 个，直属机构由 15 个调整为 13 个；2000 年 5 月，吉林省进行了机构改革，解决了 40 余个部门 70 多项职能交叉、管理重复的问题。文化上，辽宁省省委和省政府成立了高规格的辽宁省文化体制改革小组，全省 8 个市设立了文化产业科。在理顺管理机制的同时，推进成立了文化产业示范基地和辽宁省文化产业协会，以协调政府和文化产业管理部门共同制订培养文化产业人才计划。环境上，吉林省 2000 年以来非常注重生态环境建设与保护工作，先后颁布了《吉林省生态环境建设规划纲要》、《吉林省生态建设“十一五”规划》等生态建设规划。

振兴东北等老工业基地战略的提出为东北快速发展提供了新动力。2003 年 10 月 5 日，中共中央、国务院印发《关于实

施东北地区等老工业基地振兴战略的若干意见》，制定了各项方针政策，以加快体制机制创新、全面推进工业结构优化升级、大力发展现代农业和第三产业、推进资源型城市经济转型、加强基础设施建设等为主要内容的振兴东北等老工业基地战略正式拉开了序幕。时隔六年，2009 年 9 月 9 日，国务院又通过了《关于进一步实施东北地区等老工业基地振兴战略的若干意见》，及时制定了新的 28 条政策措施，对新形势下进一步实施东北地区等老工业基地振兴战略做出全面部署，东北站到了全面振兴的新起点。

振兴战略经过十年的实施，综合经济实力得到提升，经济总量扩大。2012 年，辽宁、吉林和黑龙江三省地区生产总值同比增长速度为 9.5%、12%和 10%，分别高于同年全国的国内生产总值增长速度 1.7 个、4.2 个和 2.2 个百分点。2012 年，辽宁、吉林、黑龙江三省的地区生产总值合计 50430.72 亿元，与 2003 年相比，十年间翻了近两番，三省年地区生产总值都迈上万亿元的台阶。结构调整步伐加快，产业结构得到优化。传统优势产业不断壮大，高新技术和战略性新兴产业崛起，服务业规模不断扩大，轻重工业比重有了一定的调整。社会民生建设步伐持续加快。居民收入有所增加，生活水平明显提高；就业再就业工作成效显著；社会保障体系逐步完善。

非政府参与也为东北地区的地方政府治理现代化做出了贡献。2001 年 5 月，大连市政府发布 40 号文件，将社区公共服务社定性为非政府性社会公益组织，作为民办非企业单位登记注册，并决定在全市广泛推开。黑龙江、吉林两省也有类似举措。

（三）中共十八大后的探索

把振兴东北老工业基地战略同东北自身优势进一步紧密结合成为这阶段治理现代化探索的重点。

通过第一个十年振兴计划，一度低迷的东北老工业基地再次焕发出生机和活力，东北地区经济增速明显。但进入下一个十年后，当投资拉动逐渐“成为往事”的时候，在全国经济增长放缓的情况下，不可否认的事实是，东北地区经济增长下滑严重，增速均低于全国平均水平。

东北老工业基地再次引起国家高层关注。2014 年 5 月 28 日，国家发展和改革委员会表示，针对辽宁、吉林、黑龙江三省经济增速放缓的问题，国家正酝酿支持东北经济重新焕发活力的一系列政策措施。

二、东北地方政府治理现代化的经验与教训

（一）东北地方政府治理现代化的经验

无论是改革开放之前还是之后，东北地区地方政府改革与治理存在不少可取之处。

把政策和自身优势相结合可以带来社会的全面进步。改革开放前黑龙江的商业

改革措施，在当时商品经济不发达的时候，加强了国家和当地的经济力量，为过渡到治理现代化创造了条件。改革开放后黑龙江进行了新的经济探索，破除了束缚生产力发展的商品市场管理体制，初步确立商业先导性基础产业地位，简政放权，打破了传统的“全能型政府”的体制，实现了向服务型政府的转变。在短短 20 年内，国营企业经营所占比重由 93.7%下降到 23.8%，集体商业由 5.7%上升到 10.4%，私营企业和个体户由 0.2%上升到 52.2%。文化上，辽宁省对文化的大力发展和改革取得了成效：2008 年全省文艺演出收入完成 1.74 亿元，同期赴日本演出的纯收入达 300 万元。从此，辽宁省大众娱乐场所已摆脱了松散、凌乱、规模小的状态，普遍朝着规模化、系列化、品牌化方向发展。不仅如此，辽宁省已经培育出一批在国内外有影响的文化旅游品牌项目，2008 年全省文博旅游门票收入超过了 1.2 亿元。环境上，吉林省通过颁布一些措施，当地环境大大改善，全省主要水体达到国家三类标准的比例为 33.85%，比 2000 年提高近 9.6 个百分点，空气质量比 2000 年提升了 31.5%个百分点。

非政府组织成为地方政府治理创新的重点。非政府参与对东北地方政府的职能转变起到了非常重要的作用。辽宁省的非政府组织突破了传统的行政管理体制与管理方法，弥补了政府的不足，扩展了老工业基地的就业空间，解决了市场失灵。截至 2003 年 7 月，大连市有公共服务社 95 个，吸纳低保对象 4.2 万人，充分显示了蓬勃的生命力。

（二）东北地方政府治理现代化的教训

改革中不免存在许多问题，东北地区受益于计划经济体制，但在市场经济体制下反而为其所累。

改革开放以前，黑龙江省的改革措施是在计划经济体制下，按照政策和计划保证市场的供应，缺少自主权，企业只是政府的附属物。比如，为了保证居民肉食品供应，全省食品行业在 1985 年曾亏损了 1.6 亿元。而辽宁省政府的改革同样存在一些问题，地方政府在履行经济职能时无法完全适应新形势的要求，比如 2008 年的金融危机，地方政府没有及时调整政策，外商及港澳台商投资企业增加值由 2007 年的 22.8%下滑到 2008 年的 11.2%，2009 年比 2007 年的出口总额下降了 20.5%，同时辽宁省地方贸易保护主义盛行，地方政府在履行经济职能时出现“角色错位”。

同时，地方政府治理创新没有形成体系。政治上，虽然辽宁省进行了精简机构改革，但仍然存在一些问题，诸如机构合并不合理，政府机构仍然不专业，不太重视非政府组织的作用，财政预算管理不合理，“越位”、“缺位”现象严重。文化上，辽宁省政府“管”得过多，官本位思想严重，不是从对文化产业发展负责的高度去“理”顺问题，影响了文化产业的发展速度和效益。另外，政府对文化产业所需发展资金的解决手段单一，相关政策空白，与现实脱节。如辽宁省自 2007 年开始依据国家出台的《著作权法》对卡拉 OK 收费，但业主拒绝交费，因为业主已经拥有了正版曲库，再交版费就不合理了。

由于我国目前的体制问题，导致东北地区的非政府组织还存在许多问题。辽宁省的非政府组织规模小，存在官方化倾向，自主性和独立性都比较差，法律规章制度比较差。吉林省虽然组织企业参与区域创新，但仍存在着科技资源不平衡，技术投资不足，政府对待企业的投资相对过少，仍然存在着“一手抓”的现象。

三、东北地方政府治理现代化的条件与困难

（一）东北地方政府治理现代化的条件

（1）自然条件优越。东北地区位于亚欧大陆东部、太平洋西岸，处于温带季风气候区；纬度较高，地处温带；东面、南面、北面分别与朝鲜、俄罗斯相邻，有利于发展外向型农业。地形多样丰富，森林和土地资源丰富。土壤肥沃，黑土、黑钙土广布，土层深厚，土壤有机质含量高。这里人口密度低，利于农业大规模机械化生产和地区专业化生产，是我国的耕作农业区，也是全国最大的、比较稳定的商品粮基地。西部高原地势平坦，降水较多，是优质草原牧场，拥有众多优良牲畜品种，是优质畜牧业区，为该区农业多种经营提供了条件。

（2）社会经济条件相对较好。东北地区是我国重要的工业基地，工业为农业生产提供了机械设备、化肥等生产资料，以农产品为原料的工业为农业生产提供了市场，这些都有利于农业产业化的发展，形成农牧兴工、工促农牧的农村经济发展格局；交通发达，对外联系方便，农业生产与周边国家相比具有明显优势，与东北亚地区经济合作为东北的外向型农业发展提供了重要机遇。

（二）东北地方政府治理现代化的困难

虽然东北地区各方面条件优越，但是在未来发展与治理现代化发展过程中仍面临着许多困难。

（1）资源环境约束仍然突出。由于东北地区的过度利用导致其资源使用效率不断降低，资源数量不足，质量下降，资源承载力下降；环境污染严重；需求结构不合理，东北地区的经济发展严重依赖固定资产投资；产业结构失调，第二产业比重过高；能源消费结构不合理，原煤消费所占比重很高。

（2）城乡区域发展不协调。东北各地经济发展水平存在差异，经济发展滞后，人均收入较低；东北地区群众文化程度相对较低，社会治安较差；与边境地区接壤，社会形势复杂。

（3）自主创新能力有待增强。研发投入低，以企业为主体的科技创新体系还没有完全形成。

第五节 本章小结

新中国成立以后，经过社会主义革命阶段，我国进入了社会主义建设阶段。因为当时的国情和国际形势，“一五”时期我国把主要精力放在建立国家工业发展的基础上，目标是实现当时提出的现代化。“二五”和“三线”时期则因为诸多因素，使得国家各项事业发展并不理想。之所以出现这些问题，主要是因为我国在什么是社会主义、怎么样建设社会主义等核心问题上存在很大争议，以阶级斗争为纲的工作方针和与国情不符的计划经济体制极大地影响了国家各项建设工作。当时全社会长期处于一种“吃‘大锅饭’的绝对平均、绝对贫困状态”。从一定意义上说，新中国成立后很长一段时间内，政治意识形态问题都凌驾于其他问题之上。治理模式上是大一统的政府统分统配资源的单一模式，治理方法上采取行政指令加计划方式进行。治理主体只有政府，地方政府仅是中央政府在地方的执行机构，自主性极少，几乎没有创新空间，导致地方政府治理模式单一化，治理方法极其简单。

改革开放后，我国进入以经济建设为中心的时期。这一时期整个国家的发展理念就是效率优先，兼顾公平。这也意味着能在短时期内快速提升经济总量（以 GDP 衡量）和增加各级财政收入的模式都可以先行先试。经过 30 多年的发展，我国经济总量位居全球第二，但也确实带来了很多问题：房价飙升；看病难，看病贵；教育产业化带来的种种问题；社会保障水平极其低下；贫富差距不断扩大；生态恶化等。

随着经济前所未有的发展，人与人之间的关系不再是前一阶段的简单单一，而是发生了巨大的变化。因为这种变化，政府治理模式也逐步变得多元化。除了政府，全社会资源配置主体还增加了市场。治理对象有政府、社会、非政府性组织，它们之间呈现出不同组合的不同模式，比如有政府作用于社会，也有社会作用于政府等。与不同模式相对应，治理方法更是复杂多样。相应地，地方政府在中央政府的宏观政策框架下成为相互竞争的主体。经济、社会和文化发展各方面都呈现百花齐放的局面。不过，政府仍然是各个领域的主导者。地方政府管理模式仍然是严重的统治式，管理范围一定意义上也是全能型的。法治、服务和透明式管理都只是在不断的尝试过程中。

中共十八大后，经济发展问题仍然很重要，但其他在过去 30 年中相对被忽略的问题被提到了前所未有的高度。国家治理现代化成为我国四个现代化之后的第五个现代化。第五个现代化就是要解决我国在发展中面临的各种问题。虽然地方政府的治理只能在中央政府既定的宏观调控政策下进行，但治理模式和治理方法则需要各地不断进行创新性探索。创新过程中必须厘清政府和市场在资源配置中的地位，必须界定清楚政府、社会和非政府性组织间的角色定位。创新的方向即是政府管理模式从统治走向治理，管理范围从全能走向有限；实现路径则要从人治走向法治，从管制走向服务，从封闭走向透明。从全国来讲，东部政府在现代化治理中走在前列，而其他地区的地方政府治理还在不断摸索的过程中。

第七章
2014 年中国 54 个重点城市政府效率测度报告

【摘要】由于地级以上重点城市政府效率是影响我国地方政府效率水平的重要因素，本书首次拓展了地方政府效率测度样本，除了继续评估我国31个省（自治区/直辖市）的政府效率外，第一次将研究视角拓展到全国54个重点地级以上城市，主要包括22个省会、5个自治区首府、7个计划单列市或经济特区、20个代表全国二线或三线城市的重点地级城市。2014年54个重点地级以上城市政府效率测度基本遵循了中国省级地方政府效率测度的基本思路、指标及方法，结合《中国区域经济统计年鉴2013》相关数据，然后按照省会、自治区首府、计划单列市或经济特区、重点地级市分类分析，不同类型重点城市政府效率测度值及排名呈现出不同的特征。其中，2014年22个省会城市政府效率排名前七位的城市分别是广州、长沙、成都、杭州、武汉、哈尔滨、西安，其中广州排名第一；2014年5个自治区首府政府效率排名从高到低依次是拉萨、南宁、呼和浩特、银川、乌鲁木齐。其中，拉萨政府效率最高，不仅高于其他自治区首府，而且在54个重点城市政府效率测度排名中比较靠前，居第6位；2014年我国7个计划单列市或经济特区政府效率排在前三位的分别是深圳、厦门、大连；2014年我国其他20个重点地级市政府效率测度排名由高到低总体呈现出"东部—中部—东北—西部"的趋势。其中，排在前10位的城市中，东部占6个（即东莞、苏州、佛山、无锡、唐山、烟台），中部占3个（即洛阳、宜昌、岳阳），西部占1个（即柳州）。

第一节　54个重点城市政府效率测度的基本思路与方法

一、54个重点城市政府效率测度样本简介

地级以上重点城市政府效率是影响我国政府效率水平的重要因素。为深入研究我国地方政府效率，促进地方政府治理现代化，本书首次拓展了地方政府效率测度样本，除了继续评估我国31个省（自治区/直辖市）的政府效率外，第一次将研究视角拓展到全国54个重点地级以上城市。这54个重点地级以上城市样本包括22个省会、5个自治区首府、7个计划单列市或经济特区、20个其他重点地级城市（即2014年除省会、首府、计划单列市或经济特区以外的全国二线及三线城市代表）（见表7-1）。

二、54个重点城市政府效率测度的基本思路及指标体系

2014年测度的54个重点地级以上城市效率测度基本遵循了中国省级地方政府效率测度的基本思路及方法。

我国地市级地方政府和省级地方政府一样都是当地公共服务和公共物品的主要

表 7-1 2014 年我国 54 个重点城市政府效率测度样本名单

分类或区域	东部（23 个）	中部（10 个）	西部（15 个）	东北（6 个）
22 个省会城市	石家庄、南京、杭州、福州、济南、广州、海口	太原、合肥、南昌、郑州、武汉、长沙	成都、贵阳、昆明、西安、兰州、西宁	沈阳、长春、哈尔滨
5 个自治区首府			呼和浩特、南宁、银川、乌鲁木齐、拉萨	
7 个计划单列市或经济特区	青岛、大连、宁波、深圳、厦门、珠海、汕头			
其他 20 个重点地级城市	广东：佛山、东莞；江苏：苏州、无锡；山东：烟台、淄博；浙江：温州；河北：唐山；福建：泉州	河南：洛阳；湖北：宜昌；湖南：岳阳；安徽：芜湖	内蒙古：包头；陕西：榆林；广西：柳州；四川：绵阳	黑龙江：大庆；吉林：吉林市；辽宁：鞍山

注：由于北京、天津、上海、重庆四个直辖市与表中这些重点地级以上城市数据差距太大，其政府效率测度已纳入省级地方政府效率范畴，因此它们没有被纳入 54 个城市样本中。

供给者，是辖区居民福利的主要保障者，是地方财政的主要消费者。由于地方政府效率集中体现在地方政府担当这三种角色所产生的成本与收益之间的对比关系，体现在全国 54 个重点城市政府之间效率水平的对比之中。与省级地方政府效率相似，我国重点城市政府效率表现为城市政府以较小的政府规模（即较小的政府成本）提供较多的符合社会发展和人类进步要求的公共服务和公共物品（即较高的政府收益），表现为当地居民具有较高的经济福利水平（即政府收益的延伸或外部经济性）。

为了更全面地考察我国地方政府效率，从 2014 年起，中国地方政府效率研究报告拓展了地方政府效率测度范围，将全国 54 个地级以上重点城市纳入测度样本，更加全面考量我国地方政府效率水平，深入探讨我国一、二、三线重点城市的政府效率特征，寻找提升地方政府效率的路径。

为了比较客观地反映我国重点城市政府效率的特性和水平，本书采用《中国区域经济统计年鉴 2013》等国内公开的统计数据（均为硬指标），使测度城市政府效率建立在可以量化的原始数据基础之上。为此，本书从分析城市政府投入及其产生的社会经济效果入手，基于数据的可获取原则，参考省级政府效率指标体系，结合收集得到的有效数据，构建了一个由指标因素、子因素和指标构成的测度重点城市政府效率的完整指标体系（见表 7-2）。

表 7-2 2014 年中国地市政府效率测度指标体系

因素（权重）	子因素	指　标
政府公共服务（0.35）	科教文卫服务	1. 初等教育学生—教师比
		2. 中等教育学生—教师比
		3. 卫生床位（张/十万人）
		4. 卫生人员（人/十万人）
		5. 地方财政性教育支出占地区生产总值的比例
	社会保障服务	6. 社会保障和就业

续表

因素（权重）	子因素	指 标
政府公共物品（0.25）	城市基本设施	7. 城市人均拥有道路长度
		8. 城市每万人口拥有公共交通车辆
	社会基础设施	9. 农村用电量（亿千瓦时）
		10. 有效灌溉耕地面积（千公顷）
政府规模（0.10）		11. 人均财政支出
居民经济福利（0.15）		12. 农村居民家庭人均纯收入（元）
		13. 城镇居民人均可支配收入（元）
		14. 居民消费价格指数
		15. 农村居民家庭恩格尔系数
		16. 城镇居民家庭恩格尔系数
电子政务（0.15）		17. 信息公开指数
		18. 互动交流指数
		19. 新技术应用指数
		20. 网络舆情引导指数

表7-2所反映的我国54个重点城市政府效率测度指标体系中，政府公共服务主要指无形的公共物品，涵盖两个子因素——科教文卫服务和社会保障服务，包括初等教育学生—教师比、中等教育学生—教师比、卫生床位（张/十万人）、卫生人员（人/十万人）、地方财政性教育支出占地区生产总值的比例、社会保障和就业6个指标。政府公共服务是21世纪公共行政和政府改革的核心理念，包括加强城乡公共设施建设，发展教育、科技、文化、卫生、体育等公共事业，为社会公众参与社会经济、政治、文化活动等提供保障。公共服务以合作为基础，强调政府的服务性，强调公民的权利。而其中的科教文卫服务和社会保障服务是指政府对科学教育文化卫生和社会成员特别是生活有特殊困难的人们的基本生活权利给予保障的服务。社会保障服务的本质是维护社会公平进而促进社会稳定发展。政府公共服务具体由初等教育学生—教师比（初等教育中在校学生与在校老师的比值）、中等教育学生—教师比（中等教育中在校学生与在校老师的比值）、卫生床位（张/十万人）（某地区每十万人口所拥有的卫生床位张数）、卫生人员（人/十万人）（某地区十万人口所拥有的卫生人员数）、地方财政性教育支出占地区生产总值的比例（指地方财政性教育支出总额占地区生产总值的比重，它在一定程度上反映地方教育水平、政府效率和地方综合实力）以及社会保障和就业（指政府通过财政向由于各种原因而导致暂时或永久性丧失劳动能力、失去工作机会或生活面临困难的社会成员以及就业的社会成员提供基本生活保障的支出）6个具体指标来体现。

政府公共物品主要指有形的公共物品，涵盖两个子因素——城市基本设施和社会基础设施，包括城市人均拥有道路长度、城市每万人口拥有公共交通车辆、农村用电量（亿千瓦时）、有效灌溉耕地面积（千公顷）4 个指标。政府公共物品是一种有形的公共服务，与私人物品相对应，其消费具有非竞争性和非排他性特征，一般不能或不能有效通过市场机制由企业和个人来提供，主要由政府来提供。政府公共物品由城市基本设施指标和社会基础设施指标反映，具体包括：城市人均拥有道路长度（城市人口平均每人所拥有的道路的长度）、城市每万人口拥有公共交通车辆（按城市人口计算的每万人平均拥有的公共交通车辆台数）、农村用电量（亿千瓦时）（农村人口因生产生活所用的电量）和有效灌溉耕地面积（千公顷）（指具有一定的水源、地块比较平整、灌溉工程或设备已经配套，在一般年景下当年能够进行正常灌溉的耕地面积）4 个具体指标。

政府规模包括人均财政支出 1 个指标，反映了政府消费的相对规模，表征了政府成本，直接体现了重点城市政府效率。

居民经济福利涉及农村居民家庭人均纯收入、城镇居民人均可支配收入、居民消费价格指数、农村居民家庭恩格尔系数、城镇居民家庭恩格尔系数 5 个指标。居民经济福利是指政府为居民提供的经济性福利。其中，农村居民家庭人均纯收入指农村住户当年从各个来源得到的总收入相应地扣除所发生费用后的平均人均收入；城镇居民人均可支配收入指家庭成员得到可用于最终消费支出和其他非义务性支出以及储蓄的总和，即居民家庭可以用来自由支配的收入，它是家庭总收入扣除交纳的个人所得税、个人交纳的社会保障支出以及记账补贴后的收入；居民消费价格指数是反映一定时期内城乡居民所购买的生活消费品和服务项目价格变动趋势及程度的相对数，是对城市居民消费价格指数和农村居民消费价格指数进行综合汇总计算的结果。通过该指数可以观察和分析消费品的零售价格和服务项目价格变动对城乡居民实际生活费支出的影响程度；农村居民家庭恩格尔系数和城镇居民家庭恩格尔系数分别指农村居民家庭、城市居民家庭食品支出在现金消费支出中所占的比例。

由于重点城市政府效率测度的电子政务指标数据比省级地方政府的电子政务指标更难以获取，因此，基于数据的可得性，我们将这里的电子政务做了微调，其所含指标比省级地方政府的电子政务指标少一些，仅涉及信息公开指数、互动交流指数、新技术应用指数、网络舆情引导指数 4 个指标。电子政务是指运用计算机、网络和通信等现代信息技术手段，实现政府组织结构和工作流程的优化重组，超越时间、空间和部门分隔的限制，建成一个精简、高效、廉洁、公平的政府运作模式，以便全方位地向社会提供优质、规范、透明、符合国际水准的管理与服务。

其中，信息公开指数是对政府信息公开的评估，互动交流指数指对政府和公民互动交流的评估，新技术应用指数指对政府新技术应用的评估，网络舆情引导指数指对政府网络舆情引导的评估。

本书在测度重点地市级政府效率时，赋予每个因素、子因素及指标一个权重，每一级指标的权重之和为1。其中，子因素、指标是按照平均分配的原则来赋予权重的，即简单平均；对每个因素是按照所含指标数量及其与政府效率测度的关联性大小来赋予权重的，比如，政府公共服务赋予了0.35的权重，政府公共物品赋予了0.25的权重，居民经济福利和电子政务都赋予了0.15的权重，政府规模赋予了0.10的权重，它们的权重总和为1，然后将测度因素的标准化值加权平均得出重点城市政府效率的标准化值。

三、54个重点城市政府效率测度方法

根据政府效率的内涵及特征，结合重点城市政府提供公共服务的投入与产出状况，基于指标选取的基本原则，本书建立了20个指标组成的指标体系。采用标准离差法（SDM），把众多不同指标转换成可以相互比较的标准化值（STD），然后加权计算我国重点城市政府效率的标准化值，并以此进行政府效率的指标、子因素、因素以及政府效率综合排名，进而测度、比较各重点城市政府效率的相对水平。

本书的测度指标主要以《中国区域经济统计年鉴2013》等相关年鉴的统计数据（实际是2012年的指标数据）为基础，首先将这些数据转换成测度城市政府效率指标的原始数据，然后计算各指标的平均值和标准差，再根据标准差计算指标的标准化值，最后经加权平均计算政府效率的标准化值。

计算重点城市政府效率测度指标的标准差和标准化值的公式分别是：

$$S=\sqrt{\frac{1}{n}\sum_{i=1}^{n}(X_i-\bar{X})^2}$$

$$(STD)_i=(X_i-\bar{X})/S$$

其中，X_i 为i指标的原始值；$\bar{X}$为i指标的平均值；n为重点城市政府数量；S为标准差。

第二节　54个重点城市政府效率测度指标数据来源

54个重点城市政府效率测度指标数据主要来源于《中国区域经济统计年鉴2013》和中国政府绩效评估网站。如果有的重点城市相关测度指标数据在该年鉴中没有，本书就对其做了适当处理，例如，《中国区域经济统计年鉴2013》中无深圳农村恩格

尔系数（农村人均食品支出/农村人均支出），我们选用了与深圳发展程度相近的佛山的农村恩格尔系数来代替；又如，哈尔滨、西宁、济南、青岛、烟台、淄博和大庆的有效灌溉面积指标没有数据，我们选用其常用耕地面积的50%予以替代。

同时，54个重点城市政府效率测度指标数据来自《中国区域经济统计年鉴2013》的有初等教育学生—教师比、中等教育学生—教师比、卫生床位（张/十万人）、卫生人员（人/十万人）、地方财政性教育支出占地区生产总值的比例、社会保障和就业、城市人均拥有道路长度、城市每万人口拥有公共交通车辆、农村用电量（亿千瓦时）、有效灌溉耕地面积（千公顷）、农村居民家庭人均纯收入、城镇居民人均可支配收入、农村居民家庭恩格尔系数和城镇居民家庭恩格尔系数14个指标数据；重点城市政府效率测度指标数据来自中国政府绩效评估网站的有居民经济福利中的居民消费价格指数、电子政务中的信息公开指数、互动交流指数 、新技术应用指数和网络舆情引导指数5个指标。

第三节 22个省会政府效率测度分析

一、22个省会政府效率测度结果分析

根据前文所设计的重点城市效率测度指标体系及方法，经过计算，本书得出了2014年中国22个省会政府效率测度的标准化值及其排名，以及22个省会城市在54个重点城市政府效率排名中的情况，测度结果见表7-3。

表7-3 2014年中国22个省会政府效率测度标准化值及排名

名称	22个省会城市政府效率标准化值及排名		
	标准化值	省会城市排名	54个重点城市中的排名
广州	0.636	1	3
长沙	0.4068	2	5
成都	0.2485	3	12
杭州	0.1206	4	15
武汉	0.1155	5	16
哈尔滨	0.0798	6	17
西安	0.0232	7	18
济南	0.0049	8	19
贵阳	-0.0116	9	20
合肥	-0.0295	10	21
南昌	-0.0309	11	22

续表

名　称	22个省会城市政府效率标准化值及排名		
	标准化值	省会城市排名	54个重点城市中的排名
南京	-0.0406	12	24
长春	-0.0461	13	25
沈阳	-0.0466	14	26
福州	-0.0899	15	28
昆明	-0.0899	16	27
海口	-0.148	17	33
郑州	-0.1585	18	34
太原	-0.2613	19	43
西宁	-0.2726	20	45
兰州	-0.2858	21	47
石家庄	-0.2888	22	48

根据表7-3不难看出，我国22个省会政府效率测度及排名的基本特征。

第一，2014年中国22个省会政府效率排名前七位的城市有：广州、长沙、成都、杭州、武汉、哈尔滨、西安；省会政府效率排名后七位的城市有：昆明、海口、郑州、太原、西宁、兰州、石家庄；省会政府效率排名在中间八位的城市有：济南、贵阳、合肥、南昌、南京、长春、沈阳、福州。

第二，2014年我国省会政府效率排名的区域差异不明显。2014年我国22个省会政府效率排名前七位的省会城市中，东部有2个，分别为广州和杭州；中部有2个，分别为长沙和武汉；西部有2个，分别为成都和西安；东北部有1个，为哈尔滨。而省会政府效率排名后七位的省会中，东部有2个，分别为海口和石家庄；中部有2个，分别为郑州和太原；西部有3个，分别为昆明、西宁和兰州。省会政府效率排名在中间八位的省会中，东部有3个，分别为济南、南京和福州；中部有2个，分别为合肥和南昌；西部有1个为贵阳；东北部有2个，分别为长春和沈阳。由此可见，我国东中西部、东北部省会政府效率排名比较发散，四大区域之间没有明显的区域差异。

第三，省会政府效率排名与经济社会发展具有一定的正相关性。政府效率较高的省会，其地区经济社会发展水平较高；经济社会发展水平较高的地区，其所在的省会政府效率也较高。因此，良好的经济社会发展基础有助于提高省会政府效率，较高的省会政府效率也是影响地区经济发展水平的重要因素。也就是说，经济社会发展和政府效率两者之间相互促进、相辅相成。因此，在注重经济社会发展的同时不断提高地方政府效率是必要的，而注重经济发展也有助于提升政府效率。

第四，部分省会政府效率低于非省会城市政府效率，在54个重点城市政府效率中的排名比较靠后。从表7-3还可以看出，太原、西宁、兰州、石家庄四个省会城市在 54 个重点城市政府效率中的总体排名较为落后，其中太原在 54 个城市中排名第 43 位，西宁在 54 个城市中排名第 45 位，兰州在 54 个城市中排名第 47 位，石家庄在 54 个城市中排名第 48 位。其中，西宁和兰州属于西部省会，由于受其经济发展水平制约，其政府效率排名低于某些非省会城市，因为这些非省会城市经济社会发展水平相对较高。另外，太原和石家庄这两个分别位于中部、东部的省会，其政府效率排名在 54 个重点城市中不仅落后于其他省会，而且落后于其他许多东中西部非省会城市，其政府效率提升面临重大挑战与空间。

二、22 个省会政府效率测度因素排名与分析

（一）22 个省会政府公共服务测度排名及分析

1. 政府公共服务测度指标

政府公共服务因素（即一级指标）下设两个子因素（即二级指标）：科教文卫服务和社会保障服务。其中，科教文卫服务包括初等教育学生—教师比、中等教育学生—教师比、卫生床位、卫生人员、地方财政性教育支出占地区生产总值的比例 5 个三级指标；社会保障服务包括社会保障和就业这一三级指标。

2. 政府公共服务测度排名及分析

表 7–4　2014 年 22 个省会政府公共服务测度标准化值及排名

名称＼指标	政府公共服务（权重 0.35）			二级指标	
				科教文卫服务	社会保障服务
	标准化值	排　名	54 个重点城市中的排名	标准化值	标准化值
广州	0.8762	1	3	0.5191	2.6619
长沙	0.4285	2	6	0.4801	0.1704
昆明	0.3601	3	7	0.3892	0.2149
成都	0.2820	4	10	0.2725	0.3299
沈阳	0.2451	5	12	–0.2306	2.6236
长春	0.2342	6	13	0.1920	0.4448
杭州	0.2262	7	14	0.0081	1.3166
郑州	0.1831	8	15	0.1713	0.2423
贵阳	0.1802	9	16	0.3777	–0.8074
西安	0.1542	10	17	0.0540	0.6556
武汉	0.0669	11	20	–0.3923	2.3632
太原	0.0624	12	22	0.1791	–0.5210
哈尔滨	0.0488	13	24	–0.2074	1.3296
南昌	0.0371	14	25	0.1186	–0.3701
海口	0.0369	15	26	0.2783	–1.1704
济南	–0.0088	16	28	–0.0669	0.2816
西宁	–0.0342	17	29	0.1631	–1.0205
兰州	–0.0733	18	31	0.1046	–0.9631
合肥	–0.2346	19	37	–0.2499	–0.1580

续表

地区＼指标	政府公共服务（权重0.35）			二级指标	
				科教文卫服务	社会保障服务
	标准化值	排　名	54个重点城市中的排名	标准化值	标准化值
南京	−0.2784	20	39	−0.5080	0.8694
福州	−0.3841	21	46	−0.3909	−0.3503
石家庄	−0.3884	22	47	−0.3890	−0.3855

政府公共服务反映了城市政府提供的主要公共服务数量及质量，表征城市政府收益，是体现重点城市政府效率的重要指标。由表7-4可知，政府公共服务排名前七位的省会中，东部有2个，分别为广州和杭州；中部有1个，为长沙；西部有2个，分别为昆明和成都；东北部有2个，分别为沈阳和长春。政府公共服务排名后七位的省会中，东部有4个，分别为济南、南京、福州和石家庄；中部有1个，为合肥；西部有2个，分别为西宁和兰州。政府公共服务排名在中间八位的省会中，东部有1个，为海口；中部有4个，分别为郑州、武汉、太原和南昌；西部有2个，分别为贵阳和西安；东北部有1个，为哈尔滨。这就表明，中部地区排名都比较靠前，排名前七位中有两个省会来自西部，排名后七位中有四个省会属于东部，因此，本书认为，经济社会发展水平确实在一定程度上决定一个地区政府公共服务能力的高低，但不是影响城市政府公共服务水平的关键，欠发达地区省会政府公共服务能力也可以比较强。所以，无论经济发展程度如何，只要各省会政府注重转变政府职能，树立政府服务理念，创新政府管理，就能够有效提升政府公共服务能力，促进省会政府效率的提高。

（二）22个省会政府公共物品测度排名及分析

1. 政府公共物品测度指标

政府公共物品下设两个二级指标：城市基本设施和社会基础设施。其中，城市基本设施包括城市人均拥有道路长度和城市每万人口拥有公共交通车辆两个三级指标；社会基础设施包括农村用电量（亿千瓦时）和有效灌溉耕地面积（千公顷）两个三级指标。

2. 政府公共物品测度排名及分析

表7-5　2014年22个省会政府公共物品测度标准化值及排名

地区＼指标	政府公共物品（权重0.25）			二级指标	
				城市基本设施	社会基础设施
	标准化值	排名	54个重点城市中的排名	标准化值	标准化值
哈尔滨	0.9460	1	3	−0.3983	2.2903
长沙	0.4573	2	10	0.9154	−0.0009
石家庄	0.3070	3	12	−0.5772	1.1912
杭州	0.2317	4	14	0.2562	0.2071

续表

地区＼指标	政府公共物品（权重 0.25）			二级指标	
				城市基本设施	社会基础设施
	标准化值	排名	54 个重点城市中的排名	标准化值	标准化值
合肥	0.1477	5	16	−0.1443	0.4397
长春	0.0472	6	18	0.0274	0.0669
昆明	−0.0019	7	19	0.3655	−0.3693
成都	−0.0112	8	20	−0.3597	0.3374
广州	−0.0377	9	22	−0.3113	0.2358
沈阳	−0.0405	10	23	−0.1396	0.0586
兰州	−0.1420	11	28	0.2698	−0.5537
南昌	−0.1661	12	30	−0.1887	−0.1434
南京	−0.1695	13	31	−0.2894	−0.0496
济南	−0.2226	14	37	−0.3213	−0.1238
武汉	−0.2705	15	39	−0.2935	−0.2476
福州	−0.2712	16	40	−0.5905	0.0482
郑州	−0.3015	17	43	−0.5950	−0.0081
贵阳	−0.3280	18	45	−0.1012	−0.5549
西安	−0.3512	19	46	−0.4651	−0.2374
海口	−0.4488	20	50	−0.1364	−0.7611
西宁	−0.4676	21	51	−0.3408	−0.5944
太原	−0.4999	22	52	−0.3404	−0.6594

政府公共物品反映了我国重点城市政府有效提供的具体实物形态的公共品，主要指城乡基础设施，反映了政府收益。从表 7-5 可以看出，政府公共物品测度排名在前七位的省会中，东部地区有 2 个，分别为石家庄和杭州；中部有 2 个，分别为长沙和合肥；西部有 1 个，为昆明；东北部有 2 个，分别为哈尔滨和长春。政府公共物品测度排名在后七位的省会中，东部有 2 个，分别为福州和海口；中部有 2 个，分别为郑州和太原；西部有 3 个，分别为贵阳、西安和西宁。政府公共物品测度排名在中间八位的省会中，东部有 3 个，分别为广州、南京和济南；中部有 2 个，分别为南昌和武汉；西部有 2 个，分别为成都和兰州；东北部有 1 个，为沈阳。在西部地区的 6 个省会中，有 3 个排名在后七位，有 2 个排名在中间八位，有 1 个排名在前七位，因此，西部地区的省会大部分排名比较靠后。因此笔者认为，经济社会发展水平往往决定一个地区的政府公共物品能力。对于经济欠发达地区的省会政府而言，一方面要大力发展当地经济，不断提高城市财政能力；另一方面要优化政府公共物品供给与财政支出结构，大力加强城乡基础设施建设，并以此提升省会政府效率。

（三）22个省会政府规模测度排名及分析

1. 政府规模测度指标

政府规模下设了人均财政支出这个三级指标。政府规模虽然指标数量不多，但却是政府成本的主要方面，对政府效率影响较大。

2. 政府规模测度标准化值排名及分析

表 7-6　2014 年 22 个省会政府规模测度标准化值及排名

地区＼指标	政府规模（权重 0.10）		
	标准化值	排名	54 个重点城市中的排名
广州	0.3184	1	7
南京	0.0167	2	11
杭州	-0.0417	3	14
武汉	-0.0732	4	15
沈阳	-0.0878	5	18
昆明	-0.1512	6	20
长沙	-0.1684	7	21
西宁	-0.1746	8	23
贵阳	-0.1752	9	24
成都	-0.2416	10	26
合肥	-0.2648	11	29
郑州	-0.2856	12	31
济南	-0.2937	13	32
西安	-0.3034	14	33
长春	-0.3152	15	35
海口	-0.3359	16	37
南昌	-0.3572	17	39
太原	-0.3724	18	42
哈尔滨	-0.3758	19	43
兰州	-0.3882	20	44
福州	-0.3906	21	45
石家庄	-0.5068	22	51

注：政府规模本是反映政府效率的逆指标，本书已将政府规模数据转换成正指标，即政府规模测度标准化值越大（即政府规模越小），排名越靠前，相应的政府效率越高。

政府规模反映了政府消费的相对规模，表征了政府成本，直接体现了政府效率。从表 7-6 可以看出，政府规模测度排名前七位的省会中，东部地区有 3 个，分别为广州、南京和杭州；中部有 2 个，分别为武汉和长沙；西部有 1 个，为昆明；东北部有 1 个，为沈阳。政府规模测度排名后七位的省会中，东部地区有 3 个，分别为海口、福州和石家庄；中部有 2 个，分别为南昌和太原；西部有 1 个，为兰州；东北部有 1 个，为哈尔滨。政府规模测度排名在中间八位的省会中，东部地区有 1 个，为济南；中部有 2 个，分别为合肥和郑州；西部有 4 个，分别为西宁、贵阳、成都和西安；东北部有 1 个，为长春。因此，表 7-6 表明，经济发展水平的高低与一个地区的政府规模有着密切联系，经济发达地区省会政府规模相对较小，经济落后地区则省会政府规模相对较大。所以，经济欠发达地区省会政府要注意消除官僚主义，控制政府相对规模，压缩行政成本，降低行政开支，才能促进区域经济发展及提升政府效率。

（四）22 个省会居民经济福利测度排名及分析

1. 居民经济福利测度指标

居民经济福利下设农村居民家庭人均纯收入（元）、城镇居民人均可支配收入（元）、居民消费价格指数、农村居民家庭恩格尔系数、城镇居民家庭恩格尔系数五个三级指标。由于居民经济福利及其所含的三个指标不直接反映政府成本或政府产出，只能间接反映政府质量和效率，因此，在计算政府效率标准化值时仅占 0.15 的权重。

2. 居民经济福利测度标准化值排名及分析

表 7-7 2014 年 22 个省会居民经济福利测度标准化值及排名

指标 / 地区	居民经济福利（权重 0.15）		
	标准化值	排名	54 个重点城市中的排名
海口	0.7355	1	2
广州	0.6976	2	4
福州	0.4196	3	9
南京	0.3245	4	14
长沙	0.3078	5	15
杭州	0.3046	6	16
成都	0.2571	7	20
昆明	0.1762	8	22
武汉	0.1716	9	23
贵阳	0.0065	10	26
南昌	-0.0220	11	28
合肥	-0.0249	12	29
兰州	-0.1008	13	31
西宁	-0.1318	14	35
济南	-0.1780	15	37
沈阳	-0.2701	16	40
西安	-0.2741	17	41
太原	-0.3829	18	42
石家庄	-0.4689	19	44
长春	-0.5017	20	46
郑州	-0.5684	21	49
哈尔滨	-0.6196	22	50

居民经济福利表征了居民经济生活水平，能从侧面反映政府收益，这是衡量政府效率重要的外溢指标。从表 7-7 可以看出，居民经济福利测度标准化值排名前七

位的省会中，东部地区有5个，分别为海口、广州、福州、南京和杭州；中部有1个，为长沙；西部有1个，为成都。居民经济福利测度标准化值排名后七位的省会中，东部地区有1个，为石家庄；中部有2个，分别为太原和郑州；西部有1个，为西安；东北部有3个，分别为沈阳、长春和哈尔滨。居民经济福利测度标准化值排名在中间八位的省会中，东部地区有1个，为济南；中部有3个，分别为武汉、南昌和合肥；西部有4个，分别为昆明、贵阳、兰州和西宁。东部地区省会居民经济福利大部分排名在前七位。因此，笔者认为，省会经济社会发展水平的高低与其辖区的居民经济福利存在直接联系，经济发达地区省会政府的居民经济福利较高，经济落后省会政府的居民经济福利较低。所以，“发展才是硬道理”，欠发达地区省会政府提升政府效率的主要路径在于：一是要大力发展区域经济，不断提高居民收入和福利水平；二是要转变发展方式，提升发展质量；三是要转变与合理定位政府职能，创新政府管理与社会管理，注重提升政府效率。

（五）22个省会电子政务测度排名及分析

1. 电子政务测度指标

电子政务包括信息公开指数、互动交流指数、新技术应用指数和网络舆情引导指数四个三级指标。电子政务能直接反映政府行政绩效，对政府效率的影响较大。随着当今信息化社会的来临，计算机和互联网的广泛应用为政府管理提供了方便、快捷的信息处理工具。推行电子政务，改变了行政信息的传递方式和处理手段，使政府运作程序和办事流程得到简化，提高了政府管理能力，降低了信息传输的时间和人力成本，提高了政府公共决策质量，增加了公共管理透明度，提升了城市政府效率。

2. 电子政务测度标准化值排名及分析

表7–8　2014年22个省会电子政务测度标准化值及排名

指标 地区	电子政务（权重0.15）		
	标准化值	排名	54个重点城市中的排名
广州	1.3487	1	4
武汉	0.9422	2	8
成都	0.9213	3	9
西安	0.8567	4	10
济南	0.7982	5	11
长沙	0.7547	6	12
福州	0.5895	7	13
南京	0.3255	8	16
合肥	0.3057	9	18
南昌	0.2442	10	20
贵阳	0.1593	11	21

续表

指标 地区	电子政务（权重 0.15）		
	标准化值	排名	54 个重点城市中的排名
长春	-0.2203	12	32
郑州	-0.2227	13	33
哈尔滨	-0.2881	14	34
杭州	-0.3863	15	37
太原	-0.4231	16	38
沈阳	-0.4860	17	40
西宁	-0.7098	18	44
石家庄	-0.7241	19	46
海口	-0.8365	20	47
兰州	-1.1378	21	51
昆明	-1.5117	22	53

电子政务反映了省会政府信息化水平和网络信息处理能力，既是衡量政府综合实力的指标，又是影响政府工作效率的重要因素。从表 7-8 可以看出，电子政务测度标准化值排名前七位的省会中，东部地区有 3 个，分别为广州、济南和福州；中部有 2 个，分别为武汉和长沙；西部有 2 个，分别为西安和成都。电子政务测度标准化值排名后七位的省会中，东部地区有 2 个，分别为石家庄和海口；中部地区有 1 个，为太原；西部有 3 个，分别为西宁、兰州和昆明；东北部有 1 个，为沈阳。东北部和西部地区大部分省会电子政务排名相对滞后。因此，电子政务水平与当地的经济社会发展水平紧密相连，经济发达地区省会政府在电子政务方面表现较好，经济落后地区在电子政务方面表现较差。相对于传统政务，电子政务不仅可以打破时间、空间限制，实现透明、高效、无纸化办公，而且面对纷繁复杂的信息，能够做出快速灵活的反应，从而使政府更加精干高效。所以，中西部经济欠发达地区应大力发展电子政务，提高网上办公水平，进一步降低行政成本，促进政府职能转变，更好地发挥政府治理职能，提升政府效率。

三、2014 年省会政府效率测度个案分析

（一）广州：2014 年省会城市政府效率排名第一

表 7-9 2014 年广州市政府效率测度及其测度因素标准化值及排名

广州市政府效率测度结果		标准化值及排名
政府效率测度标准化值及排名	标准化值	0.6360
	22 个省会城市中的排名	1
	54 个重点城市中的排名	3

续表

广州市政府效率测度结果		标准化值及排名
政府效率测度因素标准化值及排名	政府公共服务标准化值（权重 0.35）	0.8762
	22 个省会城市中的排名	1
	54 个重点城市中的排名	3
	政府公共物品标准化值（权重 0.25）	-0.0377
	22 个省会城市中的排名	9
	54 个重点城市中的排名	22
	政府规模标准化值（权重 0.1）	0.3184
	22 个省会城市中的排名	1
	54 个重点城市中的排名	7
	居民经济福利标准化值（权重 0.15）	0.6976
	22 个省会城市中的排名	2
	54 个重点城市中的排名	4
	电子政务标准化值（权重 0.15）	1.3487
	22 个省会城市中的排名	1
	54 个重点城市中的排名	4

从表 7-9 我们可以看出，广州市政府效率在 22 个省会中排名第 1，在 54 个重点城市中排名第 3。其中，政府公共服务在 22 个省会中排名第 1，在 54 个重点城市中排名第 3；政府公共物品在 22 个省会中排名第 9，在 54 个重点城市中排名第 22；政府规模在 22 个省会中排名第 1，在 54 个重点城市中排名第 7；居民经济福利在 22 个省会中排名第 2，在 54 个重点城市中排名第 4；电子政务在 22 个省会中排名第 1，在 54 个重点城市中排名第 4。广州市政府的各项测度因素排名都比较靠前，使其总体政府效率排名靠前，这从侧面印证了优化政府公共服务、提高公共物品的供给、改善居民经济福利和提高电子政务，建立公共服务型政府不仅有利于改善民生，而且有助于提升政府效率。同时，广州市政府公共物品排名相对靠后，因而，通过优化公共物品供给将为广州市政府效率提升赢得更大空间。

（二）长沙：2014 年省会城市政府效率排名第二

表 7-10 2014 年长沙市政府效率测度及其测度因素标准化值及排名

长沙市政府效率测度结果		标准化值及排名
政府效率测度标准化值及排名	标准化值	0.4068
	22 个省会城市中的排名	2
	54 个重点城市中的排名	5
政府效率测度因素标准化值及排名	政府公共服务标准化值（权重 0.35）	0.4285
	22 个省会城市中的排名	2
	54 个重点城市中的排名	6
	政府公共物品标准化值（权重 0.25）	0.4573
	22 个省会城市中的排名	2

续表

长沙市政府效率测度结果		标准化值及排名
政府效率测度因素标准化值及排名	54 个重点城市中的排名	10
	政府规模标准化值（权重 0.1）	–0.1684
	22 个省会城市中的排名	7
	54 个重点城市中的排名	21
	居民经济福利标准化值（权重 0.15）	0.3078
	22 个省会城市中的排名	5
	54 个重点城市中的排名	15
	电子政务标准化值（权重 0.15）	0.7547
	22 个省会城市中的排名	6
	54 个重点城市中的排名	12

从表 7–10 我们可以看出，长沙市政府效率在 22 个省会中排名第 2，在 54 个重点城市中排名第 5。其中，政府公共服务在 22 个省会中排名第 2，在 54 个重点城市中排名第 6；政府公共物品在 22 个省会中排名第 2，在 54 个重点城市中排名第 10；政府规模在 22 个省会中排名第 7，在 54 个重点城市中排名第 21；居民经济福利在 22 个省会中排名第 5，在 54 个重点城市中排名第 15；电子政务在 22 个省会中排名第 6，在 54 个重点城市中排名第 12。长沙市政府的各项测度因素排名虽然次于广州，但也都比较靠前，使其总体政府效率排名相对靠前。同时，长沙市政府规模排名稍靠后，因此，转变政府职能、推进行政审批制度改革、降低政府成本、压缩政府规模是进一步提升长沙市政府效率的重要路径。

（三）石家庄：2014 年省会城市政府效率排名最后

表 7–11　2014 年石家庄市政府效率测度及其测度因素标准化值及排名

石家庄市政府效率测度结果		标准化值及排名
政府效率测度标准化值及排名	标准化值	–0.2858
	22 个省会城市中的排名	22
	54 个重点城市中的排名	48
政府效率测度因素标准化值及排名	政府公共服务标准化值（权重 0.35）	–0.3884
	22 个省会城市中的排名	22
	54 个重点城市中的排名	47
	政府公共物品标准化值（权重 0.25）	0.3070
	22 个省会城市中的排名	3
	54 个重点城市中的排名	12
	政府规模标准化值（权重 0.1）	–0.5068
	22 个省会城市中的排名	22
	54 个重点城市中的排名	51
	居民经济福利标准化值（权重 0.15）	–0.4689
	22 个省会城市中的排名	19
	54 个重点城市中的排名	44
	电子政务标准化值（权重 0.15）	–0.7241
	22 个省会城市中的排名	19
	54 个重点城市中的排名	46

根据表 7-11，石家庄市政府效率在 22 个省会中排名第 22，在 54 个重点城市中排名第 48。其中，政府公共服务在 22 个省会中排名第 22，在 54 个重点城市中排名第 47；政府公共物品在 22 个省会中排名第 3，在 54 个重点城市中排名第 12，表现较好；居民经济福利在 22 个省会中排名第 19，在 54 个重点城市中排名第 44；政府规模在 22 个省会中排名第 22，在 54 个重点城市中排名第 51；电子政务在 22 个省会中排名第 19，在 54 个重点城市中排名第 46。除政府公共物品外，石家庄市政府的各项测度因素排名都比较靠后，导致其政府效率排名最后。因此，全面优化公共服务、改善居民经济福利、压缩政府规模、推行电子政务等是石家庄市政府推行政府治理现代化、提升政府效率的着力点，而继续保持良好的政府公共物品供给可能是缩小其政府效率与其他省会的突破口。

（四）兰州：2014 年省会城市政府效率排名倒数第二

表 7-12　2014 年兰州市政府效率及其测度因素标准化值及排名

兰州市政府效率测度结果		标准化值及排名
政府效率测度标准化值及排名	标准化值	-0.2858
	22 个省会城市中的排名	21
	54 个重点城市中的排名	47
政府效率测度因素标准化值及排名	政府公共服务标准化值（权重 0.35）	-0.0733
	22 个省会城市中的排名	18
	54 个重点城市中的排名	31
	政府公共物品标准化值（权重 0.25）	-0.1420
	22 个省会城市中的排名	11
	54 个重点城市中的排名	28
	政府规模标准化值（权重 0.1）	-0.3882
	22 个省会城市中的排名	20
	54 个重点城市中的排名	44
	居民经济福利标准化值（权重 0.15）	-0.1008
	22 个省会城市中的排名	13
	54 个重点城市中的排名	31
	电子政务标准化值（权重 0.15）	-1.1378
	22 个省会城市中的排名	21
	54 个重点城市中的排名	51

从表 7-12 我们可以看出，兰州市政府效率在 22 个省会中排名第 21，在 54 个重点城市中排名第 47。其中，政府公共服务在 22 个省会中排名第 18，在 54 个重点城市中排名第 31，表现较差；政府公共物品在 22 个省会中排名第 11，在 54 个重点城市中排名第 28，表现一般；政府规模在 22 个省会中排名第 20，在 54 个重点城市中排名第 44，表现较差；居民经济福利在 22 个省会中排名第 13，在

54 个重点城市中排名第 31，表现一般；电子政务在 22 个省会中排名第 21，在 54 个重点城市中排名第 51，表现较差。除了政府公共物品和居民经济福利外，兰州市政府效率测度其他因素排名都比较靠后，导致其政府效率排名较差。因此，政府公共服务、政府规模和电子政务是制约兰州市政府效率提高的主要瓶颈，而继续改善政府公共物品与居民经济福利则是兰州市提升政府效率的重要路径。

第四节　2014 年 5 个自治区首府政府效率测度分析

5 个自治区首府政府效率测度分析来自上文 54 个重点城市政府效率测度报告。根据上文测度结果，下面分析 2014 年中国 5 个自治区首府政府效率测度的标准化值及其排名。

表 7-13　2014 年中国 5 个自治区首府政府效率测度标准化值及排名

	5 个自治区首府政府效率		
	标准化值	排名	54 个重点城市中的排名
拉萨	0.4049	1	6
南宁	-0.1270	2	31
呼和浩特	-0.1757	3	36
银川	-0.2394	4	40
乌鲁木齐	-0.2461	5	41

根据表 7-13，我们可以看出我国 5 个自治区首府 2014 年政府效率测度标准化值及排名的基本特征。

首先，2014 年，我国 5 个自治区首府的政府效率排名从高到低依次是：拉萨、南宁、呼和浩特、银川、乌鲁木齐。

其次，虽然处于西部地区的 5 个自治区首府政府效率相对较低，但是个别自治区首府城市政府效率较高，明显优于其所在区域的平均水平。比如，拉萨排名第 6，远远高于其他同属于西部地区的 4 个自治区首府城市政府效率排名，其余 4 个自治区首府城市政府效率都居于全国中下水平。

另外，有的自治区首府政府效率不仅高于其他省会，而且在 54 个重点城市中排名比较靠前。表 7-13 表明，拉萨在 54 个重点城市中排名靠前，位居第 6，超过许多省会、计划单列市及重点地级市政府效率排名，比如，排名第 9 的大连、排名第 10 的宁波、排名第 16 的武汉、排名第 7 的佛山、排名第 8 的厦门。通常情况下，处于西部欠发达地区的拉萨，其政府效率可能不高，因为它受制于较低的区域经济发展水平。因此，表现为具有较高政府效率的“拉萨现象”很值得研究，其经验有助于提升欠发达地区城市的政府效率。

一、2014年5个自治区首府政府效率测度因素排名与分析

（一）5个自治区首府政府公共服务测度排名及分析

表7-14 2014年5个自治区首府政府公共服务测度标准化值及排名

指 标	政府公共服务			二级指标	
				科教文卫服务	社会保障服务
名称	标准化值	排名	54个重点城市中的排名	标准化值	标准化值
乌鲁木齐	0.5980	1	4	0.8906	−0.8652
银川	0.0557	2	23	0.2886	−1.1088
南宁	0.0103	3	27	−1.1088	−0.4201
呼和浩特	−0.0793	4	32	0.0286	−0.6189
拉萨	−0.2024	5	34	−0.2182	−0.1235

政府公共服务反映了自治区首府提供的主要服务数量及质量，表征政府收益，是体现政府效率的重要指标。根据表7-14，政府公共服务排名第1的自治区首府是乌鲁木齐，它在54个重点城市中排名第4，表现颇佳；政府公共服务排名第2、第3的自治区首府分别是银川和南宁，在54个重点城市中分别排名第23和第27，属于中等水平；而排名倒数两位的是呼和浩特和拉萨，它们在54个重点城市中分别排名第32和第34，政府效率较低。

总体来说，这五个自治区首府都属于西部，其政府公共服务水平总体偏低，但是也有例外，比如，乌鲁木齐的政府公共服务在54个重点城市中排名第4。因此，经济发展水平虽然是地区政府公共服务的重要诱因，但不是决定地区政府公共服务的唯一因素，欠发达地区城市政府依然可能提供优质的地区公共服务。因此，只要各地城市政府注重转变政府职能，加强服务型政府建设，完善政府治理，注重民生改善，就能够具有较高的公共服务能力。

（二）5个自治区首府政府公共物品测度排名及分析

表7-15 2014年5个自治区首府政府公共物品测度标准化值及排名

指 标	政府公共物品			二级指标	
				城市基本设施	社会基础设施
名称	标准化值	排名	54个重点城市中的排名	标准化值	标准化值
拉萨	−0.0495	1	24	0.6354	−0.7343
呼和浩特	−0.1624	2	29	−0.1654	−0.1593
南宁	−0.2212	3	36	−0.4956	0.0532
银川	−0.3005	4	42	−0.2009	−0.4001
乌鲁木齐	−0.7004	5	53	−0.7162	−0.6846

政府公共物品反映了我国5个自治区首府有效提供的具体实物形态的公共品，主要指城乡基础设施，反映了政府收益。从表7-15可以看出，政府公共物品测度排名在前两位的自治区首府是拉萨和呼和浩特，它们在54个重点城市中的排名分别是第24和第29，处于中等水平；而排名靠后的另外三个城市分别是南宁、银川和乌鲁木齐，在54个重点城市中的排名分别是第36、第42和第53，处于滞后水平。这五个自治区首府属于西部地区，其政府公共物品测度排名普遍偏低。因此，本书认为，经济发展水平决定了各地政府提供公共物品的能力。对于经济欠发达地区政府而言，一方面要大力发展当地经济，不断提高城市财政能力；另一方面要优化政府公共物品供给结构，大力加强城乡基础设施建设。

（三）5个自治区首府政府规模测度排名及分析

表7-16　2014年5个自治区首府政府规模测度标准化值及排名

指　标	政府规模		
名称	标准化值	排名	54个重点城市中的排名
拉萨	6.1972	1	1
乌鲁木齐	−0.0247	2	13
呼和浩特	−0.1723	3	22
银川	−0.1893	4	25
南宁	−0.4527	5	47

注：政府规模是反映政府效率的逆指标，本书已将政府规模数据转换成正指标，即政府规模测度标准化值越大（即政府规模越小），排名越靠前，相应的政府效率越高。

政府规模反映了自治区首府政府消费的相对规模，表征了政府成本，直接体现了政府效率。表7-16表明，政府规模测度排名第1的自治区首府是拉萨，它在54个重点城市中的排名也是第1；排名最后的自治区首府是南宁，且位居54个重点城市政府规模的第47名，排名靠后；政府规模排名在中间的自治区首府是乌鲁木齐、呼和浩特和银川，在54个重点城市中的排名分别是第13、第22和第25，属于中上水平。总体看来，这5个自治区首府的政府规模排名基本处于全国重点城市中上水平，特别突出的是拉萨，其政府规模排名全国第1。通过表7-16不难看出，一般情况下，经济发展水平高低与某地区政府规模大小存在反向联系，经济发达地区政府规模相对较小，经济落后地区则政府规模相对较大。然而，这不是绝对的，只要欠发达地区城市注重行政审批体制改革、消除官僚主义、改善社会治理、减少政府成本，就能够通过缩小政府规模而提升政府效率，进而实现小政府、大社会的改革目标。拉萨在政府规模上的上乘表现有力佐证了这一点。

（四）5 个自治区首府居民经济福利测度排名及分析

表 7–17　2014 年 5 个自治区首府居民经济福利测度标准化值及排名

指　标	居民经济福利		
名称	标准化值	排名	54 个重点城市中的排名
拉萨	0.3403	1	12
呼和浩特	0.1100	2	25
南宁	–0.0897	3	30
乌鲁木齐	–0.1166	4	33
银川	–0.4843	5	45

居民经济福利表征了居民经济生活水平，能从侧面反映政府收益，这是衡量自治区首府政府效率重要的外溢指标。从表 7–17 可以看出，居民经济福利排名前两位的自治区首府是拉萨和呼和浩特，它们在 54 个重点城市中的排名分别是第 12 和第 25，属于中上水平；排名靠后的自治区首府是南宁、乌鲁木齐和银川，在 54 个重点城市中分别排在第 30、第 33 和第 45，处于全国中下水平。因此，本书认为，经济社会发展水平与一个地区的居民经济福利有着直接联系，经济发达地区的居民经济福利较高，经济落后地区的居民经济福利较低。所以，“发展仍然是中国政府的主要职责”，注重民生改善、着力提高居民经济福利将是处于欠发达地区的自治区首府提升政府效率的主要路径，主要包括：大力发展区域经济，不断提高居民收入和福利水平；转变发展方式，提升发展质量；转变政府职能，创新政府管理与社会治理，注重效率与公平。

（五）5 个自治区首府电子政务测度排名及分析

表 7–18　2014 年 5 个自治区首府电子政务测度标准化值及排名

指　标	电子政务		
名称	标准化值	排名	54 个重点城市中的排名
南宁	–0.1107	1	28
银川	–0.6148	2	43
呼和浩特	–0.7105	3	45
拉萨	–1.2175	4	52
乌鲁木齐	–1.7352	5	54

电子政务反映了自治区首府信息化水平和网络信息处理能力，既是衡量政府综合实力的指标，又是影响政府工作效率的重要因素。从表 7–18 可以看出，电子政务测度标准化值排名在第 1 的自治区首府是南宁，它在 54 个重点城市中排名第 28；排在后四位的自治区首府分别是银川、呼和浩特、拉萨及乌鲁木齐，它们在

54 个重点城市中的排名分别是第 43、第 45、第 52 和第 54，表现较差。总体看来，这五个自治区首府的电子政务水平普遍不高。因此，电子政务滞后不仅是自治区首府提升政府效率的瓶颈，而且是当地经济社会发展的不利条件。所以，中西部经济欠发达地区应大力发展电子政务，提高网上办公水平，进一步降低行政成本，促进政府职能转变，更好地发挥社会治理职能，提升政府效率。

二、2014 年 5 个自治区首府政府效率测度个案分析

（一）拉萨：2014 年政府效率排名第 1 的自治区首府

表 7-19　2014 年拉萨政府效率及其测度因素标准化值及排名

拉萨政府效率测度结果		标准化值及排名
政府效率测度标准化值及排名	标准化值	0.4049
	5 个自治区首府中的排名	1
	54 个重点城市中的排名	6
政府效率测度因素标准化值及排名	政府公共服务标准化值（权重 0.35）	-0.2024
	5 个自治区首府中的排名	5
	54 个重点城市中的排名	34
	政府公共物品标准化值（权重 0.25）	-0.0495
	5 个自治区首府中的排名	1
	54 个重点城市中的排名	24
	居民经济福利标准化值（权重 0.15）	0.3403
	5 个自治区首府中的排名	1
	54 个重点城市中的排名	12
	政府规模标准化值（权重 0.1）	6.1972
	5 个自治区首府中的排名	1
	54 个重点城市中的排名	1
	电子政务标准化值（权重 0.15）	-1.2175
	5 个自治区首府中的排名	4
	54 个重点城市中的排名	52

从表 7-19 中看出，拉萨市政府效率在 5 个自治区首府中排名第 1，在 54 个重点城市中排名第 6。其中，政府公共服务在 5 个自治区首府中排名第 5，在 54 个重点城市中排名第 34；政府公共物品在 5 个自治区首府中排名第 1，在 54 个重点城市中排名第 24；居民经济福利在 5 个自治区首府中排名第 1，在 54 个重点城市中排名第 12；政府规模在 5 个自治区首府中排名第 1，在 54 个重点城市中排名第 1；电子政务在 5 个自治区首府中排名第 4，在 54 个重点城市中排名第 52。拉萨市政府效率的各项测度因素排名都比较靠前，因此，其政府效率名列前茅。这从侧面印证了优化政府公共服务与公共物品供给、改善居民经济福利和电子政务，

建立服务型政府不仅有利于改善民生，而且有助于提升政府效率。

（二）乌鲁木齐：2014年政府效率排名最后的自治区首府

表7-20 2014年乌鲁木齐政府效率及其测度因素标准化值及排名

乌鲁木齐政府效率测度结果		标准化值及排名
政府效率测度标准化值及排名	标准化值	-0.2461
	5个自治区首府中的排名	5
	54个重点城市中的排名	41
政府效率测度因素标准化值及排名	政府公共服务标准化值（权重0.35）	0.5980
	5个自治区首府中的排名	1
	54个重点城市中的排名	4
	政府公共物品标准化值（权重0.25）	-0.7004
	5个自治区首府中的排名	5
	54个重点城市中的排名	53
	居民经济福利标准化值（权重0.15）	-0.1166
	5个自治区首府中的排名	4
	54个重点城市中的排名	33
	政府规模标准化值（权重0.1）	-0.0247
	5个自治区首府中的排名	2
	54个重点城市中的排名	13
	电子政务标准化值（权重0.15）	-1.7352
	5个自治区首府中的排名	5
	54个重点城市中的排名	54

根据表7-20，乌鲁木齐政府效率在5个自治区首府中排名第5，在54个重点城市中排名第41。其中，政府公共服务在5个自治区首府中排名第1，在54个重点城市中排名第4，表现较好；政府公共物品在5个自治区首府中排名第5，在54个重点城市中排名第53；居民经济福利在5个自治区首府中排名第4，在54个重点城市中排名第33；政府规模在5个自治区首府中排名第2，在54个重点城市中排名第13；电子政务在5个自治区首府中排名第5，在54个重点城市中排名最后。除了政府公共服务和政府规模外，乌鲁木齐政府效率测度因素排名靠后，其中政府公共物品和电子政务排名靠后，导致其政府效率排名靠后。因此，改善政府公共物品、居民经济福利、电子政务等方面是乌鲁木齐提升政府效率的着力点。

第五节 7 个计划单列市或经济特区政府效率测度分析

2014 年我国 7 个计划单列市或经济特区政府效率测度分析来自 54 个重点城市政府效率测度报告，具体结果如下：

表 7-21 2014 年 7 个计划单列市或经济特区政府效率测度标准化值及排名

指标 地区	7 个计划单列市或经济特区政府效率		
	标准化值	排名	54 个重点城市中的排名
深圳	1.0780	1	2
厦门	0.3517	2	8
大连	0.3188	3	9
宁波	0.3099	4	10
青岛	0.1574	5	13
珠海	0.1415	6	14
汕头	-0.3312	7	51

从表 7-21 可以看出，我国 7 个计划单列市或经济特区 2014 年政府效率及其排名的基本特征。

首先，2014 年我国 7 个计划单列市或经济特区的政府效率排在前三位的有深圳、厦门、大连；排名后三位的有青岛、珠海、汕头；排名在中间的是宁波。

其次，2014 年个别经济特区的政府效率排名较差，与该地区其他城市政府效率及经济发展水平不匹配。比如，位于广东省的汕头市，其政府效率排在 54 个重点城市中的第 51 位，不但落后于东部其他城市政府效率水平，而且逊色于我国中西部其他城市。其政府效率较低的原因很值得我们深思与探究。

一、7 个计划单列市或经济特区政府效率测度因素排名与分析

（一）7 个计划单列市或经济特区政府公共服务测度排名及分析

表 7-22 2014 年 7 个计划单列市或经济特区政府公共服务测度标准化值及排名

指标 地区	政府公共服务			二级指标	
				科教文卫服务	社会保障服务
	标准化值	排名	54 个重点城市中的排名	标准化值	标准化值
深圳	1.2351	1	2	1.3582	0.6200
珠海	0.3588	2	8	0.6470	-1.0825
厦门	0.3051	3	9	0.4798	-0.5682

续表

地区＼指标	政府公共服务			二级指标	
				科教文卫服务	社会保障服务
	标准化值	排名	54个重点城市中的排名	标准化值	标准化值
大连	0.1234	4	18	-0.3585	2.5329
宁波	0.0969	5	19	-0.0914	1.0384
汕头	-0.2115	6	36	-0.0517	-1.0106
青岛	-0.2922	7	40	-0.3995	0.2443

政府公共服务反映了政府提供的主要服务数量及质量，表征政府收益，是体现我国计划单列市或经济特区政府效率的重要指标。由表7-22可知，政府公共服务排名前三位的计划单列市或经济特区分别为深圳、珠海和厦门，它们在全国54个重点城市中的排名也比较靠前，均在前10名以内。政府公共服务排名在中间的计划单列市为大连。政府公共服务排在后三位的计划单列市或经济特区分别为宁波、汕头和青岛，其中，青岛在全国54个重点城市中的排名比较靠后，甚至低于西部地区城市，比如，乌鲁木齐市政府公共服务在全国54个重点城市中排名第4。从表7-22还可以看出，青岛市的科教文卫服务测度标准化值为-0.3995，排名最后，这是导致青岛市政府公共服务排名靠后的主要原因。

（二）7个计划单列市或经济特区政府公共物品测度排名及分析

表7-23　2014年我国7个计划单列市或经济特区的政府公共物品测度标准化值及排名

地区＼指标	政府公共物品			二级指标	
				城市基本设施	社会基础设施
	标准化值	排名	54个重点城市中的排名	标准化值	标准化值
大连	0.5012	1	8	1.4306	-0.4282
宁波	0.4462	2	11	0.3162	0.5763
深圳	0.1881	3	15	1.2188	-0.8426
青岛	0.0633	4	17	-0.0791	0.2057
珠海	-0.3163	5	44	0.0972	-0.7298
厦门	-0.3983	6	48	-0.0237	-0.7729
汕头	-0.9109	7	54	-1.2024	-0.6195

政府公共物品反映了我国计划单列市或经济特区政府有效提供的具体实物形态的公共品，主要指城乡基础设施，反映了政府收益。从表7-23可以看出，政府公共物品测度排名前三位的计划单列市或经济特区分别是大连、宁波和深圳，它们在全国54个重点城市中的排名也比较靠前；政府公共物品排名在中间的是青岛；政府公共物品排在后三位的计划单列市或经济特区分别是珠海、厦门和汕头，其中，汕头排在全国54个重点城市中的最后一位。根据表7-23，我们发现汕头的城市基本

设施标准化值极低，为-1.2024，这是汕头市政府公共物品在全国排名最后的主要原因。因此，本书认为，提高计划单列市或经济特区的政府公共物品能力，优化其政府公共物品供给结构，加强城乡基础设施建设，是保持或提升计划单列市或经济特区政府效率的重要路径。

（三）7 个计划单列市或经济特区政府规模测度排名及分析

表 7-24　2014 年 7 个计划单列市或经济特区政府规模测度标准化值及排名

指标 地区	政府规模		
	标准化值	排名	54 个重点城市中的排名
深圳	2.8596	1	2
厦门	0.9031	2	3
珠海	0.5694	3	5
大连	0.2307	4	8
宁波	0.1776	5	9
青岛	-0.1312	6	19
汕头	-0.6034	7	54

注：政府规模是反映政府效率的逆指标，本书已将政府规模数据转换成正指标，即政府规模测度标准化值越大（即政府规模越小），排名越靠前，相应的政府效率越高。

政府规模反映了政府消费的相对规模，表征了政府成本，直接体现了我国计划单列市或经济特区的政府效率。根据表 7-24，政府规模测度排名前三位的计划单列市或经济特区分别为深圳、厦门和珠海，它们在全国 54 个重点城市中的排名也比较靠前，位居前 5 名以内；政府规模排名在中间的是大连；政府规模排在后三位的计划单列市或经济特区分别为宁波、青岛和汕头，其中汕头在全国 54 个重点城市中的排名最末。

（四）7 个计划单列市或经济特区居民经济福利测度排名及分析

表 7-25　2014 年 7 个计划单列市或经济特区居民经济福利测度标准化值及排名

指标 地区	居民经济福利		
	标准化值	排名	54 个重点城市中的排名
宁波	0.7304	1	3
深圳	0.6935	2	5
厦门	0.4604	3	7
珠海	0.4224	4	8
大连	0.3904	5	10
汕头	0.2851	6	18
青岛	0.1775	7	21

居民经济福利表征了居民经济生活水平，能从侧面反映政府收益，这是衡量我国计划单列市或经济特区政府效率的重要外溢指标。由表 7-25 可知，居民经济福

利测度标准化值排名在前三位的计划单列市或经济特区分别为宁波、深圳和厦门，它们在全国 54 个重点城市中的排名也比较靠前，排名分别为第 3、第 5 和第 7；居民经济福利排名在中间的是珠海；居民经济福利排在后三位的计划单列市或经济特区分别为大连、汕头和青岛，其中，青岛排在全国 54 个重点城市中的第 21 位。

（五）7 个计划单列市或经济特区电子政务测度排名及分析

表 7–26　2014 年 7 个计划单列市或经济特区电子政务测度标准化值及排名

指标 地区	电子政务		
	标准化值	排名	54 个重点城市中的排名
青岛	1.5359	1	2
深圳	1.3912	2	3
厦门	1.2340	3	6
大连	0.4578	4	14
宁波	0.2476	5	19
汕头	–0.0791	6	27
珠海	–0.1687	7	30

电子政务反映了我国计划单列市或经济特区政府信息化水平和网络信息处理能力，既是衡量政府综合实力的指标，又是影响政府工作效率的重要因素。从表 7–26 可以看出，电子政务测度标准化值排名在前三位的计划单列市或经济特区分别为青岛、深圳和厦门，它们在全国 54 个重点城市中的排名也比较靠前，分别位居第 2、第 3 和第 6；电子政务测度标准化值排名在中间的是大连；排在后三位的分别是宁波、汕头和珠海，其中，珠海在全国 54 个重点城市中的排名为第 30，电子政务水平较低。

二、2014 年 7 个计划单列市或经济特区政府效率测度个案分析

（一）深圳：2014 年政府效率排名第一的经济特区

表 7–27　2014 年深圳政府效率及其测度因素标准化值及排名

深圳政府效率测度结果		标准化值及排名
政府效率测度标准化值及排名	标准化值	1.0780
	7 个计划单列市或经济特区中的排名	1
	54 个重点城市中的排名	2
政府效率测度因素标准化值及排名	政府公共服务标准化值（权重 0.35）	1.2351
	7 个计划单列市或经济特区中的排名	1
	54 个重点城市中的排名	2
	政府公共物品标准化值（权重 0.25）	0.1881
	7 个计划单列市或经济特区中的排名	3
	54 个重点城市中的排名	15
	居民经济福利标准化值（权重 0.15）	0.6935

续表

深圳政府效率测度结果		标准化值及排名
政府效率测度因素标准化值及排名	7 个计划单列市或经济特区中的排名	2
	54 个重点城市中的排名	5
	政府规模标准化值（权重 0.1）	2.8596
	7 个计划单列市或经济特区中的排名	1
	54 个重点城市中的排名	2
	电子政务标准化值（权重 0.15）	1.3912
	7 个计划单列市或经济特区中的排名	2
	54 个重点城市中的排名	3

从表 7–27 可以看出，深圳市政府效率在 7 个计划单列市或经济特区中排名第 1，在 54 个重点城市中排名第 2。其中，深圳市政府公共服务在 7 个计划单列市或经济特区中排名第 1，在 54 个重点城市中排名第 2；政府公共物品在 7 个计划单列市或经济特区中排名第 3，在 54 个重点城市中排名第 15；居民经济福利在 7 个计划单列市或经济特区中排名第 2，在 54 个重点城市中排名第 5；政府规模在 7 个计划单列市或经济特区中排名第 1，在 54 个重点城市中排名第 2；电子政务在 7 个计划单列市或经济特区中排名第 2，在 54 个城市中排名第 3。可见，深圳市政府效率的各项测度因素排名都比较靠前，因此，其政府效率排名特别靠前。这从侧面印证了优质的政府公共服务与公共物品、良好的居民经济福利、卓越的电子政务是经济特区政府效率名列前茅的根本保证。

（二）汕头：2014 年政府效率排名最差的经济特区

表 7–28 2014 年汕头市政府效率及其测度因素标准化值及排名

名　称		汕　头
政府效率测度标准化值及排名	标准化值	–0.3312
	7 个计划单列市或经济特区中的排名	7
	54 个重点城市中的排名	51
政府效率测度因素标准化值及排名	政府公共服务标准化值（权重 0.35）	–0.2115
	7 个计划单列市或经济特区中的排名	6
	54 个重点城市中的排名	36
	政府公共物品标准化值（权重 0.25）	–0.9109
	7 个计划单列市或经济特区中的排名	7
	54 个重点城市中的排名	54
	居民经济福利标准化值（权重 0.15）	0.2851
	7 个计划单列市或经济特区中的排名	6
	54 个重点城市中的排名	18
	政府规模标准化值（权重 0.1）	–0.6034
	7 个计划单列市或经济特区中的排名	7
	54 个重点城市中的排名	54
	电子政务标准化值（权重 0.15）	–0.0791
	7 个计划单列市或经济特区中的排名	6
	54 个重点城市中的排名	27

从表7-28可以看出，汕头市政府效率在7个计划单列市或经济特区中排名第7，在54个重点城市中排名第51。其政府公共服务在7个计划单列市或经济特区中排名第6，在54个重点城市中排名第36；政府公共物品在7个计划单列市或经济特区中排名第7，在54个重点城市中排名第54；居民经济福利在7个计划单列市或经济特区中排名第6，在54个重点城市中排名第18，表现较好；政府规模在7个计划单列市或经济特区中排名第7，在54个重点城市中排名第54；电子政务在7个计划单列市或经济特区中排名第6，在54个重点城市中排名第27。除居民经济福利外，汕头市政府效率测度的各项因素排名都极端落后，导致其政府效率水平较低。因此，注重优化政府公共服务与公共物品供给、控制政府规模、积极发展电子政务将是汕头市提升政府效率的重要措施。

第六节　20个（二、三线代表城市）重点地级市政府效率测度分析

一、2014年20个重点地级市政府效率测度结果及分析

表7-29　2014年中国20个重点地级市政府效率测度标准化值及排名

指标 / 地区	中国20个重点地级市政府效率		
	标准化值	排名	54个重点城市中的排名
东莞	1.0846	1	1
苏州	0.4538	2	4
佛山	0.3705	3	7
无锡	0.2952	4	11
洛阳	-0.036	5	23
柳州	-0.0956	6	29
宜昌	-0.1242	7	30
唐山	-0.1343	8	32
岳阳	-0.1718	9	35
烟台	-0.1944	10	37
大庆	-0.206	11	38
温州	-0.217	12	39
绵阳	-0.2571	13	42
泉州	-0.2684	14	44
吉林	-0.2843	15	46
榆林	-0.2981	16	49
包头	-0.3253	17	50
鞍山	-0.3492	18	52
芜湖	-0.3594	19	53
淄博	-0.3615	20	54

除了前面已经分析的省会城市、自治区首府、计划单列市或经济特区外，2014年选取测度地方政府效率样本的54个重点城市中还剩下20个重点地级市，它们是我国二、三线城市的代表，本节将根据54个重点城市政府效率测度结果具体分析这20个重点地级市的政府效率。

根据表7-29，我国20个重点地级市2014年政府效率及其排名的基本特征如下：

第一，我国20个重点地级市政府效率标准化值排名由高到低总体呈现出“东部—中部—东北—西部”的趋势。20个重点地级市政府效率排名前10位中，东部占6个（即东莞、苏州、佛山、无锡、唐山、烟台），中部占3个（即洛阳、宜昌、岳阳），西部占1个（即柳州）；政府效率排名第11~第15位的重点地级市中，东部占2个（即温州、泉州），东北部占2个（即大庆、吉林），西部占1个（即绵阳）；政府效率排名倒数五名（即第16~20位）的重点地级市中，西部占2个（即榆林、包头），东部占1个（即淄博），中部1个（即芜湖），东北占1个（即鞍山）。

第二，在阶梯形分布总体趋势下，个别重点地级市政府效率排名呈现出与其所在区域总体水平不一致的情形。有的重点地级市政府效率明显高于所在区域总体水平，比如，西部的柳州排名靠前，排在第6位；有的重点地级市政府效率则大大落后于同区域其他重点地级市，比如，东北部的鞍山排在第17位，东部的淄博排在第20位，明显落后于东北、东部的其他重点地级市政府效率排名。

第三，重点地级市政府效率排名与区域经济社会发展具有一定的正相关性。通过政府效率排名的区域分布可以看出，政府效率较高的重点地级市政府，其辖区经济社会发展水平较高；经济社会发展较好的地区，其重点地级市政府效率也高。因此，良好的经济社会发展基础有助于提高重点地级市政府效率，较高的重点地级市政府效率也是促进地区经济发展水平的重要因素。也就是说，经济社会发展和政府效率提升两者之间相互促进、相辅相成。

二、2014年20个重点地级市政府效率测度因素排名与分析

（一）20个重点地级市政府公共服务测度排名及分析

表7-30　2014年中国20个重点地级市政府公共服务测度标准化值及排名

地区＼指标	政府公共服务			二级指标	
				科教文卫服务	社会保障服务
	标准化值	排名	54个重点城市中的排名	标准化值	标准化值
东莞	1.571	1	1	2.0526	-0.8372
洛阳	0.5844	2	5	0.8167	-0.5771
佛山	0.2716	3	11	0.4403	-0.572
苏州	0.0629	4	21	-0.2868	1.8117

续表

指标 地区	政府公共服务			二级指标	
				科教文卫服务	社会保障服务
	标准化值	排名	54个重点城市中的排名	标准化值	标准化值
吉林	-0.042	5	30	-0.0527	0.0113
大庆	-0.0799	6	33	0.0863	-0.9111
柳州	-0.2084	7	35	-0.043	-1.0356
淄博	-0.2771	8	38	-0.2151	-0.5867
无锡	-0.2962	9	41	-0.3428	-0.0629
烟台	-0.3032	10	42	-0.5199	0.7801
包头	-0.3196	11	43	-0.3168	-0.3332
鞍山	-0.3223	12	44	-0.435	0.2413
唐山	-0.336	13	45	-0.4029	-0.0017
绵阳	-0.5013	14	48	-0.4602	-0.7068
岳阳	-0.5801	15	49	-0.649	-0.2353
芜湖	-0.5839	16	50	-0.5501	-0.753
温州	-0.6179	17	51	-0.5985	-0.7154
宜昌	-0.6496	18	52	-0.6669	-0.5631
泉州	-0.679	19	53	-0.6696	-0.7256
榆林	-0.7112	20	54	-0.7289	-0.623

分析表7-30可以发现，政府公共服务由科教文卫服务和社会保障服务两个二级指标构成，它们各自的权重分别为83.3%和16.7%。由于政府公共服务反映了政府提供的主要服务数量及质量，表征政府收益，是体现重点地级市政府效率的重要指标。表7-30表明，政府公共服务排名的规律性不强，排在前10位的既有东部的东莞、佛山、苏州等，又有西部的柳州，还有东北的吉林和大庆；而排在倒数5名的重点地级市中，既有西部的榆林，又有中部的芜湖、宜昌，还有东部的温州和泉州。因此，本书认为，经济发展水平会影响一个地区政府的公共服务能力，经济发达地区地级市政府公共服务水平较高，但欠发达地区政府公共服务能力也可以优于发达地区。所以，只要各重点地级市政府注重转变政府职能，树立服务理念，强化政府服务水平，创新政府治理，就能够通过提供优质的政府公共服务而提升政府效率。

（二）20个重点地级市政府公共物品测度排名及分析

表7-31 2014年中国20个重点地级市政府公共物品测度标准化值及排名

指标 地区	政府公共物品			二级指标	
				城市基本设施	社会基础设施
	标准化值	排名	54个重点城市中的排名	标准化值	标准化值
东莞	1.3142	1	1	1.408	1.2203
苏州	1.2062	2	2	0.1608	2.2516

续表

地区 \ 指标	政府公共物品			二级指标	
				城市基本设施	社会基础设施
	标准化值	排名	54个重点城市中的排名	标准化值	标准化值
岳阳	0.691	3	4	1.141	0.241
榆林	0.6767	4	5	1.7585	-0.405
无锡	0.6124	5	6	0.0072	1.2176
宜昌	0.5667	6	7	1.5716	-0.4381
唐山	0.4714	7	9	-0.494	1.4369
大庆	0.2384	8	13	0.2522	0.2246
绵阳	-0.0166	9	21	0.0505	-0.0836
吉林	-0.0528	10	25	0.1105	-0.216
佛山	-0.0574	11	26	-0.4242	0.3094
烟台	-0.0689	12	27	-0.2088	0.071
泉州	-0.1775	13	32	-0.5038	0.1489
洛阳	-0.2016	14	33	-0.144	-0.2593
包头	-0.2042	15	34	-0.0617	-0.3467
芜湖	-0.2119	16	35	-0.3054	-0.1184
淄博	-0.2322	17	38	-0.2013	-0.263
温州	-0.2987	18	41	-0.5834	-0.0141
鞍山	-0.3796	19	47	-0.2356	-0.5236
柳州	-0.4218	20	49	-0.3547	-0.4889

分析表 7-31 可以发现，政府公共服务由社会基础设施和城市基本设施两个二级指标构成，它们各自的权重分别为 50% 和 50%。政府公共物品反映了我国重点地级市政府有效提供的具体实物形态的公共品，主要指城乡基础设施，反映了政府收益。表 7-31 表明，政府公共服务排在前 5 位的重点地级市中，来自东部的有 3 个（即东莞、苏州、无锡），来自中部和西部的各 1 个（即岳阳、榆林）；政府公共服务排在中间 10 位的重点地级市有 8 个来自东部、中部或东北；政府公共服务排在后 5 位的重点地级市中，东北、中、西部各占 1 位，东部占 2 位。因此，本书认为，经济发展水平虽然会促进发达地区重点地级市政府公共物品供给，但是并不能确保其政府公共物品的优质与高效。因此，重点地级市政府既要大力发展区域经济，不断提高其财政能力，又要重视优化政府公共物品供给结构，才能提高政府公共物品水平，不断提升政府效率。

（三）20个重点地级市政府规模测度排名及分析

表 7-32 2014年中国20个重点地级市政府规模测度标准化值及排名

指标 地区	20个重点地级市政府规模		
	标准化值	排名	54个重点城市中的排名
东莞	0.6267	1	4
苏州	0.3781	2	6
无锡	0.1394	3	10
佛山	-0.023	4	12
包头	-0.082	5	16
榆林	-0.0823	6	17
大庆	-0.2448	7	27
鞍山	-0.2485	8	28
芜湖	-0.2769	9	30
宜昌	-0.3102	10	34
烟台	-0.3156	11	36
淄博	-0.3485	12	38
吉林	-0.3662	13	40
唐山	-0.3665	14	41
柳州	-0.4001	15	46
洛阳	-0.4632	16	48
泉州	-0.4698	17	49
温州	-0.4907	18	50
绵阳	-0.5084	19	52
岳阳	-0.5433	20	53

注：政府规模是反映政府效率的逆指标，本书已将政府规模数据转换成正指标，即政府规模测度标准化值越大（政府规模越小），排名越靠前，相应的政府效率越高。

表7-32表明，政府规模反映了重点地级市政府消费的相对规模，表征了政府成本，直接体现了政府效率。该表说明，政府规模排在前5位的重点地级市大部分位于东部（即东莞、苏州、无锡、佛山4个），西部只有包头进入前5位；政府规模排在中间10位的多数位于东部或东北部（即大庆、鞍山、烟台、淄博、吉林、唐山）；政府规模排在后5位的，中西部占多数（即洛阳、绵阳、岳阳）。因此，经济发展水平与一个地区重点地级市政府规模密切相关，经济发达地区重点地级市政府规模排名较好，经济欠发达地区地级市其排名较差。

（四）20 个重点地级市居民经济福利测度排名及分析

表 7-33　2014 年中国 20 个重点地级市居民经济福利测度标准化值及排名

指标 地区	中国 20 个重点地级市居民经济福利		
	标准化值	排名	54 个重点城市中的排名
东莞	0.8339	1	1
温州	0.5143	2	6
泉州	0.366	3	11
佛山	0.33	4	13
无锡	0.2905	5	17
苏州	0.2602	6	19
绵阳	0.156	7	24
芜湖	0.0051	8	27
包头	−0.108	9	32
宜昌	−0.1231	10	34
柳州	−0.171	11	36
烟台	−0.1924	12	38
鞍山	−0.2417	13	39
岳阳	−0.46	14	43
吉林	−0.5419	15	47
榆林	−0.5489	16	48
唐山	−0.6273	17	51
淄博	−0.6684	18	52
洛阳	−0.7871	19	53
大庆	−1.0633	20	54

居民经济福利表征了居民经济生活水平，能从侧面反映政府收益，这是衡量重点地级市政府效率的重要外溢指标。从表 7-33 可以看出，居民经济福利测度标准化值排名在前 5 位的全部位于东部地区（即东莞、温州、泉州、佛山、无锡）；排在中间 10 位的既有来自西部的绵阳、包头、柳州，又有来自中部的芜湖、宜昌、岳阳，还有来自东部的苏州、烟台，也有来自东北的鞍山、吉林；排在后 5 位的也是来自我国各个区域（比如，东部的唐山、淄博，东北的大庆，中部的洛阳，西部的榆林）。这就表明，虽然居民经济福利最优的地级市来自东部，但是我国东、中、西及东北部均有地级市居民经济福利处于一般及较差水平。因此，加快发展质量、提高居民经济福利不仅是我国各地重点地级市政府的主要任务，也是优化其政府效率的重要措施。

（五）20个重点地级市电子政务测度排名及分析

表7-34 2014年中国20个重点地级市电子政务测度标准化值及排名

地区＼指标	中国20个重点地级市电子政务		
	标准化值	排名	54个重点城市中的排名
佛山	1.6176	1	1
无锡	1.2552	2	5
柳州	0.9896	3	7
苏州	0.3562	4	15
温州	0.3059	5	17
东莞	0.1232	6	22
宜昌	0.0731	7	23
泉州	0.0376	8	24
唐山	-0.0251	9	25
烟台	-0.0706	10	26
岳阳	-0.1211	11	29
洛阳	-0.172	12	31
绵阳	-0.3338	13	35
大庆	-0.3581	14	36
淄博	-0.4758	15	39
芜湖	-0.501	16	41
鞍山	-0.5357	17	42
榆林	-0.8519	18	48
包头	-0.9199	19	49
吉林	-0.923	20	50

电子政务反映了我国重点地级市政府信息化水平和网络信息处理能力，既是衡量城市政府综合实力的指标，又是影响政府工作效率的重要因素。从表7-34可以看出，电子政务测度标准化值排名前5位的重点地级市中，东部占4个（即佛山、无锡、苏州、温州），西部占1个（即柳州）；排在中间10位的重点地级市来自我国四大区域（即东部的东莞、泉州、唐山、烟台、淄博，东北部的大庆，中部的宜昌、岳阳、洛阳，西部的绵阳）；排在后5位的重点地级市主要来自西部（即榆林、包头）、东北部（即鞍山、吉林）、中部（即芜湖）。因此，重点地级市电子政务分布规律不明显，因为东、中、西部及东北部不但都有电子政务较好的地级市，而且也有电子政务较差的地级市，尽管东部地区电子政务总体水平较高。

三、2014 年 20 个重点地级市政府效率测度个案分析

（一）东莞：2014 年政府效率排名第一的重点地级市

表 7-35　2014 年东莞政府效率及其测度因素标准化值及排名

	东莞	
政府效率测度标准化值及排名	标准化值	1.0846
	20 个重点地级市中的排名	1
	54 个重点城市中的排名	1
政府效率测度因素标准化值及排名	政府公共服务标准化值（权重 0.35）	1.571
	20 个重点地级市中的排名	1
	54 个重点城市中的排名	1
	政府公共物品标准化值（权重 0.25）	1.3142
	20 个重点地级市中的排名	1
	54 个重点城市中的排名	1
	政府规模标准化值（权重 0.1）	0.6267
	20 个重点地级市中的排名	1
	54 个重点城市中的排名	4
	居民经济福利标准化值（权重 0.15）	0.8339
	20 个重点地级市中的排名	1
	54 个重点城市中的排名	1
	电子政务标准化值（权重 0.15）	0.1232
	20 个重点地级市中的排名	6
	54 个重点城市中的排名	22

从表 7-35 可以看出，东莞市政府效率在 20 个重点地级市中排名第 1，在 54 个城市中排名第 1。其中政府公共服务在 20 个重点地级市中排名第 1，在 54 个重点城市中排名第 1；政府公共物品在 20 个重点地级市中排名第 1，在 54 个重点城市中排名第 1；政府规模在 20 个重点地级市中排名第 1，在 54 个重点城市中排名第 4；居民经济福利在 20 个重点地级市中排名第 1，在 54 个重点城市中排名第 1；电子政务在 20 个重点地级市中排名第 6，在 54 个重点城市中排名第 22。东莞市政府效率各项测度因素排名都比较靠前，因此其政府效率名列前茅。这从侧面印证了优化政府公共服务、改善公共物品供给、控制政府规模、提高居民经济福利和电子政务保障了东莞市政府的高效率；同时，进一步提升该市政府效率的主要路径在于完善其电子政务，因为东莞电子政务水平不高。

（二）苏州：2014年政府效率排名第二的重点地级市

表 7-36　2014年苏州政府效率及其测度因素标准化值及排名

	苏州	
政府效率测度标准化值及排名	标准化值	0.4538
	20个地级市中的排名	2
	54个重点城市中的排名	4
政府效率测度因素标准化值及排名	政府公共服务标准化值（权重0.35）	0.0629
	20个地级市中的排名	4
	54个重点城市中的排名	21
	政府公共物品标准化值（权重0.25）	1.2062
	20个地级市中的排名	2
	54个重点城市中的排名	2
	政府规模标准化值（权重0.1）	0.3781
	20个地级市中的排名	2
	54个重点城市中的排名	6
	居民经济福利标准化值（权重0.15）	0.2602
	20个地级市中的排名	6
	54个重点城市中的排名	19
	电子政务标准化值（权重0.15）	0.3562
	20个地级市中的排名	4
	54个重点城市中的排名	15

从表7-36可以看出，苏州市政府效率在20个重点地级市中排名第2，在54个重点城市中排名第4。其中政府公共服务在20个重点地级市中排名第2，在54个重点城市中排名第5；政府公共物品在20个重点地级市中排名第2，在54个重点城市中排名第2；政府规模在20个重点地级市中排名第2，在54个重点城市中排名第6；居民经济福利在20个重点地级市中排名第6，在54个重点城市中排名第19；电子政务在20个重点地级市中排名第4，在54个重点城市中排名第15。苏州市政府效率测度的各项因素排名都比较靠前，因此其政府效率排名靠前。但是，该市的居民经济福利及电子政务有待进一步提高，这是其政府效率提升的主要路径。

（三）淄博：2014年政府效率排名最后的重点地级市

表 7-37　2014年淄博政府效率及其测度因素标准化值及排名

	淄博	
政府效率测度标准化值及排名	标准化值	-0.3615
	20个重点地级市中的排名	20
	54个重点城市中的排名	54

续表

政府效率测度因素标准化值及排名	政府公共服务标准化值（权重 0.35）	-0.2771
	20 个重点地级市中的排名	8
	54 个重点城市中的排名	38
	政府公共物品标准化值（权重 0.25）	-0.2322
	20 个重点地级市中的排名	17
	54 个重点城市中的排名	38
	政府规模标准化值（权重 0.1）	-0.3485
	20 个重点地级市中的排名	12
	54 个重点城市中的排名	38
	居民经济福利标准化值（权重 0.15）	-0.6684
	20 个重点地级市中的排名	18
	54 个重点城市中的排名	52
	电子政务标准化值（权重 0.15）	-0.4758
	20 个重点地级市中的排名	15
	54 个重点城市中的排名	39

从表 7-37 可以看出，淄博市政府效率在 20 个重点地级市中排名第 20，在 54 个重点城市中排名第 54。其中，政府公共服务在 20 个重点地级市中排名第 8，在 54 个重点城市中排名第 38；政府公共物品在 20 个重点地级市中排名第 17，在 54 个重点城市中排名第 38；政府规模在 20 个重点地级市中排名第 12，在 54 个重点城市中排名第 38；居民经济福利在 20 个重点地级市中排名第 18，在 54 个重点城市中排名第 52；电子政务在 20 个重点地级市中排名第 15，在 54 个重点城市中排名第 39。表 7-37 表明，淄博市政府公共物品供给、政府规模、居民经济福利、电子政务的排名都比较落后，因此，其政府效率较低。但是淄博市政府公共服务较好，这是其提升政府效率的重要突破口。

（四）芜湖：2014 年政府效率排名倒数第二的重点地级市

表 7-38　2014 年芜湖政府效率及其测度因素标准化值及排名

	芜湖	
政府效率测度标准化值及排名	标准化值	-0.3594
	20 个重点地级市中的排名	19
	54 个重点城市中的排名	53
政府效率测度因素标准化值及排名	政府公共服务标准化值（权重 0.35）	-0.5839
	20 个重点地级市中的排名	16
	54 个重点城市中的排名	50
	政府公共物品标准化值（权重 0.25）	-0.2119
	20 个重点地级市中的排名	16
	54 个重点城市中的排名	35
	政府规模标准化值（权重 0.1）	-0.2769
	20 个重点地级市中的排名	9

续表

政府效率测度因素标准化值及排名	54个重点城市中的排名	30
	居民经济福利标准化值（权重0.15）	0.0051
	20个重点地级市中的排名	8
	54个重点城市中的排名	27
	电子政务标准化值（权重0.15）	-0.501
	20个重点地级市中的排名	16
	54个重点城市中的排名	41

从表7-38可以看出，芜湖市政府效率在20个重点地级市中排名第19，在54个重点城市中排名第53。其中政府公共服务在20个重点地级市中排名第16，在54个重点城市中排名第50；政府公共物品在20个重点地级市中排名第16，在54个重点城市中排名第35；政府规模在20个重点地级市中排名第9，在54个重点城市中排名第30；居民经济福利在20个重点地级市中排名第8，在54个重点城市中排名第27；电子政务在20个重点地级市中排名第16，在54个重点城市中排名第41。不难看出，政府公共服务、政府公共物品、电子政务等排名较差，这是制约芜湖政府效率提升的主要因素，但是其政府规模、居民经济福利表现较好，是提升其政府效率的重要路径。

第八章
2014 年中国省级地方政府效率测度报告

【摘要】根据2013年测度省级政府效率的思路、指标与方法，结合《2013中国统计年鉴》、《2013中国经济年鉴》、《2013中国环境年鉴》、《2013中国法律年鉴》等数据，本书测度了2014年中国省级地方政府效率。

省级地方政府效率测度结果具有以下四方面的特征：第一，东部地区省级政府效率相对最高。第二，中部地区省级政府效率表现一般，但比2013年有所提升。第三，西部地区省级政府效率相对较低，但西部的重庆和青海的政府效率位居全国中上水平。第四，东北部地区省级政府效率较好，但与2013年相比有所回落。省级地方政府效率测度因素情况如下：2014年政府公共服务测度排名前10的省级政府的区域性不明显；政府公共物品测度排名前10位的省级政府有6个位于东部（即江苏、山东、浙江、河北、福建、广东）；政府规模测度排名前10的省级政府中，来自东部的5个（即天津、广东、海南、江苏、上海），中部的4个（即安徽、河南、湖南、湖北），西部的1个（即重庆）；居民经济福利测度排名前10位的省级政府多数来自东部及中部（即上海、北京、浙江、江苏、天津、山东6个）；电子政务测度排名前10位的省级政府有8个位于我国东部（即北京、上海、福建、广东、海南、浙江、天津、江苏）。从年度总体变化上看，2014年东部省级政府效率排名比较稳定，并高于其他地区；西部省级政府效率排名基本保持稳定，但低于其他地区；省级政府效率正向变化最大的是青海，负向变化最大的是河北。

第一节　2014年省级地方政府效率测度的基本思路与方法

省级地方政府作为当地公共服务和公共物品的主要供给者，是辖区居民社会福利的主要保障者，是地方财政的主要消费者，因此，省级政府效率就集中体现在省级政府担当这三种角色所产生的成本与收益之间的对比关系，体现在全国31个省级地方政府之间效率水平的对比之中。省级地方政府效率表现为地方政府以较小的政府规模（即较小的政府成本）提供较多的符合社会发展和人类进步要求的公共服务、公共物品、电子政务，表现为当地居民具有较高的经济福利水平。

根据政府效率的内涵及特征，结合省级政府提供公共服务的投入与产出状况，基于指标选取的基本原则，本书建立了50个指标组成的指标体系，其中测度因素5个，测度子因素6个，三级指标39个。然后，本书采用标准离差法（SDM），把众多不同测度指标转换成可以相互比较的标准化值（STD），然后加权计算我国省级地方政府效率的标准化值，并以此进行政府效率的指标、子因素、因素以及政府效率综合排名，以此测度、比较各省级地方政府效率的相对水平。

第二节 2014 年省级地方政府效率测度指标的数据来源与更新

2014 年我国省级地方政府效率测度的指标数据主要来自《2013 中国统计年鉴》、《2013 中国经济年鉴》、《2013 中国环境年鉴》、《2013 中国法律年鉴》等。测度指标名称和原始值有的直接来自这些年鉴，大多数则是作者对年鉴相关指标值进行转换得出，但所有指标都是硬指标。这些指标多数是正指标（即指标值越大，则表明政府效率越高），少数是逆指标（即指标值越大，则表示政府效率越低），本书在测度时已经将逆指标转换成正指标。另外，所有这些指标都是以省、自治区、直辖市为单位计算出来的，能够反映我国 31 个省级地方政府的政府效率。

第三节 2014 年省级地方政府效率测度分析

一、省级地方政府效率测度结果

根据设计的指标体系及测度方法，经过计算，本书得出了 2014 年中国 31 个省级地方政府效率测度的标准化值及其排名，测度结果如表 8-1 所示。

表 8-1 2014 年中国省级地方政府效率测度标准化值及排名（含电子政务）

指标 地区	中国省级地方政府效率	
	标准化值	排名
北京	0.7228	1
江苏	0.5163	2
上海	0.4031	3
浙江	0.3524	4
广东	0.3399	5
天津	0.2766	6
山东	0.2262	7
辽宁	0.2135	8
海南	0.1198	9
青海	0.102	10
福建	0.0946	11
湖北	0.0462	12
安徽	0.0346	13

续表

指标 地区	中国省级地方政府效率	
	标准化值	排名
重庆	-0.0287	14
湖南	-0.0343	15
四川	-0.0355	16
内蒙古	-0.0365	17
新疆	-0.0496	18
河南	-0.0512	19
河北	-0.0594	20
吉林	-0.0629	21
黑龙江	-0.0671	22
陕西	-0.068	23
山西	-0.1145	24
江西	-0.1425	25
宁夏	-0.2701	26
甘肃	-0.3282	27
云南	-0.3383	28
广西	-0.3458	29
贵州	-0.485	30
西藏	-0.8889	31

从表 8-1 可以看出，我国 31 个省级地方政府效率测度的标准化值以及排名具有以下三个显著特征：

第一，省级地方政府效率标准化值排名成阶梯形分布。按照排名由高到低，政府效率大致呈现出“东部—中部—东北部—西部”阶梯形分布趋势。[①] 政府效率排名前 10 位的省级地方政府中，除辽宁（第 8 位）位于东北地区，青海（第 10 位）位于西部地区外，其余 8 个省（区、市）全部位于东部地区；排名第 11~第 20 位的省（区、市）中，东部地区占了 2 个，中部地区占了 4 个，西部地区占了 4 个；排名第 21~第 31 位的省级地方政府中，东北部地区占了 2 个，大部分位于西部地区，共计 7 个。

第二，在阶梯形分布总体趋势下，部分省级地方政府效率呈现出与其所在区域总体排名趋势不一致的情形。有的省级地方政府效率排名明显高于区域平均水平，如西部的青海、重庆、四川、内蒙古和新疆进入前 20 位，分别排在第 10 位、第 14 位、第 16 位、第 17 位和第 18 位；有的省级地方政府效率则大大落后于同区域的其他省级政府，如江西排名位于全国第 25 位，与中部其他省级地方政府效率存

① 本书的区域划分参照国家统计部门的划分标准。其中，东部地区包括北京、天津、河北、上海、江苏、浙江、福建、山东、广东和海南 10 省市；中部地区包括山西、安徽、江西、河南、湖北和湖南 6 省；西部地区包括内蒙古、广西、重庆、四川、贵州、云南、西藏、陕西、甘肃、青海、宁夏和新疆 12 省（区、市）；东北地区包括辽宁、吉林和黑龙江 3 省。

在较大差距。

第三，省级政府效率排名与区域经济社会发展水平之间具有一定的正相关性。政府效率较高的省级地方政府，其辖区经济社会发展水平较高；经济发展较好的地区，其省级政府效率也较高。政府效率是政府投入和产出之间的对比，一定的人力、物力和财力的投入是政府配置生产资源、提供公共物品和服务、进行基础设施建设的前提，因此强大的经济支撑有助于提高区域内的省级政府效率，并且省级政府效率也是影响省级地方政府辖区经济社会发展的重要因素。也就是说，经济社会发展和政府效率的提升互相促进、相辅相成。因此，在注重经济社会发展的同时不断提高政府效率是必要的、可行的，而重视经济社会发展也有助于提升政府管理水平与服务效率。

二、省级地方政府效率的区域比较

表 8-2　2014 年各区域省级政府效率及测度一级指标标准化值及排名（含电子政务）

指标	政府效率测度标准化值及排名		一级指标标准化值及排名				
			政府公共服务	政府公共物品	政府规模	居民经济福利	电子政务
权重	100%		35%	25%	20%	10%	10%
名称	标准化值	排名	排名	排名	排名	排名	排名
东部地区							
北京	0.7228	1	1	15	24	2	1
天津	0.2766	6	15	20	1	5	8
河北	-0.0594	20	22	8	17	11	23
上海	0.4031	3	4	27	9	1	2
江苏	0.5163	2	3	1	8	4	9
浙江	0.3524	4	6	3	16	3	6
福建	0.0946	11	27	9	14	19	3
山东	0.2262	7	11	2	13	6	17
广东	0.3399	5	14	10	4	17	4
海南	0.1198	9	16	14	5	30	5
中部地区							
山西	-0.1145	24	7	26	29	10	16
安徽	-0.0346	13	31	11	2	15	14
江西	-0.1425	25	29	5	12	25	29
河南	-0.0512	19	23	22	3	12	30
湖北	0.0462	12	17	19	10	22	7
湖南	-0.0343	15	30	18	7	16	11
西部地区							
内蒙古	-0.0365	17	18	13	20	9	19
广西	-0.3458	29	28	25	22	28	21
重庆	-0.0287	14	20	24	6	21	20
四川	-0.0355	16	24	4	19	27	10
贵州	-0.4850	30	25	31	15	29	27
云南	-0.3383	28	19	28	25	26	25

续表

指标	政府效率测度标准化值及排名		一级指标标准化值及排名				
			政府公共服务	政府公共物品	政府规模	居民经济福利	电子政务
权重	100%		35%	25%	20%	10%	10%
名称	标准化值	排名	排名	排名	排名	排名	排名
陕西	−0.0678	23	21	7	27	14	12
甘肃	−0.3282	27	9	29	30	24	28
青海	0.1020	10	2	17	21	20	18
宁夏	−0.2701	26	26	21	28	8	26
新疆	−0.0496	18	5	16	26	23	15
西藏	−0.8889	31	10	30	31	31	31
东北部地区							
辽宁	0.2135	8	8	6	11	13	13
吉林	−0.0629	21	13	23	18	7	24
黑龙江	−0.0671	22	12	12	23	8	22

表 8–3 2014 年各区域省级政府效率及测度一级指标标准化值及排名（不含电子政务）

指标	政府效率测度标准化值及排名		一级指标标准化值及排名			
			政府公共服务	政府公共物品	政府规模	居民经济福利
权重	100%		40%	30%	20%	10%
名称	标准化值	排名	排名	排名	排名	排名
东部地区						
北京	0.5671	1	1	15	24	2
天津	0.2311	5	15	20	1	5
河北	0.0024	14	22	8	17	11
上海	0.2157	7	4	27	9	1
江苏	0.5410	2	3	1	8	4
浙江	0.3266	3	6	3	16	3
福建	−0.0620	21	27	9	14	19
山东	0.2862	4	11	2	13	6
广东	0.2008	8	14	10	4	17
海南	0.0495	10	16	14	5	30
中部地区						
山西	−0.0940	25	7	26	29	10
安徽	0.0204	12	31	11	2	15
江西	−0.0530	20	29	5	12	25
河南	0.0388	11	23	22	3	12
湖北	−0.0060	18	17	19	10	22
湖南	−0.0850	24	30	18	7	16
西部地区						
内蒙古	0.0084	13	18	13	20	9
广西	−0.3250	29	28	25	22	28
重庆	−0.0001	15	20	24	6	21
四川	−0.0661	22	24	4	19	27
贵州	−0.4715	30	25	31	15	29

续表

指标	政府效率测度标准化值及排名		一级指标标准化值及排名			
			政府公共服务	政府公共物品	政府规模	居民经济福利
权重	100%		40%	30%	20%	10%
名称	标准化值	排名	排名	排名	排名	排名
云南	-0.2964	28	19	28	25	26
陕西	-0.0792	23	21	7	27	14
甘肃	-0.2624	27	9	29	30	24
青海	0.16590	9	2	17	21	20
宁夏	-0.2155	26	26	21	28	8
新疆	-0.0092	19	5	16	26	23
西藏	-0.7970	31	10	30	31	31
东北部地区						
辽宁	0.2227	6	8	6	11	13
吉林	-0.0021	16	13	23	18	7
黑龙江	-0.0034	17	12	12	23	18

根据表 8-2 可知，中国省级地方政府效率排名的区域特征主要体现在以下 4 个方面：

第一，东部地区省级政府效率相对最高。东部地区是我国经济最发达的地区，政府收入相对其他地区较高，基础设施较完备，政府在科教文卫、公共安全、环境保护等领域投入较大。尽管面临着快速的城市扩张、交通拥堵压力以及房价居高不下等压力，但由于东部地区注重提高政府公共服务能力和社会治理水平，因此东部地区省级政府效率仍然较高。比如，东部地区所含的 10 个省级政府中，有 8 个名列前 10 位，只有福建省和河北省稍微落后，分别位于第 11 位和第 20 位。

第二，中部地区省级政府效率表现一般，但效率水平较以前有所提升。在中部地区 6 个省级地方政府中，相较于 2013 年，有 2 个位于全国中上水平（即安徽和湖北），2014 年则有 3 个省位于全国中上水平（即排名第 12 的湖北、排名第 13 的安徽、排名第 15 的湖南），其余 3 个省位于全国中下水平（即排名第 19 的河南、排名第 24 的山西、排名第 25 的江西）。中部地区省级政府效率落后于东部地区的原因主要有两方面：一方面，中部地区经济、社会发展水平比东部地区落后，教育、卫生、公共安全、基础设施等相对不足，与之相关的人力、财力投入较少；另一方面，由于政府公共服务理念相对落后，政府职能转变进程缓慢，因此中部地区的政府效率与东部之间存在较大差距。然而，我们更应该注意的是，中部地区省级政府效率相较 2013 年有所改观。同时，比较表 8-2 和表 8-3 的测度结果，我们可以发现，如果不考虑电子政务因素，则中部省级政府效率排名整体表现优于 2013 年（比如，2014 年只有湖南与山西排名靠后，其他均位于中等左右水平），因而，中部各省电子政务水平对其政府效率有较大影响。因此，在“十二五”后期，中部地区各省级政府除了要大力发展经济，努力改善民生，注重提高居民经济福利与生活质量，还要不断创新政府管理方式，大力发展电子政务，实现政府组织结构和工作流程的优化重组，提高政府治理、公共服务和应急管理能力，降低政府行政成本，提高政府效率。

第三，西部地区省级政府效率相对较低。根据表 8-2，西部 12 个省级地方政府中，除重庆和青海 2 个省级政府的效率在全国位居中上以外，其余 10 个省级政府效率位于全国中下水平，并且有 7 个省级政府效率位居全国后 10 位。究其原因，西部地区经济社会发展滞后以及较高的政府治理成本已经成为制约其政府效率提升的重要因素之一。尽管西部各省级政府辖区拥有丰富的自然资源、廉价劳动力，但却未能将这些资源优势转化为比较优势和竞争优势，这严重影响了当地教育、卫生、公共服务、基础设施、居民经济福利等方面改善进程，制约了政府公共服务能力和社会管理水平提升，不利于政府改变传统行政理念、树立服务与效率理念。因此，在“十二五”后期，西部地区各省级地方政府继续面临发展经济、改善民生、提升公共服务质量与政府效率等多重难题与任务。

第四，东北部地区省级政府效率较好，但较 2013 年的表现有所退步。东北部地区包括辽宁、吉林和黑龙江 3 省，其政府效率排名分别为第 8、第 21、第 22，其中辽宁省政府效率进入全国前 10 名，而吉林和黑龙江则排名靠后。东北地区的省级政府效率水平突出体现在：政府公共物品和公共服务较为丰裕和完善，居民经济福利较好，这得益于老工业基地的良好基础，在基础设施建设方面积累了大量经验，建立了较为完备的公共服务体系，并有雄厚资金投入到教育、卫生、环境保护等领域。值得注意的是，如果忽略电子政务，根据表 8-3，东北三省政府效率的排名依次为第 6、第 16、第 17，均比表 8-2 中所对应的排名要高。因此，在“十二五”后期，东北地区除了应继续充分利用自身优势，借鉴发达国家以及我国沿海发达地区的先进理念，不断创新政府管理方式，精简政府机构，协调经济发展与社会管理，进一步提高政府效率与公共服务水平外，还要完善电子政务系统，提高网上办公效率，实现政府办公电子化、自动化、网络化，推进政府管理的现代化。

第四节 2014 年省级地方政府效率测度因素排名与分析

一、政府公共服务测度排名及分析

（一）政府公共服务测度指标

政府公共服务因素（即一级指标）下设 4 个二级指标：科教文卫服务、公共安全服务、气象服务和社会保障服务（见图 8-1）。

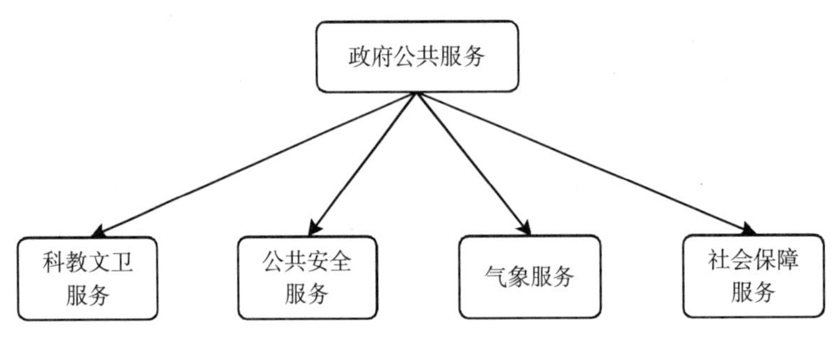

图 8-1 政府公共服务及其二级指标

其中，科教文卫服务包括人均研究与试验发展（R&D）活动经费、产品优等品率、三种专利申请批准量、人均技术市场成交额、初等教育学生—教师比、中等教育学生—教师比、文盲率、国家财政性教育经费占 GDP 的比例、文化机构（包括艺术表演场馆、博物馆和公共图书馆）、卫生床位、卫生人员 11 个三级指标。公共安全服务包括三种事故发生率（包括交通事故、火灾以及森林火灾）、三种事故人均损失、立法（新立法、修正或清理的旧法，含法规、法案、条例等）、法院一审受理案件数、法院一审案件审结数、检察院批捕犯罪嫌疑人数、公安局破获或立案刑事案件数、刑事案件发案率 8 个三级指标。气象服务包括农业气象观测业务、生态与农业气象实验业务站点和地震监测台 2 个三级指标。社会保障服务包括年末城镇登记失业率、城镇社区服务设施、农村社会保障网络 3 个三级指标。

（二）政府公共服务测度排名及分析

表 8–4　2014 年省级政府公共服务测度标准化值及排名

指标	政府公共服务		二级指标							
			科技文卫服务		公共安全服务		气象服务		社会保障服务	
权重	100%		55%		15%		15%		15%	
地区	标准化值	排名	标准化值	排名	标准化值	排名	标准化值	排名	标准化值	排名
北京	1.2994	1	1.2951	1	-0.0472	19	0.7522	5	3.2090	1
青海	0.4899	2	0.1184	14	-0.4289	24	3.6877	1	-0.4271	21
江苏	0.4413	3	0.5846	5	0.3287	12	-0.5446	21	1.0141	3
上海	0.3947	4	0.8743	2	-0.1736	20	-1.0172	31	0.6167	6
新疆	0.2400	5	0.6343	4	-1.6743	31	1.1873	3	-0.2388	15
浙江	0.2195	6	0.4619	6	-0.3122	21	-0.7383	26	0.8198	4
山西	0.2081	7	0.2852	8	0.2337	15	0.4519	9	-0.3439	19
辽宁	0.1992	8	0.4220	7	0.3133	13	-0.2729	16	-0.2593	16
甘肃	0.1520	9	-0.0823	16	0.2895	14	0.6328	7	0.3931	7
西藏	0.1303	10	0.0556	15	-0.8574	25	1.3488	2	0.1735	9
山东	0.0950	11	0.1854	11	0.7482	7	-0.7526	28	-0.0422	12
黑龙江	0.0865	12	0.2224	10	0.4250	11	0.1764	11	-0.8406	28
吉林	0.0242	13	0.2353	9	-0.0267	17	-0.0581	12	-0.6169	27
广东	0.0186	14	-0.3255	21	-0.0386	18	-0.8087	30	2.1649	2
天津	0.0169	15	0.6721	3	-1.3889	30	-0.6558	22	-0.3070	17
海南	-0.0726	16	-0.3699	25	-0.0039	16	0.2281	10	0.6480	5
湖北	-0.0793	17	-0.0955	17	0.8133	6	-0.5032	19	-0.4886	22
内蒙古	-0.0861	18	0.1664	13	-1.3632	29	0.7408	6	-0.5619	25
云南	-0.1413	19	-0.4445	26	1.0160	4	0.5603	8	-0.8888	30
重庆	-0.1442	20	-0.2663	19	0.5024	9	-0.5374	20	0.0502	10
陕西	-0.1451	21	0.1818	12	-1.2366	27	-0.1803	15	-0.2169	14
河北	-0.1768	22	-0.3069	20	0.9710	5	-0.4455	18	-0.5788	26
河南	-0.1963	23	-0.5194	28	1.4460	1	-0.6960	25	-0.1543	13
四川	-0.2582	24	-0.3358	23	0.4933	10	-0.1224	13	-0.8611	29
贵州	-0.2628	25	-0.6952	30	1.1853	3	-0.7510	27	0.3625	8
宁夏	-0.3094	26	-0.3450	24	-1.3012	28	1.0085	4	-0.5048	24
福建	-0.3484	27	-0.1619	18	-1.0831	26	-0.1478	14	-0.4982	23
广西	-0.3576	28	-0.7776	31	1.2379	2	-0.3576	17	-0.4128	20
江西	-0.3727	29	-0.6418	29	0.6297	8	-0.8022	29	0.0411	11
湖南	-0.4709	30	-0.3300	22	-0.3244	22	-0.6941	24	-0.9108	31
安徽	-0.4754	31	-0.4819	27	-0.3730	23	-0.6891	23	-0.3403	18

表 8-4 表明，政府公共服务由科教文卫服务、公共安全服务、气象服务以及社会保障服务 4 个二级指标构成，它们所占的权重分别为 55%、15%、15%、15%。政府公共服务反映了政府提供的主要公共服务数量及质量，表征政府收益，是体现政府效率的重要指标。由测度结果可知，政府公共服务排名前 10 的省级地方政府

的区域性不强，既有来自东部发达地区的北京、上海，又有来自欠发达地区的新疆、青海，还有来自东北地区的辽宁，以及中部的山西；而排名后5位的大部分都来自中西部相对落后地区。因此，本书可以大致得出以下结论，即经济发展水平确实能在一定程度上决定一个地区政府公共服务能力的高低，但经济欠发达地区的政府公共服务能力也可以比较强。所以，无论经济发展程度如何，只要各省级地方政府注重转变政府职能，强化政府服务水平，创新政府管理，就能够有效提升政府公共服务能力。

二、政府公共物品测度排名及分析

（一）政府公共物品测度指标

政府公共物品下设两个二级指标：社会基础设施和城市基本设施（见图8-2）。

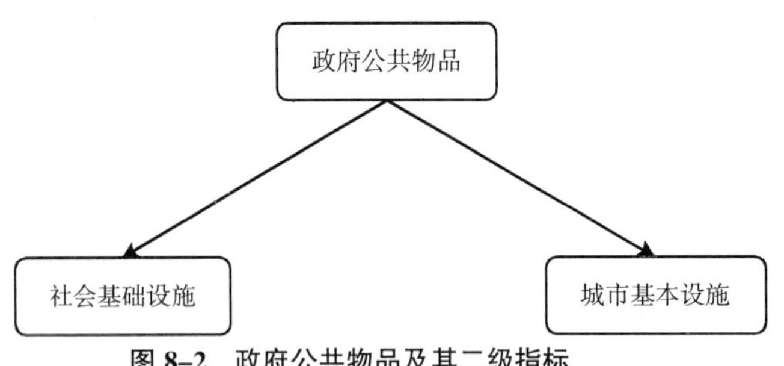

图8-2 政府公共物品及其二级指标

其中，社会基础设施包括国家预算内基本建设和更新改造投资、基本建设和更新改造投资中地方项目与中央项目之比、基本建设和更新改造项目建成投产率、工业“三废”治理效率、每万人拥有水库容量、自然保护区面积与辖区面积之比6个三级指标。城市基本设施包括城市燃气普及率、城市每万人拥有公共交通车辆、城市人均拥有道路面积、城市人均公共绿地面积、城市每万人拥有公共厕所5个三级指标。

（二）政府公共物品测度排名及分析

表8-5 2014年省级政府公共物品测度标准化值及排名

指标	政府公共物品		二级指标			
			社会基础设施		城市基本设施	
权重	100%		50%		50%	
地区	标准化值	排名	标准化值	排名	标准化值	排名
江苏	0.7425	1	0.5035	4	0.9815	1
山东	0.5017	2	0.4849	5	0.5185	5
浙江	0.4646	3	0.1412	12	0.7879	3
四川	0.3177	4	0.7562	2	-0.1208	21
江西	0.2903	5	0.8403	1	-0.2598	22
辽宁	0.2692	6	0.5603	3	-0.0219	17
陕西	0.2618	7	0.2328	10	0.2907	10

续表

指标	政府公共物品		二级指标			
			社会基础设施		城市基本设施	
权重	100%		50%		50%	
地区	标准化值	排名	标准化值	排名	标准化值	排名
河北	0.2249	8	0.0238	14	0.4260	6
福建	0.1873	9	0.3226	9	0.0519	16
广东	0.1801	10	0.0713	13	0.2889	11
安徽	0.1683	11	0.3592	7	−0.0226	18
黑龙江	0.1310	12	0.0154	15	0.2466	13
内蒙古	0.1294	13	0.0023	16	0.2565	12
海南	0.1096	14	−0.4525	27	0.6717	4
北京	0.1071	15	−0.6363	29	0.8506	2
新疆	0.1052	16	−0.1539	22	0.3643	8
青海	0.0934	17	−0.1315	20	0.3184	9
湖南	0.0215	18	0.4170	6	−0.3741	25
湖北	−0.0302	19	−0.0247	18	−0.0358	19
天津	−0.0756	20	−0.5688	28	0.4176	7
宁夏	−0.0792	21	−0.2963	25	0.1380	15
河南	−0.1429	22	0.3407	8	−0.6265	27
吉林	−0.1539	23	−0.2008	24	−0.1069	20
重庆	−0.1710	24	0.2077	11	−0.5496	26
广西	−0.2040	25	−0.1481	21	−0.2604	23
山西	−0.2655	26	−0.1997	23	−0.3312	24
上海	−0.3574	27	−0.8904	30	0.1756	14
云南	−0.3954	28	−0.0645	19	−0.7264	29
甘肃	−0.5211	29	−0.4030	26	−0.6391	28
西藏	−0.8102	30	−0.0137	17	−1.6066	31
贵州	−1.0991	31	−1.0950	31	−1.1032	30

分析表 8-5 后可以发现，政府公共物品由社会基础设施以及城市基本设施两个二级指标构成，它们各自所占的权重都为 50%。政府公共物品反映了我国省级地方政府有效提供的具有实物形式的公共品，主要指城乡基础设施，反映了政府收益。测度标准化值结果表明，政府公共物品测度排名前 10 的省级地方政府大部分位于东部地区（6 个），东北部地区有 1 个（即辽宁）进入前 10 位，中部地区也有省级政府进入前 10 位（1 个），西部地区有 2 个省级政府进入前 10 位（即四川和陕西）；而排名后 10 位的省级地方政府大部分来自中西部相对落后地区。因此，本书认为，经济发展水平往往决定一个地区政府公共物品能力；对于经济欠发达地区的省级政府而言，一方面要大力发展当地经济，不断提高省级政府辖区的财政支出能力；另一方面也要优化政府公共物品供给结构，大力加强城乡基础设施建设。

三、政府规模测度排名及分析

（一）政府规模测度指标

政府规模无二级指标，下设行政就业人员占总人口比重、行政就业人员占总就业人员比重、政府消费与最终消费之比、政府消费与GDP之比、罚没收入及行政性收费占财政收入的比例5个三级指标，且这5个三级指标都为逆指标，即指标值越大，则政府效率越低。政府规模虽然指标数目不多，但直接反映了政府运行成本，对政府效率有重要影响。

（二）政府规模测度标准化值排名及分析

表8-6 2014年省级政府规模测度标准化值及排名

指标	政府规模	
权重	100%	
名称	标准化值	排名
天津	0.9462	1
安徽	0.7712	2
河南	0.7495	3
广东	0.7195	4
海南	0.6562	5
重庆	0.6324	6
湖南	0.4827	7
江苏	0.4065	8
上海	0.3370	9
湖北	0.3131	10
辽宁	0.2673	11
江西	0.2392	12
山东	0.2370	13
福建	0.1277	14
贵州	0.1258	15
浙江	0.0892	16
河北	−0.0300	17
吉林	−0.0356	18
四川	−0.0577	19
内蒙古	−0.1387	20
青海	−0.2279	21
广西	−0.3272	22
黑龙江	−0.3633	23
北京	−0.4022	24
云南	−0.4097	25
新疆	−0.5107	26
陕西	−0.5353	27
宁夏	−0.5447	28
山西	−0.5467	29
甘肃	−0.6532	30
西藏	−2.3175	31

注：政府规模是政府效率的逆指标，本书已将其转换成正指标，即政府规模测度标准化值越大（即政府规模越小），排名越靠前，相应的政府效率越高。

表8-6表明，政府规模反映了政府工作人员、政府消费的相对规模，表征了政府成本，直接体现了政府效率。政府规模测度标准化值结果证明，政府规模排名前10的省级地方政府一半位于东部地区（5个），中部也有部分省级政府进入前10位（4个），而西部地区只有1个进入前10位；排名后10位的大部分都是中西部相对落后的地区。值得注意的是，由于大部分中央机构集中在北京，因此北京市的政府规模在全国31个省（区、市）排名第24，这可能是北京政府规模较大的主要因素。因此，通过表8-6，本书大致得出这一结论，即经济发展水平的高低与一个地区的政府规模有着密切联系，经济发达地区省级政府规模相对较小，经济落后地区则政府规模相对较大。所以，经济欠发达地区省级地方政府要注意消除官僚主义，控制政府消费相对规模，压缩行政成本，降低行政开支，才能促进区域经济发展及提升政府效率。

四、居民经济福利测度分析

（一）居民经济福利测度指标

居民经济福利无二级指标，下设农村居民家庭人均纯收入、城镇居民家庭人均可支配收入、农村居民家庭恩格尔系数、城镇居民家庭恩格尔系数、居民消费价格指数、人均GDP、保障性住房补贴支出与财政支出之比7个三级指标。由于这7个三级指标不直接反映政府产出或政府成本，只能间接反映政府质量和效率，因此在最后计算政府效率标准化值时仅占0.10的权重。

（二）居民经济福利测度标准化值排名及分析

表8-7 2014年省级政府居民经济福利测度标准化值及排名

指标	居民经济福利	
权重	100%	
名称	标准化值	排名
上海	0.9758	1
北京	0.9562	2
浙江	0.8162	3
江苏	0.6042	4
天津	0.5778	5
山东	0.5034	6
吉林	0.4152	7
宁夏	0.4090	8
内蒙古	0.3179	9
山西	0.1169	10
河北	0.1161	11
河南	0.1029	12
辽宁	0.0878	13
陕西	0.0739	14

续表

指标	居民经济福利	
权重	100%	
名称	标准化值	排名
安徽	0.0584	15
湖南	-0.0002	16
广东	-0.0455	17
黑龙江	-0.0469	18
福建	-0.0482	19
青海	-0.1253	20
重庆	-0.1762	21
湖北	-0.2791	22
新疆	-0.3465	23
甘肃	-0.3628	24
江西	-0.3926	25
云南	-0.3932	26
四川	-0.4659	27
广西	-0.5506	28
贵州	-0.6175	29
海南	-0.8557	30
西藏	-1.4255	31

居民经济福利表征了居民的经济生活水平，能从侧面反映政府收益，这是衡量政府效率的重要外溢指标。分析表 8-7 可知，居民经济福利测度标准化值排名前 10 的省级地方政府大部分都是我国传统的经济大省（区/市）；而排名后 10 位的省级政府大部分属于中西部欠发达地区。因此，本书认为，经济社会发展水平的高低与一个地区的居民经济福利有着直接联系，经济发达地区省级政府的居民经济福利较高，经济落后地区省级政府的居民经济福利较低。所以，“发展才是硬道理”，中西部经济欠发达地区省级政府提升政府效率的主要路径在于：一是要大力发展区域经济，不断提高居民收入与福利水平；二是要转变发展方式，提升发展质量；三是要转变与合理定位政府职能，创新政府管理与社会治理，注重效率与公平。

五、电子政务测度分析

一级指标电子政务是从 2013 年开始新增的指标，无二级指标，下设省级政府网站绩效和互联网普及率两个三级指标。[①] 电子政务下面虽只设两个指标，但能直接

① 本书中省级政府电子政务基本沿用 2013 年的指标，包括网站绩效与互联网普及率。其中，网站绩效指标包括了信息公开指数、民生领域服务指数（由 13 个子指标计算得到）、重点服务指数、互动交流指数、新技术应用指数（由 3 个子指标计算而来）、网络舆情引导指数等内容，数据来源于 2013 年中国软件评测中心发布的政府网站绩效评估报告；互联网普及率指标的数据来源于中国互联网络信息中心（2013 年）第 31 次报告。

反映政府公共行政绩效，对政府效率的影响可以说是举足轻重的。随着当今信息化社会的来临，以及计算机和互联网的广泛应用，为政府治理提供了方便、快捷的信息处理工具。电子政务的实施改变了行政信息的传递方式和处理手段，使得政府运作程序和办事流程简化，提高了政府治理能力，同时也降低了信息传输的时间成本和人力成本，提高了政府公共决策质量，增加了公共管理透明度。因而，电子政务的作用和意义表明，我们在考察各省级地方政府效率的影响因素时，加入对各省在电子政务方面的表现是十分必要的，以此衡量各省级地方政府效率无疑将使得测度结果更全面、更具说服力。

表 8-8 2014 年省级政府电子政务测度标准化值及排名

指标	电子政务	
权重	100%	
名称	标准化值	排名
北京	2.2604	1
上海	1.8931	2
福建	1.4905	3
广东	1.4903	4
海南	0.7213	5
浙江	0.6003	6
湖北	0.4681	7
天津	0.4254	8
江苏	0.3447	9
四川	0.3353	10
湖南	0.2863	11
陕西	0.1703	12
辽宁	0.1417	13
安徽	−0.0117	14
新疆	−0.2309	15
山西	−0.2330	16
山东	−0.3018	17
青海	−0.3473	18
内蒙古	−0.4275	19
重庆	−0.4435	20
广西	−0.4912	21
黑龙江	−0.5277	22
河北	−0.5935	23
吉林	−0.6725	24
云南	−0.6873	25
宁夏	−0.7403	26
贵州	−0.8160	27
甘肃	−0.8424	28
江西	−0.9319	29
河南	−1.0698	30
西藏	−1.2595	31

电子政务反映了政府信息化水平和网络信息处理能力，既是衡量政府综合实力的指标，又是影响政府工作效率的重要因素。分析表 8-8 我们发现，电子政务标准化值排名前 10 的省级地方政府大部分位于我国东部地区（8 个），中部和西部各有 1 个省级政府进入前 10 位（共 2 个）；而排名后 10 位的大部分都来自相对落后的中西部及东北。因此，本书认为，政府电子政务水平与当地的经济发展水平紧密相连，经济发达地区省级政府在电子政务方面表现较好，经济落后地区在电子政务方面表现相对较差。相对于传统政务，电子政务不仅可以打破时间、空间的限制，实现透明、高效、无纸化办公，而且面对纷繁复杂的信息，能够做出快速灵活的反应，从而使政府更加精干高效。所以，中西部经济欠发达地区应大力发展电子政务，提高网上办公水平，进一步降低行政成本，促进政府职能转变，更好地发挥社会治理职能，从而提升政府效率。

第五节　2014 年省级地方政府效率变化新特征

表 8-9　2013~2014 年省级政府效率测度标准化值及排名与其变化（含电子政务）

名称	2013 年政府效率测度排名	2014 年政府效率测度排名	2014 年排名变化（+、0、-）	省级政府所在区域
北京	1	1	0	东部（直辖市）
江苏	2	2	0	东部
浙江	3	4	-1	东部
天津	4	6	-2	东部（直辖市）
上海	5	3	+2	东部（直辖市）
广东	6	5	+1	东部
山东	7	7	0	东部
辽宁	8	8	0	东北部
福建	9	11	-2	东部
河北	10	20	-10	东部
海南	11	9	+2	东部
内蒙古	12	17	-5	西部（自治区）
湖北	13	12	+1	中部
新疆	14	18	-4	西部（自治区）
安徽	15	13	+2	中部
陕西	16	23	-7	西部
黑龙江	17	22	-5	东北部
山西	18	24	-6	中部
吉林	19	21	-2	东北部
重庆	20	14	+6	西部（直辖市）
河南	21	19	+2	中部

续表

名称	2013 年政府效率测度排名	2014 年政府效率测度排名	2014 年排名变化（+、0、-）	省级政府所在区域
江西	22	25	-3	中部
四川	23	16	+7	西部
青海	24	10	+14	西部
云南	25	28	-3	西部
广西	26	29	-3	西部（自治区）
宁夏	27	26	+1	西部（自治区）
湖南	28	15	+13	中部
甘肃	29	27	+2	西部
贵州	30	30	0	西部
西藏	31	31	0	西部（自治区）

一、2014 年我国省级地方政府效率较 2013 年普遍发生变化

根据表 8-9，与 2013 年相比，2014 年我国 31 个省级地方政府效率普遍发生了变化。比如，31 个省级地方政府中，有 12 个排名前移，13 个排名后移，只有 6 个保持排名不变，可以看出其政府效率排名变化是多样的。也许从表面上看，我们会发现排名后移的省份个数略多于排名前移的省份。但是如果深入分析，我们会发现排名前移的省份移动幅度比较大，如：青海省的排名上升了 14 位，湖南省的排名上升了 13 位，而下降幅度最大的河北省，其下降幅度也才 10 位。通过简单的计算我们会发现，排名前移省份的平均前移幅度要略大于排名后移省份的平均后移幅度，即表 8-9 排名变化一列中，所有正值的平均数的绝对值要大于所有负值的平均数的绝对值。这就说明，排名前移的省份大多涨幅较大，而排名后移的省份虽然个数多，但下滑幅度相对较小。

二、2014 年省级地方政府效率变化的区域特征为“两头大，有升有降”

根据表 8-9，与 2013 年相比，2014 年我国东部、东北部、中部、西部地区的省级政府效率变化呈现“两头大、有升有降”的趋势。

首先，在东部地区 10 个省级政府中，有 3 个政府效率变化为正，即正向变化。只有 4 个负向变化，还有 3 个排名没有变化。这表明东部地区在整体政府效率高于其他地区的背景下，2014 年排名比较稳定。

其次，西部地区 12 个省级政府中，有 5 个省级政府效率排名前移，2 个保持不变，也有 5 个排名出现后移的情况，这说明西部地区省级政府效率整体变化不大，基本保持稳定，这就是所谓的“两头大”。

另外，中部以及东北部等 9 个省的政府效率变化如下：与 2013 年相比，中部地区 6 个省级政府中，有 4 个政府效率正向变化，只有 2 个负向变化，这说明与

2013 年相比中部地区呈现上升态势，其中湖南省的省级政府效率上升了 13 位，在上升幅度上排在第 2 位，说明其 2014 年在提高政府效率方面下了许多功夫。而东北部 3 个省的政府效率，除了辽宁省的政府效率排名没有变化外，其他两省的政府效率排名都呈现下降趋势，虽然其下降幅度不大，但却是继 2012 年以来连续两年呈现下降态势，所以，东北三省应高度关注其政府效率下滑趋势及原因，力争明年有所提升。对中部及东北部而言，其省级地方政府效率变化呈现“有升有降”的特征，即中部地区省级政府效率总体上升，而东北地区省级政府效率总体下降。

第六节 2014 年省级地方政府效率测度典型案例剖析

一、青海：2014 年政府效率正向变化最大的省级政府

表 8-10 2013~2014 年青海省政府效率及测度一级指标标准化值及排名比较

指标	政府效率标准化及排名		一级指标标准化值排名				
			政府公共服务	政府公共物品	政府规模	居民经济福利	电子政务
权重	100%		35%	25%	20%	10%	10%
名称	标准化值	排名	排名	排名	排名	排名	排名
青海（2014 年）	0.1020	10	2	17	21	20	18
青海（2013 年）	-0.1201	24	8	16	28	18	19

参考《2013 年中国省级政府效率研究报告》及表 8-10，与 2013 年相比，2014 年政府效率测度一级指标标准化值增长显著、政府效率正向变化最大的省级政府是青海。其政府效率排名从第 24 位上升到第 10 位，向上晋升了 14 位；其中，政府公共服务排名从第 8 位上升到第 2 位，向上晋升了 6 位；政府规模排名从第 28 位上升到第 21 位，向上晋升了 7 位。

在政府效率测度的二级指标方面，根据《2013 中国省级政府效率研究报告》表 8-4，青海省政府公共服务中的公共安全服务、社会保障服务上升明显，其排名从第 31 位、第 27 位分别上升到第 24 位和第 21 位。但其科教文卫服务排名却略有下降，从第 9 位下降到第 14 位。另一个二级指标——气象服务排名没有变化，依然排在第 1 位。

二、河北：2014 年政府效率负向变化最大的省级政府

表 8-11　2013~2014 年河北省政府效率及测度一级指标标准化值及排名比较

指标	政府效率标准化及排名		一级指标标准化值排名				
			政府公共服务	政府公共物品	政府规模	居民经济福利	电子政务
权重	100%		35%	25%	20%	10%	10%
名称	标准化值	排名	排名	排名	排名	排名	排名
河北（2014 年）	-0.0594	20	22	8	17	11	23
河北（2013 年）	0.0677	10	19	4	8	11	25

参考《2013 年中国省级地方政府效率研究报告》和表 8-11 的数据，与 2013 年相比，河北省政府效率下降了 10 位，其排名从第 10 位下降到 2014 年的第 20 位。不难看出，造成河北省政府效率排名后移最大的因素是政府公共服务、政府公共物品及政府规模的变化。表 8-11 的数据表明，河北省政府效率测度的一级指标政府规模排名后移最大，即从 2013 年的第 8 位下降到 2014 年的第 17 位，排名后移了 9 位；而政府公共服务和政府公共物品下降相对较小，政府公共服务排名从第 19 位下降到第 22 位，下降了 3 位，政府公共物品从第 4 位下降到第 8 位，下降了 4 位。由于这三个指标占总指标的 80%，故导致了河北省政府效率下降幅度较大。

同时，由表 8-4 与表 8-5 可以看出，在政府公共服务中，除了气象服务指标没有变化外，其他三个指标均略微下降了几位，其中科技文卫服务从第 18 位下降到第 20 位，公共安全服务从第 2 位下降到第 5 位，社会保障服务从第 24 位下降到第 26 位。而在政府公共物品中的社会基础建设和城市基础建设两个二级指标中，社会基础建设略有上升，而城市基础建设却有所下降，但是后者的效率下降的绝对值远超过前者，最后导致政府公共物品指标下降了 4 位。

三、上海市政府效率测度分析

表 8-12　2013~2014 年上海市政府效率及测度一级指标标准化值及排名比较

指标	政府效率标准化及排名		一级指标标准化值排名				
			政府公共服务	政府公共物品	政府规模	居民经济福利	电子政务
权重	100%		35%	25%	20%	10%	10%
名称	标准化值	排名	排名	排名	排名	排名	排名
上海（2014 年）	0.4031	3	4	27	9	1	2
上海（2013 年）	0.3166	5	5	30	7	1	2

根据本书的测度结果，2014 年上海市政府效率排在第 3 位，与 2013 年相比，

上升了 2 位。在测度一级指标中，2014 年其居民经济福利和电子政务排名没有变化，前者排名第 1 位，后者排名第 2 位；政府公共服务和政府公共物品排名略有上升，政府规模略微下降，由于上升的力量比较大，所以其政府效率排名从第 5 位上升到了第 3 位。需要指出的是，一级指标测度中，其政府公共物品排名第 27 位，虽然比 2013 年上升了 3 位，但是其排名依然靠后，成为困扰上海市政府效率提升的重要原因。

参考《2013 年中国省级地方政府效率研究报告》，通过表 8-4 和表 8-5，不难发现上海市政府效率测度的二级指标标准化值出现分化。比如，在政府公共服务二级指标方面，上海的科教文卫服务和社会保障服务表现较好，排名分别为第 2 位和第 6 位，但是在公共安全服务和气象服务表现较差，排名分别为第 20 位和第 31 位。而在政府公共物品二级指标方面，其社会基础设施较差，排在倒数第 2 位，但是其城市基本设施比较好，从 2013 年的第 27 位上升到 2014 年的第 14 位，上升了 13 位。

由此可见，上海市政府效率虽然总体突出，但也不乏一些短板，比如，其公共安全服务和气象服务，以及较差的社会基础设施和上升较快的城市基本设施等，都是制约该市政府效率进一步提升的因素。

四、湖南省政府效率测度分析

表 8-13　2013~2014 年湖南省政府效率及测度一级指标标准化值及排名比较

指标	政府效率标准化及排名		一级指标标准化值排名				
			政府公共服务	政府公共物品	政府规模	居民经济福利	电子政务
权重	100%		35%	25%	20%	10%	10%
名称	标准化值	排名	排名	排名	排名	排名	排名
湖南（2014 年）	-0.0343	15	30	18	7	16	11
湖南（2013 年）	-0.3753	28	26	25	30	22	12

参考《2013 年中国省级地方政府效率研究报告》和表 8-13，我们发现，与 2013 年相比，湖南省 2014 年政府效率及测度一级指标排名得到明显提升。比如，湖南省政府效率排名从第 28 位提升至第 15 位，其中，政府公共物品、政府规模、居民经济福利、电子政务分别提高到第 18 位、第 7 位、第 16 位、第 11 位，特别是政府规模的排名更是提升了 23 位，而政府公共物品和居民经济福利排名分别上升了 7 位和 6 位；但是其政府公共服务排名却从 2013 年的第 26 位下降到了 2014 年的第 30 位，表现有所欠缺。但是总的来说，湖南省政府效率排名上升幅度大，上升幅度达到 13 位之多，仅次于上升幅度最大的青海省（上升 14 位）。

同时，由表 8-4 和表 8-5 可以看出，湖南省政府效率测度的某些二级指标变化多样。比如，湖南省政府公共服务中的二级指标公共安全服务排名下降到第 22 位，比上一年的第 7 位下降了 15 位之多，而其他指标也有略微下降或持平。而政府公共物品中的社会基础设施和城市基本设施都呈现出上升的趋势，其中社会基础设施排名上升得比较快，到 2014 年挤进前十名，排在第 6 位，比上一年上升了 5 位。

五、黑龙江省政府效率测度分析

表 8-14　2013~2014 年黑龙江省政府效率及测度一级指标标准化值及排名比较

指标	政府效率标准化及排名		一级指标标准化值排名				
			政府公共服务	政府公共物品	政府规模	居民经济福利	电子政务
权重	100%		35%	25%	20%	10%	10%
名称	标准化值	排名	排名	排名	排名	排名	排名
黑龙江（2014 年）	-0.0671	22	12	12	23	18	22
黑龙江（2013 年）	-0.0103	17	6	17	24	15	17

参考《2013 年中国省级地方政府效率研究报告》和表 8-9、表 8-14，黑龙江是我国东北部地区政府效率排名降幅最大的省级地方政府。与 2013 年相比，黑龙江省政府效率及其测度一级指标负向变化明显。比如，黑龙江省政府效率排名由第 17 位下滑到第 22 位，政府公共服务、居民经济福利及电子政务排名分别下滑至第 12 位、第 18 位和第 22 位，下滑幅度分别为 6 位、3 位和 5 位。而其政府公共物品和政府规模排名却呈现上升态势，其中，政府公共物品排名上升了 5 位，到 2014 年排在第 12 位，政府规模上升了 1 位，排在第 23 位。另外，需要注意的是，黑龙江省连续两年呈现下降态势，并且是东北三省中下降幅度最大的省级政府，因此，要提升其政府效率，除了需要继续改进政府公共服务、提供优等的政府公共物品、合理规划政府规模、保证居民经济福利、提高电子政务水平外，还要完善和保障城市及社会基础设施，控制政府规模，精简政府机构和人员，缩减政府行政成本。

参考文献

［1］埃莉诺·奥斯特罗姆.公共事物的治理之道［M］. 上海：上海三联书店，2000.

［2］B.盖伊·彼得斯. 政府未来的治理模式［M］. 北京：中国人民大学出版社，2013.

［3］白蕊. 论有关内蒙古沙漠化的实践报告［R］. 重庆：重庆师范大学涉外商贸学院，2010.

［4］柏晶伟. 政府治理的中日比较——中日经济发展与政府治理比较研讨会综述［J］. 中国经济时报，2012（6）.

［5］薄贵利. 推进政府治理现代化［J］. 中国行政管理，2014（5）.

［6］陈浩天. 从治理到善治：基层政府治理嬗变的现实图景与国家整合［J］. 湖北社会科学，2011（11）.

［7］陈明明. 治理现代化的中国意蕴［J］. 人民论坛，2014（10）.

［8］戴昌桥. 中美地方政府治理结构比较［J］. 中国行政管理，2011（7）.

［9］戴维·米勒，韦农·波格丹诺.布莱克维尔政治学百科全书［M］. 邓正来译. 北京：中国政法大学出版社，1992.

［10］戴维·赫尔德等. 全球大变革：全球化时代的政治、经济与文化［M］.杨雪冬等译. 北京：社会科学文献出版社，2001.

［11］丹尼尔·贝尔. 后工业社会的来临［M］. 高铦等译. 上海：商务印书馆，1984.

［12］丹尼尔·贝尔. 技术轴心时代（上）——“后工业社会的来临”（1999 年版前言）［J］.当代世界社会主义问题，2003（2）.

［13］杜创国. 日本地方自治及其地方分权改革［J］. 中国行政管理，2007（4）.

［14］范玫芳. “参与式治理研究”之现况与展望［J］. 人文与社会科学简讯（台北），2008（3）.

［15］范沁芳. 社会主义法治理念的概念初探［J］. 苏州大学学报（哲学社会科学版），2007（2）.

［16］弗朗西斯科·福山. 什么是治理？中国治理引论 ［J］. 刘燕，闫健译. 2013

(2).

[17] 高小平，刘一弘. 我国应急管理研究述评（上）[J]. 中国行政管理，2009 (8).

[18] 高小平. 国家治理体系与治理能力现代化的实现路径 [J]. 中国行政管理，2014 (1).

[19] 格里·斯托克. 作为理论的治理：五个论点 [J]. 国际社会科学杂志，1999 (7).

[20] 格里·斯托克. 作为理论的治理：五个论点 [J]. 国际社会科学（中文版），1999 (2).

[21] 何增科. 中国治理评价体系框架初探 [J]. 北京行政学院学报，2008 (5).

[22] 胡际权. 中部地区新型城镇化发展研究 [D]. 西南农业大学博士学位论文，2005.

[23] 霍春龙. 论政府治理机制的构成要素、涵义与体系 [J]. 探索，2013 (1).

[24] 姬兆亮，戴永翔，胡伟. 政府协同治理：中国区域协调发展协同治理的实现路径 [J]. 西北大学学报（哲学社会科学版），2013 (2).

[25] 江必新. 推进国家治理体系和治理能力现代化 [J]. 红旗文稿，2013 (22).

[26] 姜晓萍. 国家治理现代化进程中的社会治理体制创新 [J]. 中国行政管理，2014 (2).

[27] 杰瑞·斯托克. 英国地方政府治理的新发展[J]. 董迪译. 中共浙江省委党校学报，2007 (1).

[28] 杰索普. 治理的兴起及其失败的风险：以经济发展为例的论述 [J]. 国际社会科学（中文版），1999 (2).

[29] 晋继勇. 群体性事件的治理：能力建设视角[J]. 河南工业大学学报（社会科学版），2011 (4).

[30] 李安曾，周振超. 社会主义和谐视角下的中国基层政府治理 [J]. 政治学研究，2008 (3).

[31] 李汉卿. 协同治理理论探析 [J]. 理论月刊，2014 (1).

[32] 李慧凤，郁建兴. 基层政府治理改革与发展逻辑 [J]. 马克思主义与现实，2014 (1).

[33] 李慧凤. 制度结构、行为主体与基层政府治理 [J]. 南京社会科学，2014 (2).

[34] 李路路. 社会分层结构的变革：从“决定性”到“交易性”[J]. 社会，2008 (3).

[35] 李淑霞，张中华.俄罗斯财政分权化管理 [J]. 西伯利亚研究，2007 (4).

[36] 理查德·C.博克斯. 公民治理：引领 21 世纪的美国社区 [M]. 孙柏瑛等译. 北京：中国人民大学出版社，2013.

[37] 梁莹. 重塑政府与公民的友好合作关系 [J]. 中国行政管理，2004 (11).

[38] 林良亮. 渐进式的地方自治改革——日本地方自治制度的发展及其对中国的启示 [J]. 行政法论丛，2009 (1).

[39] 刘东杰. 我国地方政府社会治理机制创新研究——以江苏省淮安市为例[J]. 厦门特区党校学报，2014（1）.

[40] 刘广磊，任泽伟. 关于政府治理能力的研究评述[J]. 中共乐山市委党校学报，2011（5）.

[41] 刘桂花. 参与式治理及地方政府治理的优化 [J]. 天府新论，2014（2）.

[42] 刘平胜. 试论西部地区政府在生态环境建设中的角色定位 [J]. 商业现代化，2010（8）.

[43] 刘伟忠. 我国地方政府协同治理研究 [D]. 山东大学博士学位论文，2012.

[44] 楼苏萍. 地方治理的能力挑战：治理能力的分析框架及其关键要素 [J]. 中国行政管理，2010（9）.

[45] 卢琦，张大华，王虹. 科技攻关防沙止漠，综合治理西北国土 [J]. 中国人口·资源与环境，2002（3）.

[46] 罗伯特·罗茨. 新的治理 [A]. 俞可平主编. 治理与善治 [M]. 北京：社会科学出版社，2000.

[47] 罗茨. 新治理. 没有政府的管理 [J]. 经济管理文摘，2005（14）.

[48] [美] 罗纳德·英格尔哈特. 现代化与后现代化 [M]. 严挺译. 北京：社会科学文献出版社，2013.

[49] 马丁·海德格尔. 林中路 [M]. 孙周兴译. 上海：上海译文出版社，2008.

[50] 莫于川. 以现代法治理念建设法治政府 [J]. 人民论坛，2011（29）.

[51] 彭勃，杨志军. 参与和协商：地方治理现代化问题 [J]. 上海行政学院学报，2014（3）.

[52] 全球治理委员会.我们的全球伙伴关系 [M]. 香港：牛津大学出版社，1995.

[53] 让—皮埃尔·戈丹. 何谓治理 [M]. 钟震宇译. 北京：社会科学文献出版社，2010.

[54] 中共中央关于全面深化改革若干重大问题的决定 [M]. 北京：人民出版社，2013.

[55] 任建涛. 在正式制度激励与非正式制度激励之间——国家治理的激励机制分析 [J]. 浙江大学学报，2012（2）.

[56] 桑玉成等. 政府角色 [M]. 上海：上海社会科学院出版社，2000.

[57] 邵宇. 论转型时期我国地方政府治理模式的创新 [J]. 行政与法，2011（1）.

[58] 沈荣华. 地方政府治理 [M]. 北京：社会科学文献出版社，2006.

[59] 宋雄伟. 英国地方政府治理：中央集权主义的分析视角 [J]. 北京行政学院学报，2013（5）.

[60] 苏昌贵，魏晓. 中部崛起战略的若干思考 [J]. 经济地理，2006（2）.

[61] 孙柏瑛. 当代地方治理 [M]. 北京：中国人民大学出版社，2004.

[62] 孙柏瑛. 当代政府治理变革中的制度设计与选择[J]. 中国行政管理，2002（2）.

[63] 唐爱军. 社会治理体制创新路径探析 [J]. 开放导报，2014（1）.

[64] 唐丽萍. 我国地方政府竞争中的地方治理研究 [D]. 复旦大学博士学位论文，2007.

[65] 涂晓芳，魏葱葱. 结构功能主义视角下地方政府治理创新路径研究——以青岛市政府为例 [J]. 国家行政学院学报，2013（1）.

[66] 王敬尧. 参与式治理：中国社区建设实证研究 [M]. 北京：中国社会科学出版社，2006.

[67] 王易闻. 陕西省国库集中支付问题改革问题及对策研究 [D]. 西北大学博士学位论文，2009.

[68] [英] 维克托·迈尔—舍恩伯格，肯尼思·库克耶. 大数据时代 [M]. 盛杨燕，周涛译. 杭州：浙江人民出版社，2013.

[69] 文军. 社会文化共识是基层治理的支点 [N]. 文汇报，2014-05-08.

[70] 翁思洁，孔祥利. 西部地区新型城镇化进程中的地方职能阐释 [C].《资本论》与新型城镇化问题研究——陕西省《资本论》研究会 2013 年学术年会论文集，2014.

[71] 吴爱军. 论公务员队伍能力建设 [J]. 山东社会科学，2006（9）.

[72] 吴爱明. 地方政府学 [M]. 武汉：武汉大学出版社，2009.

[73] 吴济华，柯志昌. 都会治理模式与县市合并之趋势探讨 [A]. 赵永茂等编. 府际关系——新兴研究议题与治理策略 [C]. 北京：社会科学文献出版社，2012.

[74] 吴稼祥. 公天下：多中心治理与双主体法权 [M]. 南宁：广西师范大学出版社，2013.

[75] 吴自斌. 法国地方治理的变迁及其启示 [J]. 江苏社会科学，2010（4）.

[76] 习近平. 切实把思想统一到党的十八届三中全会精神上来 [N]. 人民日报，2014-01-01.

[77] 谢鹏程. 论社会主义法治理念 [J]. 中国社会科学，2007（1）.

[78] 熊觉. 模式、特色与趋势：中国地方治理中的政府与社会 [J]. 四川行政学院学报，2013（6）.

[79] 徐芳. 传统与现代：异质还是中和——多元视野下我国地方政府治理理念的选择 [J]. 华北水利水电学院学报（社科版），2013（2）.

[80] 徐海清. 国家治理体系和治理能力现代化 [M]. 北京：中共中央党校出版社，2013.

[81] 徐坚. 地方政府治理现实需要与理论创新研究[J]. 大学教育，2013（15）.

[82] 宣超，陈甬军. 中部地区物流发展的政府协商模式与市场调节机制研究 [J]. 理论与改革，2013（5）.

[83] 薛澜，钟开斌. 突发公共事件分类、分级与分期：应急体制的管理基础 [J]. 中国行政管理，2005（2）.

[84] 杨冠琼，刘雯雯. 公共问题与治

理体系——国家治理体系与能力现代化的问题基础［J］. 中国行政管理，2014（2）.

［85］杨宏山. 全球视野中的地方治理发展趋势［J］. 广东行政学院学报，2005（3）.

［86］杨建平. 从决策体制入手推进政府改革［J］. 政治学研究，2000（4）.

［87］杨雪冬，赖海榕. 地方的复兴：地方治理变革 30 年［M］. 北京：社会科学文献出版社，2009.

［88］杨颖. 地方治理：协同治理机制探究［J］. 山东行政学院学报，2013（1）.

［89］姚引良，刘波，王应洛. 网络治理理论在地方政府公共管理实践中的运用及其对行政体制改革的启示［J］. 人文杂志，2010（1）.

［90］易承志. 印度大都市政府治理实践及其启示［J］. 广东行政学院学报，2009（6）.

［91］尹继卫. 中国政府公共服务能力建设思考［J］. 中国行政管理，2004（8）.

［92］俞可平. "城管式困境"与治理现代化［J］. 领导科学，2014（4）.

［93］俞可平. 推进国家治理体系和治理能力现代化［J］. 前线，2014（1）.

［94］俞可平. 政府创新的理论与实践［M］. 杭州：浙江人民出版社，2005.

［95］俞可平. 治理与善治［M］. 北京：社会科学文献出版社，2000.

［96］俞可平. 中国治理评估框架［J］. 经济社会体制比较，2008（6）.

［97］郁建兴，高翔. 地方发展型政府的行为逻辑及制度基础［J］. 中国社会科学，2012（5）.

［98］郁建兴，楼苏萍. 近 20 年来法国地方治理体系变革与新治理结构［J］. 学术研究，2006（1）.

［99］詹承豫，顾林生. 转危为安：应急预案的作用逻辑［J］. 中国行政管理，2007（5）.

［100］詹姆斯·罗西瑙. 21 世纪的治理［J］. 全球治理，1995（1）.

［101］詹姆斯·罗西瑙. 没有政府的治理［M］. 江西：江西人民出版社，2001.

［102］张紧跟. 当代中国政府间关系导论［M］. 北京：社会科学文献出版社，2009.

［103］张紧跟. 治理结构多元化：地方政府机构改革的新思路［J］. 公共管理学报，2006（2）.

［104］张康之. 对"参与治理"理论的质疑［J］. 吉林大学社会科学学报，2007（1）.

［105］张小劲，于晓红. 推进国家治理体系和治理能力现代化六讲［M］. 北京：人民出版社，2014.

［106］张欣. 善治：我国地方政府治理现代化的路径选择［J］. 新西部（理论版），2014（2）.

［107］赵光勇，饶义军. 西方国家地方政府改革述评［J］. 中国矿业大学学报（社会科学版），2009（1）.

［108］ 赵树凯. 乡镇治理与政府制度化［M］. 北京：商务印书馆，2010.

［109］ 赵悦，马翡玉. 非政府组织参与新农村建设的现状及分析——以云南省为例［J］. 云南农业大学学报，2014.

［110］ 钟开斌. 回顾与前瞻：中国应急管理体系建设［J］. 政治学研究，2009（1）.

［111］ 周业安. 地方政府治理：分权、竞争与转型［J］. 人民论坛·学术前沿，2014（4）.

［112］ 朱迪·弗里曼. 合作治理与新行政法［M］. 毕洪海等译. 北京：商务印书馆，2010.

［113］ 竹立家. 国家治理体系重构与治理能力现代化［J］. 中共杭州市委党校学报，2014（1）.

［114］ Beate Kohler-Koch. Does Participatory Governance Hold Its Promises?［Z］. Connex Final Conference Efficient and Democratic Governance in a Multi-Level Europe.Mannheim，March 6-8，2008.

［115］ Eran Vigoda. From Responsiveness to Collaboration Governance：Citizens，and the Next Generation of Public Administratio1n［J］. Public Administration Review，Sep.-Oct.2002，62（5）.

［116］ Gerry Stock：Public-Private Paternerships and Urban Governance［M］. London，Macmillan，1999.

［117］ Hubert Heinelt，Randall Smith. Sustainability，Innovation and Participatory Governance：a Cross-national Study of the EU Eco-management and Audit Scheme［M］. Burlington，VT：Ashgate，2003.

［118］ Hugh Atkinson and Stuart Wilks-Heeg. Local Government from Thatcher to Blair（London：Polity Press and Blackwell Publishers，Ltd.），2000.

［119］ International Institute of Labor Studies Workshop. Participatory Governance：A New Regulatory Framework?［Z］. 9-10 December，2005. IILS，Geneva.

［120］ Martin Dodge，Rob Kitchin. Mapping Cyberspace，London，2001.

［121］ Robert C. Lieberman，Ideas，Institutions，and Political Order：Explaining Political Change［J］. American Political Science Review，2002，94（4）.